普通高等教育"十一五"国家级规划教材

新闻与传播书系
挑战传媒

董小玉 严三九 ⊙总主编

媒介管理学概论

严三九 黄飞珏 ◎编著

内容提要

改革开放二十多年来,我国媒介业的面貌与内涵、品种与数量、结构与布局、管理与技术,都发生了很大的变化。市场经济条件下,媒介业管理的发展空间相当大。如何应对挑战、增强活力、扩大实力、提高竞争力?需要媒介管理者冷静思考,认真总结,提升过去的实践经验,进行理论、体制和机制方面的创新,并不断开拓思路,从中找出规律性的东西,探索与竞争对手抗衡的办法。正是基于这一思考,本书从媒介管理的基本概念入手,点面结合,中外并举,分析媒介管理的基本原理、理论框架和媒介管理的职能与原则,系统分析媒介组织、媒介领导、媒介战略管理、媒介人力资源管理、媒介财务管理、主持人管理和媒介集团化管理等许多重要问题。本书是对当前不断变化的媒介管理实践进行总结和研究,注重把握中国媒介管理的基本规律,反映当代媒介管理的新变化和新趋势。本书既有鲜活典型的实例,又有理论阐发,还有可操作性。本书既可作为高等院校新闻传播学专业本科生、研究生教材,亦可作为媒介从业人员和媒介管理爱好者的参考书。

图书在版编目(CIP)数据

媒介管理学概论/严三九,黄飞珏编著.—重庆:
西南师范大学出版社,2007.7
(挑战传媒:新闻与传播书系/董小玉,严三九主编)
ISBN 978-7-5621-3888-4
Ⅰ.媒… Ⅱ.①严…②黄… Ⅲ.传播媒介—管理—研究
Ⅳ.G206.2
中国版本图书馆 CIP 数据核字(2007)第 092984 号

新闻与传播书系

董小玉 严三九 总主编

媒介管理学概论

严三九 黄飞珏 编著

责任编辑:	李 玲 钟小族
封面设计:	谭 玺
版式设计:	王正端
出版发行:	西南师范大学出版社
	地址:重庆市北碚区天生路1号 邮编:400715
	http://www.xscbs.com E-mail:xscbs@swu.edu.cn
	电话:(023)68860895 传真:(023)68208984
印 刷:	重庆共创印务有限公司
幅面尺寸:	160mm×235mm
印 张:	18.75
字 数:	300 千字
版 次:	2007 年 11 月第 1 版
印 次:	2020 年 12 月第 4 次印刷
书 号:	ISBN 978-7-5621-3888-4
定 价:	48.00 元

总序

【复旦大学】 丁淦林

同文、史、哲、经等基础学科相比较,新闻传播学是后起的、理论积累不够深厚的,但它新颖、实用,为人民大众所需要,它的一些基本理论与基本方法甚至可以说是我国现代化建设所必需与急需的。正因为如此,近年来我国新闻传播学研究与新闻传播教育发展迅猛。20世纪80年代,全国高校仅有10多个新闻专业点,到2005年上半年,全国新闻传播学类专业点已超过600个,在校学生人数从数百人增至10多万人。新闻传播学书刊出版数量增长也很快,但仍嫌不足。在这种大发展的形势下,这套《新闻与传播书系》问世,为广大读者提供了新的读物,也为新闻传播学研究增添了新的成果。

教学与科研紧密结合,是我国新闻教育的一项优良传统。我们的不少教学用书,既是优秀教材,又是学术佳作。例如,1923年出版的《实用应用新闻学》,是邵飘萍在大学讲课的讲义,也是我国最早的采访学专著之一,除了具有历史价值外,这部书的观点与案例至今仍被引用。1927年出版的《中国报学史》,是戈公振在大学讲课的教材,更是中国新闻史学科的"开山之作"[1],备受学术界的重视。这类事例表明,用研究的功力编写教材,又在教学中检验研究成果,启迪研究思路,是我们前辈的成功之道。20世纪80年代以来,我国又翻译出版了许多外国新闻传播学著作,其中不少是可以兼用于教学与研究之作。由此,本书系的作者们明确了编写的共同要求,即:重视学习、继承、发扬前辈的传统,合理汲取与运用外国经验,力求使书系便于教师使用,学生易于掌握,新闻传播从业人员和新闻爱好者易于阅读与使用,学术界也可以从中找到值得研究的内容。

参与这套书系编写工作的是教学第一线的主讲教师,也是科研的骨干力量,他们分别来自全国各省、市、区所属的重点大学,以及一些师范院校。众所周知,高等师范院校是教书育人的园地,也是研究如何教书育人的机构。高等师范院校的新闻传播学教师,受环境熏陶,比其他学校的同行多一些教育方面的思考。这一点是值得特别指出的。如邹韬奋,在上海圣约翰大学读书时曾辅修教育学,翻译过杜威的教育学著作[②],随后教过中学,在中华职业教育社工作。这些经验对他的影响,在他的新闻思想和报刊活动中,都有迹可寻。而今,参加编写这套书系的同仁,把编写的过程作为总结经验、研究学问、从事创作的过程,以自己的体验与成果为基础,开拓思路,力求书系的每一种都有新的面貌。因此,这套书系也必将显示某些特色,如重视基础知识,注意循序渐进,着眼于启迪思考,采撷新闻作品,理论联系实际等等。

新闻传播是一种社会现象,是社会生活中一个基本的、重要的方面,与人人有关。早在20世纪20年代,邵飘萍就提出过:"新闻知识应列为国民普通知识之一。"[③]这一远见卓识,已逐渐成为事实。与此相呼应,新闻传播学研究也有较快的发展。新闻传播学是一个学科群,它包括新闻学、传播学以及广播电视学、编辑出版学、广告学、公共关系学等。我们希望这套丛书的出版,对于新闻传播知识的推广、普及与新闻传播学的学科建设有所贡献。

[①]方汉奇:《中国新闻事业通史·序言》,见《中国新闻事业通史》第一卷,中国人民大学出版社1992年出版。

[②]杜威(John Dewey,1859~1952),美国哲学家、社会学家、教育学家。1920年邹韬奋曾翻译杜威的《民主主义与教育》一书,该书是杜威的主要著作之一。

[③]邵飘萍:《我国新闻学进步之趋势》,载1924年3月《东方杂志》第21卷6号。

目录

绪论　媒介经营管理概述　1
第一节　媒介经营管理的基本概念　1
第二节　媒介的生存环境　8
第三节　媒介经营管理的基本要求　16

第一章　媒介组织结构　27
第一节　媒介的组织形式　27
第二节　媒介的组织结构设计　36

第二章　媒介领导　41
第一节　媒介的管理者和领导者　41
第二节　担任媒介领导者的条件　49

第三章　媒介生产管理　55
第一节　报纸的生产管理　55
第二节　广播电视的生产管理　64

第四章　媒介财务管理　85
第一节　媒介财务管理的内容和要求　85
第二节　媒介财务管理的实施　90
第三节　媒介财务状况的监测　96
第四节　媒介财务分析　105

第五章　媒介人力资源管理　110
第一节　竞争优势与人力资源　110
第二节　媒介人才的选择任用　118
第三节　媒介人力资源的培训与发展　125
第四节　媒介人力资源的绩效考核　128
第五节　21世纪媒介人力资源管理的发展　133

第六章 媒介战略管理 140
第一节 媒介战略管理的内涵 140
第二节 媒介战略环境分析 143
第三节 媒介战略选择 149
第四节 媒介战略实施 156
第五节 媒介战略控制 162

第七章 节目主持人管理 168
第一节 节目主持人管理的本质和原则 169
第二节 节目主持人管理的有效举措 176
第三节 节目主持人管理的新探索 181

第八章 媒介集团化管理 195
第一节 媒介集团化管理的思路与策略 196
第二节 媒介集团化管理的设计与运作 203

第九章 媒介品牌经营 223
第一节 媒介的品牌营销 223
第二节 媒介的形象塑造 233
第三节 媒介的公共关系 242

第十章 媒介资本运营 252
第一节 媒介开展资本运营的理论依据和现实需要 253
第二节 媒介资本运营的主要形式 258
第三节 有线网络与资本市场 262
第四节 实现媒介与资本市场互动双赢 268

附录：媒介管理案例 273
参考文献 288
后记 291

绪论 媒介经营管理概述

一提起经营管理，人们便会自然而然地联想到经济管理学中那些枯燥乏味的概念来。在这里，必须要说清楚一点，尽管我们研究探索的对象也是经营管理问题，同属于经济管理学的范畴，但不是一般工商企业和其他性质企业的经营管理，而是生产"特殊商品"的媒介产业的经营管理，具有一定的特殊性。

随着我国经济建设和新闻事业的不断向前发展，在最近几年中，新闻界不断有人提出了"媒介管理学"的概念和观点，认为新闻学应作重新细分，即将新闻学应用部分中的新闻采访、写作、编辑、摄影、评论等，与发行、广告、计划、财会、经营等分离开来，将后者单独列为"媒介管理学"的范畴。

媒介的经营管理，是以媒介经营管理工作的性质、特点、规律、作用、方法、任务等作为研究对象的一门学科。它是一门应用性、实践性极强的学科，涉及新闻学、传播学、经济学、管理学、政治学、社会学、心理学和市场营销学等多种学科。与其他性质企业的经营管理相比，它有着极强的政治性、特殊性和实用性。

媒介是传递大规模信息的载体，是报纸、广播、电视、通讯社、杂志、电影、互联网等的总称。特别要说明的是，本书所指的"媒介"是报纸、广播、电视这三大传统媒介，分析和研究的是这三大传统媒介的经营与管理。

第一节 媒介经营管理的基本概念

一、管理与企业经营管理

我们说"经营管理"，并不意味着"经营"和"管理"是两个独立的概念。管理是经济意义上的，所针对的是企业的经济活动，因此"经营"和"管理"是一体的，"经营"一般被纳入"管理"的范围之中，其合并称谓即英文中所谓的management。

美国传统词典对于management的解释是："The act, manner, or practice of managing; handling, supervision, or control."（处理、监督或控制的行为、方式或实践）从本质上来说，管理是一种行动和过程，也是人类的一种生产劳动。

　　马克思认为,"一切规模较大的直接社会劳动或共同劳动,都或多或少地需要指挥,以协调个人的活动。"人类的管理活动是在很早以前就出现了,但管理学作为一门学科的历史只有一二百年。在近七十年中,许多学者提出了对管理的定义,较有影响的有以下几种:

　　——法国实业家法约尔,这位现代管理理论的创始人提出:管理是由计划、组织、指挥、协调及控制等职能为要素组成的活动过程。

　　——日本学者前川良博对"管理"一词的定义是:"以达到组织目的为目标,有计划有组织地付出努力的有系统的行动称之为管理。"

　　——管理是通过计划工作、组织工作、领导工作、控制工作的诸过程来协调所有的资源,从而达到既定的目标。其中的资源包括资金(money)、物质(material)、人员(man)三部分,即通常所谓的3M。

　　——管理是在某一组织中,为完成目标而从事的对人与物质资源的协调活动。

　　——管理是通过其他人的工作达到组织的目标。

　　——管理是协调人际关系,激发人的积极性,以达到共同目标的一种活动。

　　——经济学家赫伯特·西蒙提出:"管理就是决策。"

　　以上各种阐述的角度、侧重各有不同,但都是广义上对管理的理解,其所指的"管理",涉及政治、经济等各个领域。

　　一般来说,经营是指企业为了自身的生存、发展和实现自己的战略目标所进行的决策,以及为实现这种决策而从各方面所做的努力。换句话说,经营是一种行动,透过人们有意义的行为来完成经济方面的工作,以谋求一定的利益。

　　企业经营有自己的职能:(1)预测市场的变化;(2)协调整个企业内部和外部活动,适应市场的变化;(3)发现和利用能使自己发展成长的机会。据此,经营活动主要包括以下几个主要内容:(1)预测,包括进行市场调查,及对市场需求和供给的现状和变化、技术的进步、资源的变化、竞争的发展、经营方式和经营战略的变化等等,作出科学的预测。(2)决策,即在预测的基础上,对企业的发展方向、目标以及达成目标的重大举措等作出正确的决策。(3)把企业的发展方向、目标具体化,即把它们变为企业成长发展的各种规划,包括产品方向、产品品种和数量、市场目标、企业规模、基本建设、技术改造、新技术的采用、赢利增加、员工收入提高、员工的招收和培训等计划,以及实现这些计划的步骤等。(4)为实现企业的发展目标而开展的与市场活动有关的各种工作,如资金的筹集、生产资料的采购、产品的销售、市场的开拓、新产品的研制、生产组织形式和管理机构的改革、发展同其他企业的协作关系等。

对于任何企业来说,进行经营管理的目的,都是为了在有限的成本下获得尽可能大的利润。因此,在进行经营管理时,企业就要集中所有的人力和物力,最大限度地利用所有可利用的资源(包括有形资源和无形资源),争取获得最大的收益。

因此,将以上对经营管理的定义加以综合,并结合现代企业的特点,便可得到有关企业经营管理的几点关键:

(1)企业经营管理是以企业的增收和赢利为目标的。

(2)企业经营管理的对象是人、物、财。其中"人"是最根本、最主要的。

(3)企业经营管理的核心行为是监督("管")、协调("理")企业的各项事务。

因此,对企业经营管理可以定义为:企业为获得最大利润,而对生产、销售、消费过程中的各环节进行的各方面的活动,包括领导、计划、组织、控制等。

必须补充的一点是,在追求经济效益的同时,企业也不能无视社会效益、社会价值与社会伦理。因为企业是一种社会组织,是社会的一部分,必须服务于社会、有益于社会才能得到社会的支持,立足于社会,从而谋求自身的利益与发展。这就要求企业严格遵守国家法律及市场规则,并且担当起应有的社会责任,兼顾经济利益与社会利益,有时必须为求得一定的社会效益而牺牲一部分经济效益,但不能一味追求赢利而置社会责任及消费者权益于不顾。

二、媒介的经营管理

长期以来,国内的媒介实际上处于一种"宣传管理"之下,对于媒介,人们所重视的是意识形态的宣传属性。但随着媒介市场化的发展,媒介的产业属性日益鲜明,而且宣传自身也必须尊重市场规律与传播规律。这就要求人们以看待产业而不仅仅是宣传工具的眼光来重新认识媒介的经营管理。正是在此背景下,需要对媒介经营管理作出全新而准确的定义。

对于媒介经营管理的定义,有广义与狭义之分。广义的媒介经营管理,是指运用媒介产业的人力、物力、财力等资源,通过领导、计划、组织、控制等行为,使产业资源(包括有形资源和无形资源)得到合理配置,发挥最大效用,从而在保证社会效益的前提下谋求最佳的经济效益。狭义的媒介经营管理也可以专指出售媒介的广告版面时段的有关经济活动和管理运作。

对于媒介经营管理的定义,还有宏观与微观之分。宏观的媒介经营管理是国家、社会对媒介的制度、体制的规定和要求,微观的媒介经营管理则是指具体的媒介单位对自身的行政、生产、营销、财务、人事、技术、安全等的管理。

媒介作为大众传播媒介,在社会中具有独特的地位和广泛的影响力。因此,媒介的经营管理也区别于一般的企业管理,其特殊性主要表现为以下几点:

(一)媒介必须把追求社会效益放在首位

这是媒介经营管理与企业经营管理的最大区别。任何大众传播媒介都是一定意识形态的产物,它们隶属于一定的阶级、政党、集团,其经营管理者也持有各自明确的阶级立场、政治倾向和价值观。媒介是经济实体,但首先是传播媒介。在西方国家,媒介是为资本主义制度服务的,它们所持的是资产阶级的立场,反映资产阶级的道德和价值观;在我国,媒介必须把党和国家的利益以及人民的利益放在首位,成为其喉舌,完成社会主义的宣传任务。

(二) 媒介的管理中有一个极其重要的组成部分,即信息资源管理

在"3M"的管理范围之外,还有第四个 M,即 message (讯息)。在传播学中,讯息被定义为"由一系列有序性符号组成的表达特定信息或意义的符号系统"。对任何媒介来说,讯息都是其传播的内容所在,没有了讯息,便没有了媒介。媒介之所以具有强大的社会影响力,正是因为它们能把大量有价值的讯息传递给社会大众。此外,在人、物、财的管理中,也会涉及各种经营管理信息(management information),对它们的管理也是媒介经营管理中的重要内容。

(三) 媒介组织的内部机构有着特殊的设置和构架

简略地说,由于媒介有宣传和经营的双重任务,因此其内部结构也大致按这两条任务贯彻下去,并以技术部门作为播出的基础和保障,另外还有其他相关产业作为经营渠道的补充。以某地级市的电视台机构设置为例:该电视台设有办公室、总编室、新闻中心、社教中心、文体中心、节目广告中心、节目制作中心、技术保障中心、广播电视报编辑部、微波站这十个部门,其中就囊括了内容制作部门、经营部门、技术部门和其他相关产业。又如上海文广新闻传媒集团,其职能部门更为复杂、更为齐全,具体包括以下几个部门:

集团办公室——管理、协调集团的党务、行政事务、秘书公关等工作,协调集团各职能部门(机构)工作。

集团总编室——统一协调、管理集团内各媒体宣传工作,下设节目部、宣传部、技术部、网站、主持人管理部和监听监视组。

人力资源部——负责人力资源配置,使人力资源和经营战略紧密配合。

计划财务部——下设"三室五部"。"三室"即集团会计信息室、预算管理室及资金管理室,"五部"为集团财务部根据业务需要在各地设立的财务分部,包括电视财务一部、电视财务二部、广播财务部、公司财务部及广告财务部。

发展研究部——主要从事传媒娱乐产业项目孵化和产业开发,媒介收视收听率和节目形态分析,现代传媒集团管理模式研究。

对外事务部——主要负责集团的国际合作及其相关项目的立项、论证、谈判和方案制订,集团涉外事务管理,全球传媒资讯分析以及集团国际交流与公关。

安全保卫部——负责集团治安管理、安全播出、安全保卫等。

广告经营中心——代表集团独家承接、发布上海文广新闻传媒集团下属所有传媒的广告业务;管理、协调集团下属各传媒的广告公司。

影视剧中心——负责各台、各频道的节目购销,实现统一经营,归口管理。

三、媒介经营管理的意义

在庞杂的社会系统中,媒介是一个活跃的、开放的并具有发散性影响力的系统。媒介的营运及发展,在很大程度上受到外部环境的影响。社会的政治、经济、科技、文化等方面发生的变动,都可能对媒介产业的发展造成冲击。可以说,媒介是站在时代浪尖的行业。这一方面对媒介经营管理者提出了更高的要求,另一方面也突显了媒介经营管理的重要意义。总体而言,对媒介进行科学的经营管理,能够使媒介内部处于良性运转的状态,并使之适应外部环境,从而取得更高效、长远、可持续的发展。

具体来说,媒介经营管理有以下几方面的意义:

(一)有利于媒介对资源进行合理的配置和协调,从而协同发展

正如所有的经营管理活动一样,媒介经营管理的核心也在于协调。通过经营管理,可以协调媒介人、物、财、讯息这四方面的资源,使其达到最佳配置,发挥最佳效用。

(二) 有利于媒介实现社会利益与经济利益的协调和"双赢"

媒介的组织目标有二,一是宣传目标,二是经营目标。媒介是一种社会上层建筑,又处于市场之中,受市场机制的支配和调节,这就需要有能够适应其特征的经营管理,保障媒介的组织目标得以实现。

(三)有利于媒介提高自身品质,从而应对时代的挑战和激烈的市场竞争

在如今的知识经济时代,作为信息产业的媒介产业必须作好充分的应对,一方面提高自身的内容品质和经济实力,打造更为出色的媒介品牌,另一方面时时注意社会各界尤其是媒介市场的动向,知己知彼。这一切都不能离开高效、科学的经营管理。

有许多实践经验已经证明了媒介经营管理的重要性。在不同的媒介之间,经济效益好、发展势头强劲的往往是那些在微观管理上有成效、有创新的媒体。就单个媒介而言,在不重视产业经营管理,或者经营管理比较松懈、脱离时代脚步的时期,往往会陷入停滞不前的困顿阶段,甚至危及媒介的生存,媒介无法留住优秀人才;而在摸准社会发展及市场变动的脉络时,在经营管理科学、高效地展开时,其发展速度则会迅速得多。例如,在媒介竞争日益激烈、以网络为代表的新媒介风头正劲的现在,美国的商业广播却能在媒介市场中保住一席之地,原因何在?正是在于美国商业广播的经营管理者能够摸准自己的媒介特色,找准定位,推出"适位广播"。他们知道,随着媒介的日益多元化,受众呈现出加速分化的趋势,其信息需求愈加多样,因此媒介既要关注广大受众的普遍要求,更要满足日益细分的受众的个性需要。他们为美国商业广播制定了"专业化"和"本地化"的发展方针,不以综合节目吸引广大受众,而是面向特定听众,办出专业特色;以面向中心市场特别是本地听众作为自己的服务宗旨,成为区域化、本地化或社区化的传播机构。在频率设置上,往往是一家电台以一种专业节目类型取胜,如音乐台、谈话节目台、全天候新闻台、宗教台等。他们求的不仅是"专",而且是"精"。如布隆博格公司(Bloomberg)向全国的200多家电台出售它的体育报道,不仅仅提供文字稿,还包括现场的音响报道、电话访问等多种形式的完整节目,这些节目通过卫星、综合数字网从节目公司传至各个电台,保证其时效性和技术质量。又如世界传媒巨头默多克及其新闻集团旗下的星空卫视,正是凭借着敏锐的市场嗅觉和成功的战略决策,才成功地朝中国内地市场步步迈进,并取得了令人瞩目的成效。2002年3月28日,以普通话播出的星空卫视在广东有线网落地播出,这是中国政府第一次允许境外电视频道通过国内有线网落地播送。星空卫视之所以用普通话而非粤语播音,其用意正在于以广东为突破口,开拓整个潜力巨大的中国内地市场。"主动、正面地与中国政策对接;以国际化的视野做地地道道的本土化节目。"这是默多克针对巨大的中国市场以及严格的管制制定的中国攻略。七个月后,星空传媒在上海设立代表处。2002年12月19日,新闻集团与湖南广电集团经过长达一年的谈判,签署了战略联盟框架协议,商定双方在政策允许的范围内,就某些具体项目进行合作,如共同制作电视节目、联合播出、交换节目、交流主持人以及共同开拓节目市场等。目前,星空传媒已经被公认为深入中国市场最深、与中国政府关系最好的国际传媒集团。2005年初,新闻集团与青海卫视达成合作协议,新闻集团不仅将向青海卫视提供众多节目制作内容,还介入青海卫视的广告经营,星空传媒节目终于如愿"覆盖"全国,其成功经验值得国内媒体经营者借鉴和反思。

正因竞争形势严峻,加上经营管理如此重要,如今各媒介都在努力转变管理观念,加强对经营管理的重视,并出现了"管理培训热"。"向管理要质量,向管理要效益",已经成为管理实践中许多媒介的共识和迫切需要;既谙熟市场规律又通晓传播规律的现代媒介经营管理者,也成了媒介行业中炙手可热的人才。

第二节 媒介的生存环境

一、全球化与媒介业的竞争

随着通讯科技的发展,麦克·卢汉所预言的"地球村"已经成为现实。在中国加入WTO之后,媒介不仅要面临国内的竞争环境,而且与全球媒介同处在一个竞争空间之中。"入世"对中国媒介产业的影响,有些已经有目共睹,有些则仍在酝酿、准备的过程之中,尚未完全呈现出来。但作为媒介的经营管理者,必须在全球化的浪潮面前具有充分的准备和清醒的认识,才能从容应对,使自己立于不败之地。

(一)加入世贸组织后,国外媒介产品会更多地进入中国,通过资金投入或其他方式在中国制作视听产品,对中国媒介产品形成冲击

近年来,我国新闻传播业呈现的一个明显特点是,尽管政府对传媒业的控制比较严格,但境外传媒还是在以缓慢渗透的方式进入大陆传媒市场。上面所提及的默多克的星空传媒就是一个最明显的例子。而瞄准了大陆传媒市场的绝不止星空传媒一家。据悉,另一国际传媒巨头维亚康姆也早已与上海文广、北京电视台组建合资公司,进军国内电视节目制作市场。比起国内的媒介,它们拥有更雄厚的资金、更多样化的竞争手段、更丰富的竞争经验、更响亮的媒介品牌号召力,在赢得受众和市场方面,它们具有显著的优势。这就意味着,国内的媒介即使暂时没有进军国外市场的打算,也面临着国际化的竞争,因为国外的竞争对手已经等在了自己的家门口。

目前,境外电视媒体进入大陆主要有三种模式:电视频道直接落地,与国内媒体联合播送以及向国内电视台、宾馆出售电视节目。其中第一种模式是管制最为严格的,现在还没有一个境外电视频道可以直接进入全国的有线网络——目前国内有线网开放还仅限于广东一地。但可以预计,随着市场的进一步开放,境外电视将更深地进入中国市场,对国内电视业的冲击也将会更大。

必须引起重视的一点是,在国外影视产品、影视企业大举进入中国之后,将大大促进中外文化思想的交流与沟通,引起国内电视文化、传播理念的深刻变化。西方媒介的商业化运作,经济利益至上、取悦受众的经营方针,高投入、高回报的经营方式,都会给中国媒介带来影响,引起媒介从业人员在观念上的巨大变动。此外,以视听作品做载体,西方的生活方式、价值观念也会对国内的受众发生潜移默化的作用,对宣传教育造成冲击,媒介业两个基本功能的协调将面临更大的挑战。

(二)加入世贸组织后,中国媒介的工作职能和管理体制会发生变化,会越来越向国际惯例、国际通行规则靠拢

我国著名学者陈力丹分析认为:"世贸组织并不是一个商业机构,而是一个制定国际贸易游戏规则的地方,一个沟通和对话的场所,它的约束机制,就是一些运作原则和十分全面、详尽的框架协定,许多双边和多边的具体协定。"[1]具体而言,WTO 的基本法律原则包括非歧视性贸易原则、公平贸易原则、关税减让原则、透明度原则、取消数量限制原则等。《马拉喀什建立世界贸易组织协定》第 16 条第 4 款规定:"每一成员应保证其法律、法规和行政程序与所附各协定对其规定的义务相一致。"第 5 款规定:"不得对本协定的任何条款提出保留。对多边贸易协定的任何条款的保留应仅以这些协定规定的程度为限。对一诸边贸易协定条款的保留应按该协定的规定执行。"这两款所作的规定,对于 WTO 成员国具有很强的约束力。这就需要经营管理者以国际化的眼光来管理本国的媒介业,在制定本国媒介业的管理规则时,一定要考虑国际惯例和国际社会的可接受性,而不能将自己的思维和眼光仅仅囿于国内的小范围之中。对既有的规定、制度、做法,也要放在 WTO 的平台上重新审视,当改则改,当废则废。以往那种轻法律、法规,重政策、纪律的做法,甚至"拉关系"、"打招呼"来处理问题的方式,随着与国际市场的接轨,是再也行不通了。虽然由于意识形态的差异和传媒业的特殊性,中国媒介不可能完全照搬国外的办法,但是即使国际通行规则只是有限适用,也足以对传统的管理方式构成冲击。

二、区域化与媒介业的分众

全球化与区域化看似矛盾,实际上是互相补充的,它们从不同的角度说明了现今社会及媒介业发展的走向。

这里所指的媒介的区域化,是相对于传统的媒介区划而言的。新中国成立以来按行政区划,设立了中央、省及直辖市、地(市)、县四级媒介管理体制,形成中央级媒体、省级媒体、地区级媒体和县级媒体四级媒体类型,此

---

[1] 转引自丁柏铨、胡菡菡:《"入世"后我国新闻传播业生存环境考察》,《现代传播》,2003 年第 5 期

外还包括一些按行业设立的媒体。这种媒介生态带有比较浓厚的计划经济色彩，并非媒介按着自身发展规律布局而成。而现在出现的媒介区域化生态环境，是以中心城市为依托，在一个相对独立的经济区域内自发形成的类型齐全、具有良性竞争的媒介生态环境。

媒介区域化是经济区域化发展的必然结果。近些年来，我国区域经济呈现出旺盛的发展态势，如长江三角洲、珠江三角洲、福建的厦漳泉三角区都形成了比较突出的区域经济发展格局。经济区域内人口集中,市场发育、企业协作活跃,广告在经济区域内的集中投放效果明显,区域经济的繁荣催生出巨大的广告市场，因此各路媒介也被吸引而来,纷纷抢滩布点。因此,几个有规模的媒介区域也应运而生。最具代表性的是珠江三角洲和长江三角洲，这两个地区在经济上呈现出明显的区域化趋势的同时，媒介也呈现出明显的区域化趋势。可见,媒介的区域化也是经济区域化发展程度的风向标。反过来,媒介的区域化也会推动经济的区域化发展，促成规模性的信息消费,从而有效地拉动区域经济。此外,媒介的区域化还有助于推动区域文化的一体化，而文化的一体化将为形成有特色的经济区域提供重要的凝聚力。

媒介区域化也是各地域经济、历史、文化等条件存在差异的产物。观众作为信息产品的消费者,在有条件进行自主收视选择的情况下，必然会选择那些符合他们的价值取向和审美情趣的节目。对于同一部电视或广播作品,不同区域间的受众所产生的反应是极不相同的。比如北方人爱听评书,江南人爱听评弹,两者虽只一字之差,风格却截然不同,折射出南北观众大相径庭的审美取向。对于媒介节目制作机构来说，观众收视区域化的问题显得更加现实和突出。由于中国大部分电视台属于区域传播机构，因此,认真调查和了解当地观众的收视需求和收视口味便成为这些电视机构从业人员必修的功课。

目前,从各省级卫视的发展与竞争中可以看出电视区域化发展的若干端倪。近年来省级卫视群雄并起,相继上星并在全国大范围落地，它们该如何获得跨区域的收视业绩？是做有明确特色定位的专业频道,比如娱乐特色频道、旅游频道，还是坚持走区域化的路线，真正认识和发掘区域内独有的历史、地理、旅游、文化、民俗等资源，把一个充满区域特色的、富有区域个性的省级卫视媒体呈现在全国观众面前？这两条路都行得通，但后一条可能更符合区域内以至全国范围的观众对一个省级卫视媒体的期待。贵州卫视与上海的东方卫视就走出了两条立足于区域文化的发展道路。贵州卫视看到了政府"西部大开发"后对西部投资的增加和舆论的关注，认为这种区域的划分恰好符合企业对市场片区的划分，有利于企业选择媒介进行区域投放，因而瞄准西部市场，确定自身战略："收缩战线，集中西部，做西部卫视，主要针对西部观众，满足企业西部市场需要"，从而成为国内第一个定位于区域的卫视。西部战略推出的当年，贵州卫视的广告收入便实现了25%的增长，并在2002年成就中国电视业公认的"贵州卫视现象"。成立于2003年的上海东方卫视则"剑指东方"，以"现代的、国际的、青春的、海派的"风格立足上海、辐射长三角，进而影响全国。据2005年2月3日《新闻晨报》报道，上海东方卫视日前在福建省福州市正式落地，至此东方卫视已覆盖全国所有直辖市、省会城市和计划单列市，成为全国覆盖率最高的省级卫视之一，可收视人口已达5亿。

三、数字化与媒介业的"换血"

现代媒介是科技进步的产物。科技革命与媒介运行、发展模式有着天然的联系，而科技的进步也必将使媒介的生存环境发生变化。近年来，随着数字化信息技术的发展，数字技术正在成为支撑所有媒介的存在基础、技术标准与发展取向，也正在改变不同形态媒介的边界，造就新意义上的数字媒体。以互联网为主的新媒体对媒介发动了强劲的挑战，并使媒介发生了一系列的改变：

(一)媒介与受众的传播关系有所改变

传统电台上网变成网络电台，传统电视上网变成网络电视、交互电视，使受众更方便地选择收听、收视的节目，并有机会与新闻采编人员和其他受众进行交流，实现双向、多向的即时传播。

(二)媒介业的广告收益状况有所改变,其中电视尤为明显

网民增加,意味着电视观众的减少,人们不再习惯于坐在电视机前,而是习惯于在电脑前点击世界,这就引起了电视节目收视率的下降,从而导致了电视广告投放量的下降和投放内容的变化,因为电视所失去的这一部分受众,往往是社会人群中购买力最强的——他们的年龄构成大多是在18至45岁之间,知识水平和收入相对较高,消费观念也比较先进。

(三)媒介业正面临资源重组和结构调整

美国在线和时代华纳公司并购产生的"全媒体恐龙"表明,西方并购风潮已遍及电视业和网络业,网络业的诸多优势,推动了媒介整合的步伐加快。媒介业需要合理配置资源,壮大规模,增加竞争实力,才能找到立足之地。

(四)媒介业面临更宽广的生存环境

互联网是超地域、跨国界、跨文化的广阔空间,各种媒介上网就进入了国际竞争的大系统,平等地利用互联网的技术和功能,就不再是原来意义上的地方性媒体。

面对互联网的冲击,媒介必须积极寻找应对策略,从产业内部开始,发动一场全面的改革。其中重要的一部分就是推进媒介的数字化。这场从传统媒介到数字化媒介的改革,称得上是媒介产业的一次大"换血"。国家广电总局已经发布了《中国有线电视向数字化过渡时间表》,有线电视数字化的配套政策已陆续出台,数字媒介直播卫星正在加紧研制,国家地面数字电视标准也在加紧制定之中。据悉,国家发改委、财政部、国家税务总局正在为推动媒介数字化提供有力的财税、资费政策支持。目前,我国媒介在节目采集、制作、播出、传输环节已经基本实现数字化,广播电台数字化采编播技术改造,已由少数先进的大台逐渐向各省市及地县级台迅速铺开;有线电视数字化后,百姓家庭电视机可以看到DVD般清晰的电视图像,享受到电影院的音响效果,频道可从几十套增加到几百套,用户不仅能看到现有的电视频道,还能欣赏到新开

办的多样化、专业化、个性化节目,而且可以获得如电视政务、电视商务、即时天气预报、生活信息、交通信息、股票信息、短信彩信等大量的资讯信息和服务。这一切,已为媒介昭示出一个广阔的新天地。

另一个值得注意的变动是"手机电视"的兴起。手机已经成为个人多媒体娱乐终端。截至2006年12月,上海有超过870万的移动用户,全国则有超过3亿的手机用户。在业内,手机被称作继电视机、PC之后的"第三电视"。当电视节目的制作与传输已经实现数字化以后,庞大的手机用户群将成为电视内容产业开拓市场的新目标。据《第一财经日报》报道,2004年2月,广东联通与广东卫视合作把中国国际拳击公开赛实况搬到手机上,开始了手机电视的市场争夺;4月,中国联通又推出了"视讯新干线";5月,广州移动启动了WAP门户的"银色干线"。面对这样的市场竞争,电视媒体必须有应对之策。2005年1月1日,上海文广新闻传媒集团和上海移动就联合招募500名有条件的上海移动用户先行免费试用手机电视业务,SMG旗下的上海东方龙移动信息有限公司还向手机电视提供4套直播电视节目和10个类别的点播节目服务,涵盖新闻、体育、财经、娱乐等方面,节目每天更新数量达60多条。这一事件表明,在媒体数字化的新时代,传统的媒介正在寻找适合自身发展的新途径。

四、娱乐化与媒介业的"洗脑"

1948年,拉斯韦尔在其《社会传播的结构和功能》一文中,提出传播活动的三大功能:环境监视、联系社会、传递遗产。1975年,赖特对拉斯韦尔的"三功能说"作了一个重要的补充。他认为,媒介除了这三功能外,还有一个重要效用,即提供娱乐。这与心理学家威廉·斯蒂芬森所提出的游戏性传播相吻合。斯蒂芬森认为,传播既可以是工作化的,也可以是娱乐化的,而后者使人愉悦(communication-pleasure)。媒介的功能应该是多样的,除了正统、严肃的告知和教育之外,还应该有服务性、娱乐性的功用。如今的社会,不管人们自觉还是不自觉,都不能不受到后现代思潮的影响。而游戏精神正是后现代思潮中的一个组成部分。另外，随着生活节奏的加快，现代人不仅需要政治、经济、文化等各个领域的信息，还希望媒介能在紧张的工作之余为他们提供娱乐消遣。这也是电视剧始终占据各频道黄金时段的原因。娱乐化的节目能吸引着最大化的受众量，从而争取广告商，获得巨额商业利益。

因此，在今天重申社会的娱乐文化背景以及媒介的娱乐功能，对媒介的经营管理和生存发展具有相当重要的作用。虽然有很多人担心娱乐化会使媒介走向低俗，但一味地追求"高雅"，无视社会文化发展的趋向，显然也不是明智之举。娱众而不媚众，通俗而不低俗，是当今的媒介所应追求的格调。尤其对于国内媒介来说，放下长期以来养成的政治说教的架子，重视媒介的娱乐功能，追求受众和影响力，不啻为一场"洗脑"。

国内著名的民营电视制作公司光线传媒自1998年年底成立以来，年均增长率达到150%：1999年收入仅300万元，2000年收入3 000万元，2001年收入1亿元，2002年收入1.5亿元，2003年收入2.5亿元。其成功经验可以用一句话概括：它以市场化的运行机制，在中国成功实践传媒娱乐一体化、传媒娱乐工业化、传媒娱乐品牌化的整合。在下决心做《中国娱乐报道》之前，光线传媒的总裁经过考察后发现，在国外及中国港台地区，娱乐节目是综合性电视台不可缺少的节目，而在国内此前一直没有专门的娱乐新闻节目。于是他看准这一空档，推出《世界娱乐报道》和《中国娱乐报道》，并迅速取得成功。光线传媒现在的节目领域涵盖娱乐、体育、时尚和电视剧，拥有12档节目，每日制作量达5.5小时，在全国近300家电视台600台次播放，覆盖中国内地全部地区，收视观众达10亿人以上。光线已经完全实现了电视节目的工业化生产和经营，并在电视节目的策划、制作、包装、发行、广告以及增值服务各个环节上都位于行业之首。当然并非每个媒介机构都要像光线这样定位和运作，但光线的独到眼光和把娱乐做深、做精的决心，是值得借鉴的。

湖南卫视也是凭借其娱乐特色而成为国内领军的省级卫视。1997年,湖南卫视推出以《快乐大本营》为代表的"娱乐化创作理念",娱乐性节目以其消解意义、去除深度、刺激感官的特征引起了承载过多意识形态的传播内容的巨大变革。湖南卫视以"打造最具活力的电视娱乐频道"为目标,提出"快乐中国"理念,于2004年举办了"快乐中国超级女声"、"快乐中国乒乓嘉年华"等特别节目,在国内均产生了广泛影响。据新浪网报道,湖南卫视2004年的全国收视率挺住了雅典奥运会的冲击,继续保持全国第六名(含央视)、省级卫视第一名的佳绩,而且成为连续两年来第一个也是唯一一个市场份额超过2%的省级卫星频道,成为连续三年收视率逐年攀升的唯一的卫星频道。而在广告创收方面,湖南卫视广告创收突破5亿元大关,位列全国省级卫视单一频道创收的第一名,也是全国所有省级卫视单频道创收超过5亿的第一家和唯一一家。据了解,中央电视台14个频道中,广告创收超过这一数字的频道也仅有几家。湖南卫视的异军突起,也正是在于把准了娱乐化社会的脉搏,突破了国内媒体的严肃形象,在轻松娱乐中赢得了观众,也为自己赢得了效益。

第三节 媒介经营管理的基本要求

一、媒介经营管理的职责

作为媒介的经营管理者,在管理活动中所应完成的任务以及所应起到的作用主要包括以下几个方面:

(一)计划

计划是所有管理活动的基础。它是指为了实现决策所确定的目标,预先进行的行动安排。计划的内容主要包括在时间和空间两个维度上进一步分解工作的任务和目标,选择任务和目标实现的方式,规定工作进度,以及行动结果的检查及控制等。没有人能够准确无误地预测将来,因而完美无缺、天衣无缝的计划是不存在的,但计划能让原本模糊的目标变得清晰、明朗、可操作性强。

在管理学中,计划的内容一般包括5"W"1"H":

What——做什么?(行动的目标及内容)

Why——为什么做?(行动的原因)

Who——谁来做?(工作的人员)

Where——在哪里做?(行动的地点)

When——何时做?(行动的时间)

How——怎样做?(行动的方式)

在制订计划的过程中,必须对这5"W"1"H"作准确的界定。此外,还必须考虑其他问题,如需要多少资金和资源等。

计划有各种类型。按时间分,有长远计划与短期计划;按职能分,有业务计划、财务计划、人事计划等;按计划内容的明确性,可以分为具体性计划与指导性计划,不一而足。

无论从微观还是宏观意义上,计划对于媒介有效进行传播、取得社会效益与经济效益都具有重要作用。计划职能运用得好,便能提高媒介的管理水平,为媒介顺利实现组织目标提供前提和基础;计划职能运用得不好,便会造成目的不明确、组织混乱等局面,导致严重的资源浪费。因此,制订计划时必须十分严谨,并且要充分考虑到媒介自身的特征,如结构、优势、环境和未来发展趋势等,争取高效、可持续性的发展。

(二)组织

一个媒体若要高效运行,必须有合理的组织结构作为保障。所谓组织结构就是指对管理人员的设定、分配以及对其管理职能的确定。经营管理者所应完成的组织工作,也就是指对管理人员的管理劳动进行横向和纵向的分工。它是媒介目标实现的组织保证。

组织的主要内容有:根据媒介的目标,设计和建立一套组织机构和职位系统;确定职权关系,从而把整个媒介组织的上下左右方方面面紧密、有机地结合起来;与媒介的其他职能结合起来进行考虑,以保证所设计和建立的组织结构真正科学、有效;根据媒介组织内部和外部各种因素的变化,适时地调整和变革媒介的组织结构。

具体地说,媒介的组织者需要依次完成四项任务:

(1)职务设计与分析。确定媒介组织中有哪些需要完成的工作或活动。

(2)部门划分。包括横向的划分及纵向的划分。

(3)结构形成。赋予职权、配备人员、明确责任、界定工作内容、分清工作范围。

(4)工作检验。比如定期汇报工作,进行新的调整。

媒介的组织划分受到多种因素的影响,如媒介自身规模、在整个传播系统中所处的地位、媒介的技术条件、媒体的经营战略、发展阶段等。

媒介管理者要完成组织任务,不但需要对媒介自身现有的人力、财力、物力、信息等资源及其特性、品质十分熟悉,而且需要对与媒介产业相关的各种因素的发展趋向具有前瞻性和洞察力,尤其还需要政治上的敏感性。

(三)领导

媒介的经营管理者必须能够指挥、带领、引导和鼓励其部下为实现媒介的目标而努力。领导工作对于保证媒介目标实现具有关键作用。

所谓领导,必须有可以指挥的从属人员,并且必须有对其施加影响的力量或能力,从而才能使企业目标最终达成。具体来说,在带领、引导和鼓励部下为实现媒介目标而努力的过程中,领导要发挥三个主要作用:

(1)指挥。领导者需要头脑清醒、胸怀全局、高瞻远瞩、运筹帷幄,帮助部下认清所处的环境和形式,指明活动的目标及达成途径。

(2)协调。领导者需要纠正人们的思想分歧和行动偏差,消除来自外部和内部的各种干扰因素,把大家团结起来,共同朝着媒介的目标迈进。

(3)激励。领导需要通情达理、关心群众,为人们排忧解难,使他们长久地保持工作热情和积极性,激发、鼓舞他们的工作斗志,发掘、充实、加强他们积极工作的动力。

领导是一门艺术。作为领导者,必须具备与人、与事、与物、与时间打交道的能力,一方面指挥下属,一方面完成自己的本职工作,创造一个有利于媒介提高生产效率、实现组织目标的工作环境。

(四)控制

控制的目的是保证媒介的目标和为此而拟定的计划能够与实际操作动态相适应。为此,媒介经营管理者必须对媒介内部的管理活动及其效果进行衡量和校正。这是负责执行计划的媒介主管人员,尤其是直接主管人员的主要任务,因为职位赋予了他们权力,去纠正媒介工作中所采取的措施,他们身上担负着实现媒介组织目标和计划的主要责任。

管理学上认为,任何一个系统都是由因果关系链联结在一起的元素的集合,元素之间的这种关系称为耦合。媒介也是一个耦合的系统,其生产经营活动的全过程就是由严密的因果关系链联结起来的,控制就是为了对这个耦合的系统进行调节。通过控制媒介投入生产的人力、物力、财力及管理和技术信息,就可以控制媒介生产经营活动的产出。

控制的先决条件是计划。在计划付诸实施之后,就必须实现控制任务,衡量计划的执行进度、控制生产成本和产品品质,把握产品流量和流向,调整资源配置,揭示计划执行中的偏差,并采取及时的纠正措施,保证工作的连续和完整进行。

有效的控制必须做到以下几点:
(1)适时。及时对偏差加以纠正。
(2)适度。控制的范围、程度和频度要恰到好处。
(3)客观。符合媒介生产经营活动的实际状况。
(4)有弹性。能够灵活应对突发状况。

(五)创新

组织、领导、控制都是为了"维持现状",保证系统按预定的方向和规则运行。但媒介所面临的内外环境并不是一成不变的,随着环境变化,如以互联网为代表的新媒体的崛起,媒介的活动很有可能不能适应社会要求,而另一些内部因素,如经营制度等,则可能造成管理人员的积极性降低、管理层次不科学等问题。因此,仅有维持还不够,必须打破现状,大胆创新,奋力为媒介开拓出新的局面,以求得螺旋形的上升。不断调整系统活动的内容和目标,以适应环境变化的要求。经营管理者所背负的创新任务,虽然容易为人们所忽视,但对于媒介保持生机与活力、实现良性循环来说,是不可或缺的。

媒介经营管理活动中的创新任务包括以下几方面:

(1)目标创新。修订媒介发展计划,确定新的目标。

(2)技术创新。引进最新技术,改变编辑方针。

(3)制度创新。摸索新的经营管理制度,制订新的控制标准。

(4)组织创新。撤换部门领导,调整人员结构。

(5)环境创新。开拓新市场,吸引新受众,猎取新的广告客户,开创新的媒介合作。

创新也是有一定过程可依、一定规律可循的。一般来说,需要经过几个阶段的努力,即:寻找机会,提出构思,采取行动,坚持不懈。

二、媒介经营管理的原则

媒介的经营管理者,在经营管理活动中必须遵循一定的指导原则,从而对管理活动的过程与结果起到规范、导向、促进和保证的作用。这些原则既符合一般管理活动的规律,又具有媒介行业的特殊性。结合我国媒介的具体特点,可以把媒介经营管理的原则归纳为以下几条:

(一)坚持党性,把持方向

党性原则是指媒介的经营管理者必须加强党的领导,增强党性,坚持正确的政治方向。这是由我国媒介的性质、目的、任务决定的,同时也是社会政治、经济文化的客观现实及规律的反映。

我国大众传播媒介是党和政府的耳目喉舌,反映广大人民群众的根本利益。因此,不管是传播活动还是管理活动,都必须代表先进文化的发展方向,坚持维护国家形象和人民利益,坚持贯彻社会主义传播方针,坚持加强和改善党的领导,遵守传播规律和职业道德。对于我国的媒介来说,党性原则是办好电台、电视台的根本前提和保证,也是衡量一个媒介是否合格的首要尺度。

坚持党性,不是靠"假、大、空"的传播方式,也不能一味板起脸来说教,而是要脚踏实地,把党性真正贯彻到行动之中。管理者对党性理解得越深刻越清晰越全面,管理活动中党性越明确,贯彻的方式越灵活生动,管理活动就越能有效地开展,取得的社会效益和经济效益也就越高。

(二)整体把握,促进协调

媒介系统的整体中包含着各种各样的要素,但整体并不是这些要素的简单叠加,而是"1+1>2"的组合。如果能把这些要素进行科学、合理的组合,就能使整体所释放出的能量远远超过各部分的能量之和。作为媒介的经营管理者,必须胸怀全局,从实现整体目标出发,合理地组合电台、电视台内部各个部门、各种层次、各种因素的力量,实现管理最优化。

管理者首先要对媒介内部的各部门、各层次、各因素有充分的了解,将其视作有机联系、相互影响的整体;对于人力、物力、财力及信息资源,要进行科学组合与合理配置,充分发挥其效用,避免内耗。媒介内部的各部门、各层次、各因素之间存在着相互联系、相互作用、相互制约、相互依存的关系,它们是一个有机互动的整体,因此在经营管理的过程中,需要协调和依靠各种力量。具体地说,首先要重视各个部门、各个层次之间的信息沟通,使彼此之间增进理解和认识,避免发生冲突和矛盾,特别是要注意平等对待物质产品与精神产品之间的关系,例如媒介的节目制作和技术部门之间并不存在谁主谁次的问题,二者都是媒介产业中至关重要、不可或缺的部门;其次,要重视人、物、财、信息资源之间的合理配置和科学互动,不能只突出强调其中某一方面,而忽视其他方面的效用,"有钱能使鬼推磨"或者"人才就是一切"的观点都是片面的;另外,要重视责、权、利三者之间的有机结合与良性互动,避免出现"有权无责"、"有责无权"这样的局面。

以上是就媒介内部因素来说的,而媒介与外部的关系同样需要重视。要把媒介视为整个社会系统中的组成部分,重视媒介与社会各方面,如政治、经济、文化上的联系。要着力发展媒介与社会之间的双向关系、互补关系和制约关系,使媒介与整个社会系统之间形成共存、互利、良性循环的状态。

媒介生态学认为,媒介是一个"生态系统",需要保持生态平衡。而作为经营管理者,在这个生态系统中起着举足轻重的作用。只有从大局出发,整体把握,通力合作,有机配合,才能使媒介的整体作用得以最大限度的发挥,为实现媒介的整体目标提供保障。

(三)发扬民主,贯彻法制

根据社会主义媒介制度及民主集中制的要求,媒介的管理者要充分发挥民主作风,接受群众监督,调动广大员工的工作积极性与创造性,发扬主人翁意识,共同参与媒介的管理工作,并依靠集体的智慧和力量,办好媒介、管好媒介。

要做到民主,首先要认识并承认媒介员工的崇高地位。媒介的每一个员工既是媒介管理的对象,又是媒介管理的主体。他们一方面接受管理,一方面也有权对媒介管理中的重大问题参与决策,监督媒介领导是否正确地执行了党和国家的宣传方针,是否尽责尽力地履行了媒介经营管理的任务,是否有思想和行为上的偏差等。对于管理工作中的失误和不足,员工有权提出批评和建议。而作为媒介领导,必须切实体谅及关怀员工,为其提供公平的培训、晋升、发展、报酬,以充分调动其工作积极性,使其工作潜力最大限度地发挥出来,并保障员工在媒介中当家做主的地位,调动起他们为媒介出谋划策的积极性。惟其如此,媒介才能处于良性的发展状态之中。

在发扬民主的同时,也必须十分注重用法制性原则来管理媒介,使媒介的机构设置、管理行为、人事财务、信息传播等各方面的管理活动制度化、规范化,从而使媒介系统成为一个协调有序、分工合理、管理科学的整体系统,以尽量少的消耗求得尽量高的回报。具体地说,首先必须贯彻国家在媒介管理上所颁布的法律规定,并在媒介内部建立比较严格、符合媒介自身实际情况的规章制度,通过法律、法规,规定机构设立和撤销、干部任免和选择的制度,规定各部门之间的关系及各自的职权,明确信息传播和产品营销的过程,建立起科学化、规范化的媒介管理制度。在做到"有法可依"之后,还需要"有法必依",也就是依法管理、按章办事。在媒介产业全球化的今天,强调法制管理是尤其重要和迫切的。

(四)依循程序,谋求发展

在媒介管理过程中,需要依据具体的目标和任务,实现程序控制、阶段把关、全程管理,使管理工作科学化,从而保证媒介活动稳定开展,保证媒介产品质量,并使媒介的社会效益和经济效益不断提高。具体而言,媒介管理的基本程序包括战略制定、选择评价、实施和控制等。要以战略管理为主导,信息传播为主线,协调好各个职能部门的工作,使节目制作部门、广告经营部门、技术部门、安保部门、人事部门以及党、团、工会等各方面的工作都能围绕中心工作有序展开。尤其需要重视的是,在程序化的工作中,还特别要讲究媒介工作的专业性,因为媒介需要很强的专业知识和专门技能,而在管理过程中,也必须依照大众传播的专业特点及规律,如果仅照管理学的一般规律而忽视媒介业的特殊规律,是难以做好媒介经营管理工作的。

媒介管理必须具有长远的眼光,通过合理、有效地使用各方面的资源,使媒介的综合实力健康、稳步发展。"发展是硬道理",媒介在瞬息万变的现代社会环境中,正如逆水行舟,不进则退。

三、学习媒介经营管理的重要性

(一)面对社会主义市场经济的激烈竞争和我国加入世贸组织后的形势发展以及人才紧缺的实际需要

纵观各媒介对于经营管理岗位上的人员配置,大多数是从记者、编辑队伍中抽调一些有这方面特长的人员来安排使用,甚至于还有不少媒介向社会招聘经营管理人员时,显得更加干脆直接:宁可要有真才实干、经验丰富和实际操作经历的人,也不要光有高学历的新手。

我国媒介业不缺乏写新闻稿的采编人才,缺的是优秀的媒介经营管理人才。全国55万新闻从业人员中,懂得经营管理人才还不到1%。目前,尽管我国媒介业的领导管理人员有着较高的专业素质,但是,对媒体和市场的结合缺乏足够的实际操作经验。原先在媒介业工作的人不懂得媒介市场经营,而持资金希望进入媒介业的人不了解媒介的运作规律。媒介业经营管理人才的严重缺乏,难以应对日益激烈的市场竞争,与发展中的社会主义市场经济不相符合,制约着媒介业在新形势下的继续前进。特别是我国加入世贸组织,给我国媒介业既带来了良好的机遇,又带来了严峻的挑战,借鉴国外媒介经营的先进经验,可以加快自己的创新,与国际上形成良性互动。媒介业未来的发展趋势迫切需要有一支专业的管理团队,这就要求加快培养经营管理人才的速度。

(二)由于媒介业谋求生存的必然需要,决定了学习研究媒介业经营管理的必要性

媒介传播业的重要目标,是在党的领导下,站在人民的立场上,满足社会需要,做好新闻信息的传播工作。但它还有另外一个重要目标,就是要与其他企业一样,通过市场交换去谋求生存与发展。

我们常说,管理出效益。经营管理,无论是作为一种观念,还是一门科学,或是媒介传播的一个组成部分,从它本身的起因和目的来讲,都是为了提高一个企业的社会效益和经济效益。根本不可能想象,没有了经营管理人员和具体运转的部门,舍弃了经济来源和物质保证这一基础条件,媒介单位的美好前景还有什么好谈?所有的发展计划不光会成为一句空话,而且还会跌落到一个惨淡经营、苟延残喘的窘境之中。更何况,在社会主义市场经济进程中,市场与受众对媒介传播的反作用变得越来越强。媒介也不得不重视市场与受众对其产品的接受程度。因此,经营创新是我国媒介业发展非常紧迫的课题之一。

(三)"市场规律与价值规律"的两把利剑使得媒介单位面对竞争态势时,始终处于一种紧迫感、危机感与永恒的不确定的前景焦虑感之中

据国家新闻出版总署公布:2006年全国出版图书、期刊、报纸总印张为2 307.88亿印张,折合用纸量534.11万吨。全国共出版图书233 971种,其中,新版图书130 264种,重版、重印图书103 707种;全国共出版期刊9 468种,与上年相比种数持平;平均期印数16 435万册,同比增长0.91%;全国共出版报纸1 938种,平均期印数19 703.35万份,定价总金额276.09亿元。

在计划经济时代,媒介的生产者无须进行认真地思考,就可以简单轻松地完成自身的任务。在选择受众的问题上,一直处于"传者第一",而非"受者第一"的状态。改革开放后,门户打开了,受众的眼界变得开阔起来,因此,选择信息的余地变得越来越大,在选择媒介时也更趋理智与有针对性,反过来形成了"受者第一"而非"传者第一"的局面。特别是从20世纪90年代中期开始,一个由受众按自己兴趣爱好选择媒介的时代已经形成。久而久之,媒介从业人员在市场竞争中认识到了"受众是欺骗不了的"这条铁定的真理。

媒介的产品日益增多、内容愈加丰富、印制日益精美等一系列趋势,既使得受众对媒介产品的选择变得越来越挑剔,也使得媒介业同行间的竞争变得越来越激烈。任何一家媒介单位,都不可能面对市场规律和价值规律而熟视无睹,游离于这个现实的市场之外。各家媒介单位必须要研究媒介产品的适销对路问题,受众的喜好问题,以适应激烈的竞争,来瓜分市场这块大蛋糕。

(四)高新技术和现代化传播装备工具的产生,促使着媒介业必须尽快提高现代化的经营管理手段,从实际出发,以现代化的经营管理手段解决具体工作中随时可能发生的各种问题

改革开放20多年来,我国媒介业的巨大发展和新闻信息的快速传递,相当程度得益于高新技术的应用。网

络时代的到来、现代信息技术工具的使用和新媒介的出现,使得媒介从业人员的思维、操作方式以及竞争手段变得复杂起来,工作效率得到很大提高。现代信息技术的发展缩小了国与国之间、地区与地区之间的距离,世界经济出现了全球化的发展趋势,要使媒介产品的生产销售走向世界市场,已经成为我国媒介业的一个重要努力目标。形势的迅速发展要求媒介从业人员再也不能沿袭过去那一套老的操作方式和思维模式。在高新技术的市场竞争中,加强媒介业的现代化经营管理,以及在同一时段里采编、制作、印刷、销售、资金、人力等职能部门的协同配合和快速作战已显得极为紧要。

现代化的高新技术装备呼唤着现代化的传播手段和经营管理模式。作为知识经济重要行业的媒介业,为了获取期望中的效益与目标,每一位从业人员都必须不断提高自身素质,扬弃习惯操作方式,形成既敏捷、又有成效的创见和市场适应能力,对时代潮流做出快速反应,最终实现高效务实的传播服务。否则,将被严酷的市场竞争所淘汰。

改革开放20多年来,我国媒介业的面貌与内涵、品种与数量、结构与布局、管理与技术,都发生了很大的变化。市场经济条件下,媒介业的发展空间还相当大。如何应对挑战、增强活力、扩大实力、提高竞争力?这需要媒介的经营管理者坐下来冷静思考,认真总结,提升过去的实践经验,进行理论、体制和机制方面的创新,并不断开拓思路,从中找出规律性的东西,探索与竞争对手抗衡的办法。

要了解媒介的经营管理,必须先了解媒介的组织结构和组织过程。

媒介的组织结构是其组织框架的核心,是媒介适应环境、实现媒介目的的手段,也是媒介实行其经营战略的重要工具。它直接制约着组织分配资源的效率、组织活动的效果,影响着组织目标的实现。

然而,组织结构是动态的,它与媒体所处的环境、目标战略、技术、规模相联系,并随着环境的变化而变化,现实中没有一个组织结构模式可以完全地适合所有媒介。因此,媒介管理的创新和组织的不断变革必须从打破原有组织结构着手,避免组织重叠、人浮于事、资源浪费、信息传递失真、工作效率较低等结构弊病,根据具体情况作出相应调整,建立有序、高效、经济、灵活的组织框架体系。

第一节 媒介的组织形式

一、组织

(一)组织的含义

组织,也常称作组织结构。在管理学中,组织有静态和动态两层含义:

从动态方面看,组织作为一种活动,是指一种根据一定的目的、按照一定的程序,对分散的人员或事物进行一定系统性或整体性地安排和处理的活动或行为。

从静态方面看,组织作为一个实体,是指按照一定的宗旨和目标,将若干因素构成的有序的结构系统,它具有一定职权与职责,诸如工厂、机关、学校、医院,各级政府部门、各个层次的经济实体、各个党派和政治团体等等。

哈佛大学战略管理学派认为管理学意义上的组织有三个重要的概念[1]:

(1)职权。它指经由一定的正式程序所赋予某项职位的一种权力。在该职者,可以承担指挥、监督、控制以及惩罚、裁决等工作。

---

[1] 邵培仁、陈兵:《媒介战略管理》,复旦大学出版社,2003年版,第268~269页

(2)职责。它反映上下级之间的一种关系。上级有对下级的工作进行必要指导的责任；下级有向上级报告自己工作业绩的义务和责任。

(3)组织系统图。它反映组织内各机构、岗位上下左右相互关系的一种图表。它对动态的组织结构变化进行静态的描述。

组织是人类社会性的主要特征，是社会的细胞，是人们在生产斗争、社会斗争中的工具，是连接人与社会的中介。随着生产和生活的高度社会化，组织在现代社会发挥着越来越大的作用。

(二)组织的内容

组织内容是组织要素的总和，它包括管理主体、管理客体、组织环境以及组织目的。这四个基本要素相互结合，相互作用，共同构成一个完整的组织。

管理主体，一般是指具有一定管理能力，拥有相应的权威和责任，从事管理活动的人或机构，也就是通常所说的管理者。现代管理主体是由管理者、管理资金、管理设备、管理信息等组成的"人-机体系"。它是现代管理组织的核心组成部分，在组织中处于主导和支配地位。在整个管理过程中，管理主体起着决定性作用。管理的关键在于管理主体，管理主体的关键又在于管理者的素质、管理集团的结构和管理运行机制。

管理客体，即管理对象，是指管理主体行为的承受者，是管理过程中在组织中所能预测、协调和控制的对象。现代管理客体的构成要素包括：人员、资金、物资与设备、信息、时间与空间等。其中，人员是管理客体的核心。它是管理主体借以实现管理目标的基本条件和客观基础。

管理主体与管理客体是现代管理组织中两个不可分割的组成部分，它们之间呈现出辨证统一的密切关系。这种密切关系主要表现在：(1)管理主体与管理客体相互依存；(2)管理主体与管理客体相互作用；(3)管理主体与管理主体既统一又对立，呈现出矛盾关系，并构成了组织及其运动。

组织环境,是指存在于组织之外,并对它的建立、生存和发展产生直接影响的外界客观情况和条件。它是与组织发生直接关系,有着密切联系的外界因素。组织环境不仅是组织建立的客观基础,也是它生存和发展的必要条件。任何组织都处于一定的自然环境和社会环境中,脱离一定环境的组织是不存在的。

组织环境对组织的作用主要有:(1)环境制约组织的活动方向和内容;(2) 环境影响组织的决策和管理方法;(3)环境可以促进管理活动的开展,加快管理过程,也可以阻碍或破坏管理活动的运行。组织对环境的影响作用主要表现为,管理者通过一定管理要素的组织、协调、控制,可以实现对客观环境的利用和改造。

组织目的,即组织中所有成员的共同愿望。任何一个组织都有其存在的目的,如果没有目的,组织就不可能建立;失去目的的组织,也失去了存在的必要。

(三)组织形式

根据古典管理理论代表人物、德国社会学家马克斯·韦伯的行政组织理论,组织结构多为等级结构过程的金字塔结构,这种结构通常由决策层、管理层和操作层三个基本层次构成,但随着组织规模的扩大,这三个层次本身和三个层次之间都可能派生出新的层次,从而提高了管理的弹性和灵活度。

以下是常见的组织形式:

1.直线制(或称单线制)

这是工业发展初期的一种最简单的组织结构类型。直线制是指组织的一切管理工作,均由组织的领导直接指挥和管理,不设专门的职能机构的组织形式。一个下属单位只能接受一个领导的命令。适用于人员不多,生产管理比较简单的情况。如图 1-1 所示:

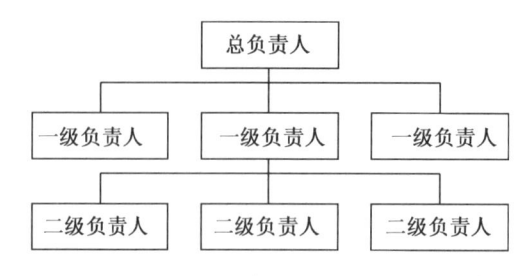

图 1-1 直线制组织结构图

优点:管理结构简单,权力集中,管理费用低,命令统一,联系直接,决策迅速,责任明确,指挥灵活,上下级关系清楚,易于管理。

缺点:管理职能全部由主管人员一人承担,事多责重,难以胜任;总负责人容易独断专行,管理工作没有专业化,不利于后备管理人员的选拔。

2.职能制(或称复线制)

职能制是最古老的一种企业管理组织形式。除各级主要负责人外,它还设立了有权在自己业务范围向下级命令和指示的职能机构,分担职能管理业务。这些职能单位有权在自己的业务范围内,向下级单位下达指令和指示。如图 1-2 所示:

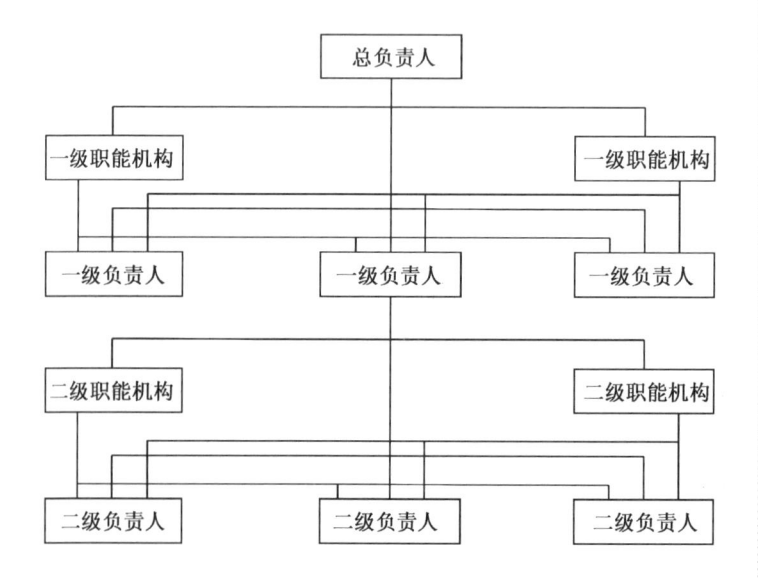

图 1-2 职能制组织结构图

优点：适应现代化复杂业务，管理分工细，专业性强；可能发挥职能机构重参谋的专家作用，对下级单位工作指导具体，从而弥补单个行政领导管理能力的不足；

缺点：容易形成多头领导，造成下级无所适从；各级负责人和职能单位的权力范围难以划分。

3.直线—职能制（或称生产区域制）

直线—职能制是以直线制为基础，在各级行政领导下，设置相应的职能部门。即在直线制组织统一指挥的原则下，增加了参谋机构，作为各级主管人员的参谋，它不能对下级进行直接指挥和命令。这是我国绝大多数企业采用的组织形式。如图1-3所示：

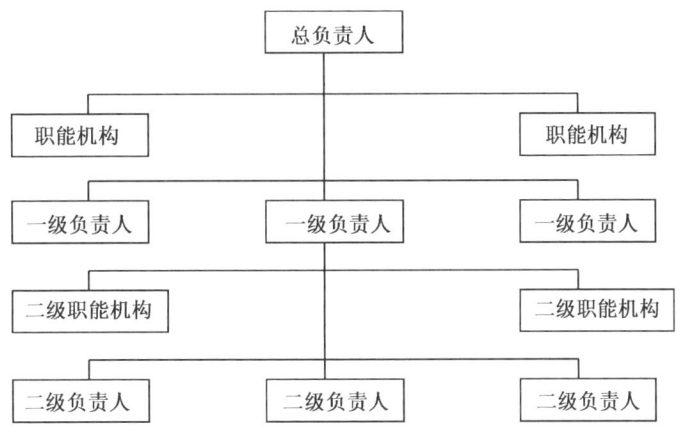

图1-3 直线-职能制组织结构图

优点：避免了职能制所导致的多头领导的弊端，既保证了集中统一的指挥，又能发挥各种专家业务管理的作用。

缺点：各职能单位自成体系，信息的横向沟通较少，容易发生矛盾；工作易重复，以至效率降低；若授权职能部门权力过大，容易干扰直线指挥命令系统；职能部门缺乏弹性，对环境变化的反应迟钝；管理费用增加。

4.事业部式

事业部式结构主要是根据单个产品（如某一类节目等）、单项服务、产品组合、重要工程等来组织事业部。每个事业部又包括调研、制作、财务、市场等职能部门。如图1-4所示：

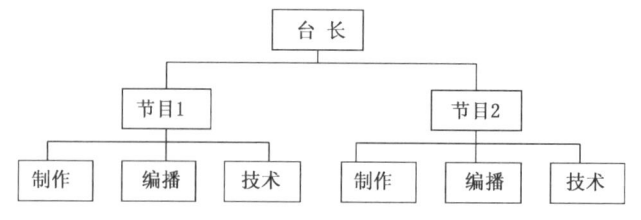

图 1-4 事业部式组织结构图

优点：有高度的市场前瞻性。因为每个单元范围缩小，因此它鼓励灵活性和变革来适应环境的需要，并能适应不稳定环境中的高速变化；因为每种产品或频道是独立的分部，受众可以选择相应的频道或节目，来满足自我需求。

缺点：对管理人才要求高，需要具有全面管理才能的人才；每一个产品分部都有一定的独立权力，高层管理人员有时会难以控制；对总部的各职能部门，例如人事、财务等，产品分部往往不会善加利用，以至总部一些服务不能获得充分的利用。

5.矩阵制

矩阵制也称为"非长期固定性组织"。这是由纵横两套管理系统组成的长方形组织结构，纵向的是职能系统，横向的是为了完成某一任务而组织的项目系统，是暂时性的关系。参加项目的人员要接受双重领导，任务一旦完成，成员仍回归原位。目前，绝大多数媒介机构都运用这一结构。如图 1-5 所示：

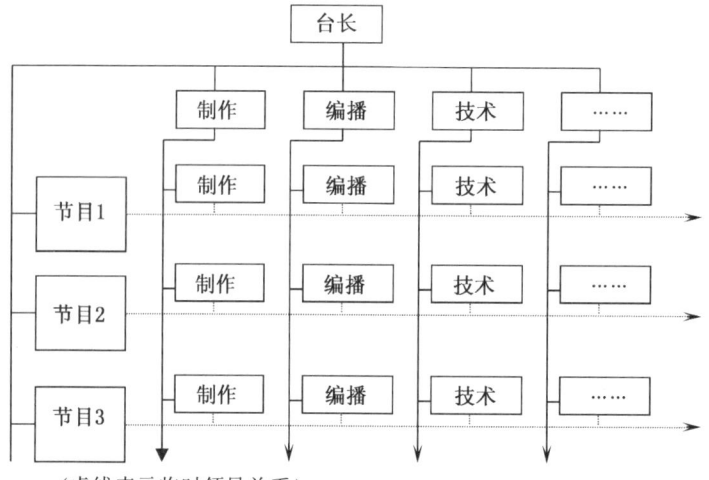

（虚线表示临时领导关系）

图 1-5 矩阵制组织结构图

优点:加强了横向联系,克服了职能部门各自为政的现象,专业人员和专用设备能得到充分利用;具有较大的机动性,任务完成,组织即解体,人力、物力有较高的利用率;各种专业人员同在一个组织共同工作一段时期,完成同一任务,为了一个目标互相帮助,相互激发,有利于思路开阔与效率提高。

缺点:成员不固定在一个位置,有临时观念,有时责任心不够强,人员受双重领导,出了问题,有时难以分清责任。

6.集团控股制

集团控股制是在非相关领域开展多种经营的企业所常用的一种组织结构形式。如图1-6所示:

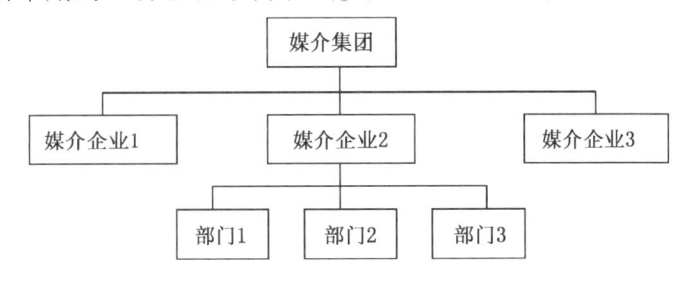

图1-6 集团控股制组织结构图

7.区域式

区域式是在不同国家或不同地区,分别设立自主经营的分部,这些分部包括所有职能,并在当地生产销售产品。如新闻集团、维拉康姆等媒介巨头都在各国、各地区设立分部,并根据各个国家、地区的特殊需要,按照区域性目标分派员工及生产文化产品。对媒介产业来说,区域型结构有助于媒介集团在全球竞争的同时,在经营和节目或内容的制作上实现本土化。如图1-7所示:

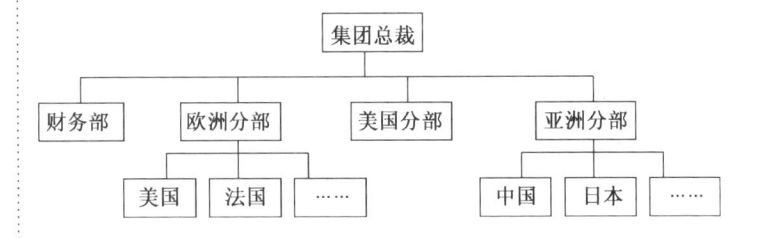

图1-7 区域式组织结构图

(四)组织功能

组织功能是集体采取合理行动后产生的功能。它并不是把组织内个人功能简单叠加出来的结果。它是指为实现管理目标而进行的组织活动,它是保证决策目标实现和计划有效执行的一种重要功能。

衡量组织功能,主要有两条标准:第一,是否有利于提高管理效益;第二,是否有利于实现组织目标。

组织功能历来是管理学的一个重要的研究内容。因各个事情生产发展需要的不同,管理学的各派理论对组织功能的认识也有所不同,但共同点是强调它的重要性,否则尽管决策正确,也不能得到圆满的实施。

二、媒介组织

(一)媒介组织的定义

媒介组织简单地说,就是指各级各类的报社、电台、电视台等媒体的内部治理结构和各级管理组织结构。

媒介组织是社会中一个特殊的组织,既不是纯粹的市场竞争的企业,又不是彻底的国家机关、完全的公益机构。它是专门从事大众传播活动以满足社会需要的社会单位或群体。

媒介组织具有以下几个主要特征:

(1) 媒介组织具备管理组织的一般特征。

媒介组织是经过认真策划、充分准备建立起来的。它的成立得到了权威部门的认定和社会大众的认同;它有明确的目标,即满足社会大众的信息需求;有明确分工和权限,形成媒介内部的角色关系;它制定各种规章制度,以约束媒介成员的行为,为实现目标提供保证等等。

(2) 媒介组织生产特殊的文化产品。

媒介具备不同于其他管理组织的个性特征。它生产的是一种特殊产品。它以生产节目、新闻、音乐等信息产品为己任。这些产品与一般企业组织生产的产品不同。它是具有时效性的文化产品,其中包含意识形态成分,它作用于人的精神领域。

(3) 媒介组织成员从事大众传播活动。

媒介的组织成员专门从事大众传播活动,并以此谋生。他们通过固定的媒介(如广播、电视等)对大众进行及时的信息传播。

(4) 媒介组织以实现社会与经济功能的统一为目的。

媒介组织与一般管理组织最大的不同在于,它的组织目的体现了社会与经济功能的统一。媒介组织具有社会性,即承担社会责任,为社会服务;它又具有经济性,即它是社会第三产业的机构,以生产文化和精神产品获得经济效益,保证自我发展。

(5) 媒介组织趋于垂直或水平整合化。

20世纪90年代以来,大众传播媒介业日益出现互相整合的现象,媒介组织已经开始出现垂直或水平整合化。值得注意的是,媒介组织间兼并、重组、整合已成为世界媒介业的重要现象。

(二)媒介组织的内容

媒介组织内容包括管理主体与客体,组织环境与组织目的。

在管理活动中,组织是一种管理主体,同时又是管理客体、管理对象。因此,各级各类报社、电台、电视台实质上既是管理主体,也是管理客体。管理主体在管理活动中占主导作用,组织环境只起到影响的作用。

媒介的组织环境主要由社会一般环境与具体工作环境构成,它们是影响媒体的基本因素。社会一般环境包括:政治法律系统、经济系统、社会文化系统和科学技术四个部分。具体工作环境分媒介市场、资源的可得性和受众等三个方面[①]。

此外,对媒介组织产生影响力的,除了媒介的外部环境,还有媒介组织的内部资源。它包括频率、频道资源、时间资源、版面资源、节目资源、受众资源、广告资源、技术资源、人力资源等,这些都是媒介组织进行生产的必备要素。

媒介组织的目的有很多种,有的是为了获得良好的社会效益,有的则是为了巨大的经济效益,但基本目的还是为了"生产、提供合格的产品——讯息(节目及其他形态的讯息),获得良好的社会效益和经济效益,既推动社

[①] 胡正荣:《媒介管理研究——媒介管理型创新体系》,北京广播学院出版社,2000年版,第75页

会进步,也获得自我发展。"[1]

第二节 媒介的组织结构设计

一、组织结构设计原则

组织结构的设计,就是对组织活动和组织结构的设计过程,它是将为实现组织目标而需要完成的工作、任务,划分为若干性质不同的业务工作,然后再将这些工作"组合"成若干部门,并确定各部门的职责与职权。组织结构设计有以下八个原则:

(一)任务目标原则

组织结构设计要服从每一项工作的任务和目标,尤其是价值链上的目标,体现一切设计为目标服务的宗旨。

(二)分工协作原则

媒介组织虽然设置不少部门,但每一个部门都不可能承担所有的工作。因此,把握好分工协作原则对于现代企业来说至关重要。

(三)统一指挥原则

服从统一指挥的原则,是指在组织的总体发展战略指导下工作。所有部门要按照总方针进行工作,在总经理或台长的统一指挥下工作。

(四)管理幅度原则

每一个部门、每一位管理者都要有合理的管理幅度。太大,便无暇顾及;太小,不能完全发挥作用。所以在组织结构设计的时候,要制订合理恰当的管理幅度。

(五)责权对等原则

设置的部门有责任,就应该使其拥有相应的权力。如果没有对等的权力,根本无法完成相应的职责。

(六)集权分权原则

在整个组织结构设计的时候,权力的集中与分散应该适度。集权和分权控制在合适的水平上,既不影响工作

[1] 胡正荣:《媒介管理研究——媒介管理创新体系》,北京广播学院出版社,2000年版,第75页

效率,又不影响积极性。

(七)执行部门与监督部门分设原则

执行部门和监督部门分设,可以保障各部门独立运转,互不干涉,互相制约。例如财务部负责日常财务管理、成本核算,审计部专门监督财务部。

(八)协调有效原则

组织方案的设计应遵循协调有效的原则,而不应在执行组织设计方案之后,部门之间无法相互监督控制,或者一旦出现这一现象运营机制效率低下,就说明组织方案设计没有遵循协调有效原则。

二、组织设计的内容

组织设计内容包括:

(一)确定组织设计的基本方针和原则

这是要根据计划的任务、目标及外部环境和内部条件,确定设计的基本思路。

(二)设计组织结构的框架

这是指承担各项管理职能和业务的各个管理层次、部门、岗位及其职责。它是组织设计的主体工作。必须按照职能设计组织部门,按照区域设计组织部门,按照行业和产品设计组织部门,按照服务对象设计组织部门,按照特定组织的重要性设计组织不同部门。

(三)设计管理幅度和管理层次

这是要根据各个部门不同的任务,划分管理权力,是上下管理层次之间、左右管理部门之间的协调方式和控制手段。

(四)设计管理规范

确定各项管理业务的工作程序、工作标准和管理人员应采用的管理方法等,并使之成为各管理层次、部门和人员的行为规范。

(五)设计职能分析和职能

这对组织的结构构成具有基础性的意义,组织职能设计主要包含的任务。

(六)设计各类运行制度

这里主要是指绩效评价和考核制度、激励制度、人员补充和培训制度等。

(七)人员配备和训练管理

这是人员各司其职、各就各位的准备工作。

组织结构的设计是一个动态的工作过程,并不能一蹴而就,是一个即使在组建后也能针对反馈的情况,根据新的组织环境、组织战略、技术、组织发展的阶段,进行合理的修正,使之不断完善的设计过程。

三、媒介组织结构的变革

在20世纪的最后20年,世界媒介产业的结构调整快速发展,呈现出娱乐业、新闻业和信息业高度融合的趋势,媒介的组织结构正经历一场前所未有的变革。

以媒介生产社会化程度相当高的美国为例,其媒介的组织结构非常成熟。一般情况下,一个电台或电视台的组织结构中,必须具备若干部门,如节目部门,负责所有节目的制作和购买,保证每天的节目播出;经营部门,负责处理广告业务,协调广告商与节目的编排,购买实况转播权;制作部门,负责节目包装、制定节目播出时间表;技术部门,负责节目的传输和设备维护,保证节目准时、清晰地播出;财务部门,负责制定财务报表、审计等事务。

典型的美国电台组织结构如图1-8所示:

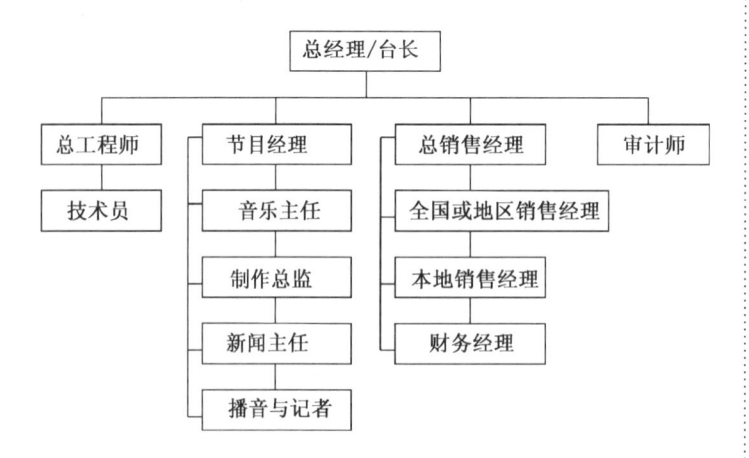

图1-8 典型的美国电台组织结构图

典型的美国电视台组织结构,如图1-9所示:

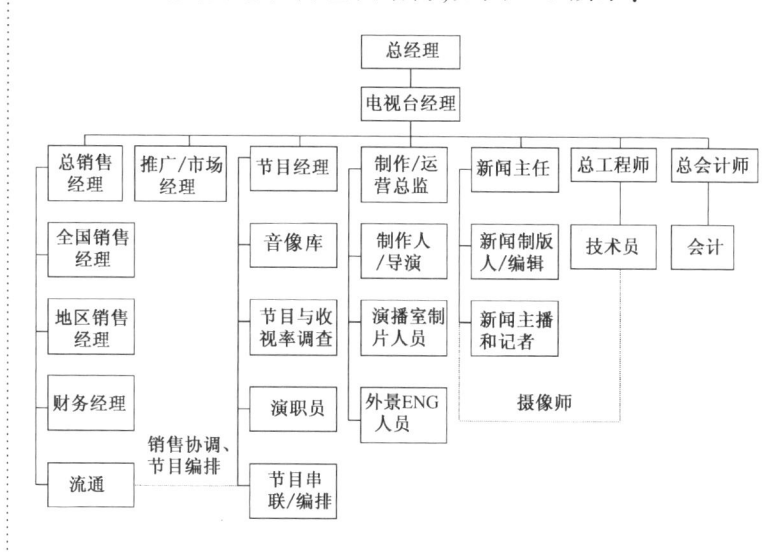

图1-9 典型的美国电视台组织结构图

典型美国媒介集团中媒介部分组织结构如图1-10所示:

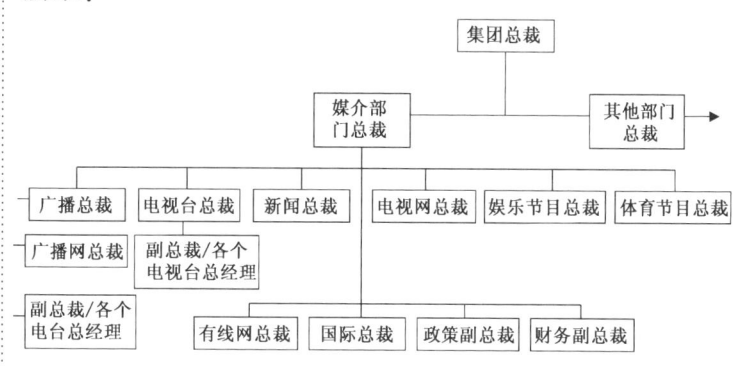

图1-10 典型的美国媒介集团中媒介组织结构图

随着社会环境、科学技术等外部条件的不断变化,媒介的组织结构也将作出相应的调整与变化。主要体现在以下几个方面:

第一,组织结构趋于简化,制作与播出分离。

随着媒介生产的社会化程度不断提高,其组织结构表现出制播分离的发展趋向。这不仅促进了媒介组织之外的媒介制作、生产产业与市场的发展,也使得媒介的一部分功能外化,分由社会组织承担,简化了媒介原有的组织结构。

第二,组织结构趋于多样化,细分化程度提高。

随着媒介业的发展壮大,媒介细分化程度日益提高,其组织结构也表现出多样化的趋势。既有超大规模的跨国媒介组织,如新闻集团、维拉康姆集团,也有巨大的产业集团的媒介产业组织;既有全国性媒介组织;也有地方性的媒介媒介组织,如市、县乃至社区媒介组织。

第三,组织结构趋于模糊化,部门界限被打破。

在传统组织结构中,部门细化,岗位固定,职责明确,但部门与部门之间也存在不可逾越的界限,这对于横向的信息流动造成一定的障碍。在新的组织结构中,以某个项目或任务组成的团队将成为媒介组织结构中的一个基本单位,它打破了原有结构的固定框架,每个团队可以有一套完整的节目部门结构,包括制作、技术、销售、财务等人员。

第四,组织结构趋于扁平化,管理跨度增加。

在媒介组织中,知识是主要的生产要素,人才是组织构成的基础,个人的创造力对于节目的制作有着至关重要的作用。在传统的组织结构中,等级制度非常严格,这在一定程度上制约了人才的发展。随着信息技术的发展,组织内部信息传递已不需要依靠等级制度加以协调,层层牵制的等级制度反而制约了信息流通的速度。媒介组织趋于扁平化表现为管理跨度增加,管理层次减少,决策分权化,知识权威化,其优点是在不影响媒介的整体运作下,激发了节目创作者的积极性和创造性,对媒介组织的经营与发展也起到了非常重要的作用。

第五,组织集团化,资源整合化。

随着媒介业的竞争日益激烈,组织集团化的优势日渐突出。集团组织结构框架基本由以下几部分组成:代表集团管理决策核心的管理委员会;代表集团资源整合的基础职能部门;为集团的经营提供规划和协调的核心运营部门;承担集团业务发展的运营实体,重组后的电台、电视台、网络公司、报社、广告公司、技术公司等是集团的运营实体,是集团生存发展的基础。它们彼此间的经济往来是契约式关系。

第二章 媒介领导

领导学认为,领导工作的效能是由领导者、被领导者和客观环境三个要素及其相互关系决定的。由此,可以从三个方面去考虑提高领导工作的有效性:一是提高领导者素质,二是提高被领导者素质,三是提高领导者、被领导者和客观环境三个要素的协同性。领导就是为了使被领导者心甘情愿地、群策群力地为实现既定目标而努力所施加影响的过程。它不仅使人们乐意去工作,而且使他们热情并信心十足地去工作,领导工作是科学、艺术、技巧和人的某些心理属性的结合。

在党领导的伟大事业中,在复杂的环境下,作为媒介的领导者,具有强烈的政治意识、把关意识和政策意识,显得尤为重要。除了政治思想方面之外,作为媒介领导者,应该有三个方面的重要修养:一是比较内行,对新闻出版或所在媒介,业务比较熟悉,看得出门道和路数,不会"瞎指挥";二是善于策划规划,对于本单位的发展改革大计有思考,有路数,有前瞻性,有决断力,尤其是在发展关头和众说纷纭的时候;三是善于用人,一个人能力再大也支撑不起一个媒体,高明的领导者善于招揽能人,为我所用,而不是事必躬亲,忙于事务。随着中国媒介融入市场经济环境步伐的加快,媒介经济运作的日益规范化与市场竞争的加剧成为必然趋势。媒介市场的繁荣进而对现代传媒的管理、资本运营、市场化运作及服务水平等提出更高的要求。在这一环境中,作为媒介经营管理的主角,媒介领导的职能与角色定位必然发生相应的转变。

第一节 媒介的管理者和领导者

一、管理者及其职能

管理是为了实现组织的预期目标,通过计划、组织、决策、领导、控制等职能,协调人与人之间及人与物之间关系的一种活动。在管理的过程中,管理者按照制定的规章流程,协调各员工之间的分工合作,将组织的决策分配执行,从而顺利地保证组织目标的完成。在组织决策的执行过程中,管理者对偏离目标的动向实施控制。人是最活跃的生产要素,故管理的重点是对人进行管理。

关于管理者的任务的看法,有两种观点:一是明茨伯格的观点;一是德鲁克的观点。

(一)明茨伯格的观点

明茨伯格提出了管理者具有三大类的任务,即人际关系任务、信息任务和决策任务。

1. 人际关系的任务

人际关系的第一项任务是作为带头出面人物的任务,即主持各种社交应酬活动,如迎接来宾、主持会议等;第二项任务是作为领导人的任务,即领导下属完成工作,并使下属的需求与组织的目标相配合;第三项任务是作为联络人的任务,即与外界有关的人员进行联系,保持联络,建立一个组织发展的良好外部环境。

2. 信息方面的任务

明茨伯格认为信息的收集和信息的沟通是管理者的一项重要工作,管理者需要拥有信息从而作出正确的决策。管理者通过收集信息、处理信息和传递信息以便各阶层管理者作出决策。管理者的信息任务有三项:第一是作为信息收集者,他们不断地审视环境,不断地向他的联络人和下属提问题,以便收集信息;第二是作为信息传播者,管理者必须与他人共享和分配其信息的大部分;第三是作为发言人,管理者必须把他收集到的信息传递给其他部门的人员,甚至是组织外部的人员,同时必须向上层管理者汇报情况并使他们满意。

3. 决策的任务

作为一个管理者,其决策的任务主要有四个方面:第一是作为企业家,管理者要作为事业的创新者,不断发掘企业的问题、分析环境的变化、寻求机会,制定和实施战略计划和行动方案,适应环境的变化;第二是作为失控的调解员,管理者必须对超出其控制范围的事件,如罢工、客户破产、合同纠纷等事项进行调解和处理;第三是作为资源分配者,管理者必须对组织的资源及管理者自己的时间进行合理配置;第四是作为谈判者,管理者应从事企业内部和外部争执的谈判和调解,管理者花很多时间作为谈判者,因为只有管理者有权以及掌握有关的信息进

(二)德鲁克的观点

德鲁克在其著作《管理:任务、责任和实践》一书中认为,管理者的基本任务有以下五种:

1. 设定目标

他负责决定目标是什么;他决定目标的每一环节的标准以及达成目标的方法;他应向执行者传达他的意思使目标实现。

2. 组织

管理者应分析业务活动、决策及必需关系,对工作进行分类。管理者应对管理活动进行分类,再进一步细分为具体的工作;同时,管理者要把组织划分成不同的部门,选拔合适的人选负责各个部门,处理其应做的工作。

3. 激励和信息沟通

管理者负责把各种工作的员工组织起来,激励他们为达成组织的目标而努力,同时处理好人员配置、待遇、晋升等,与上级、下属及同事经常联系沟通。

4. 业绩考核

管理者应建立考核的标准,这些标准对于考核工作人员的业绩是非常重要的。每一个人员都有业绩考核的标准,利用这些标准考核每一个员工的工作业绩,并使上级、下属及同事了解考核的结果。

5. 管理发展

训练和发展下属以及管理者自己。

德鲁克认为上述制定目标、组织、激励与信息沟通、业绩考核、管理发展是一种形式上的分类,只有通过管理者的经验和才能才可能产生其应有的功能。[1]

二、领导及其职能

张兆响和司千字认为,"领导是指导和影响下属或群众成员为了实现某一共同目标而做出的努力和奉献过程或艺术"。[2]

我们认为,"领导"指的是一种社会行为过程,是领导者在一定环境、体制内,通过依法履行职能,率领和引导

---

[1] 黄种杰、郝汝铭等:《管理学基础》,经济科学出版社,1996年版,第8~11页
[2] 张兆响、司千字:《管理学》,清华大学出版社,2004年版,第246页

被领导者为实现预定目标的社会行为过程。这个过程要由领导者、被领导者和环境三个要素所组成。我们可以把"领导"的共性分解为四个意义层面:(1)领导是一个相互作用、施加影响的过程;(2)领导必须同时具备领导者和被领导者,缺一不可;(3)领导者是相互影响中的支配力量;(4)领导的目的是确定和实现组织的目标。

那么领导者该做什么呢?

亨利·明茨伯格把领导的职责分为四个方面:

(1)确立方向、计划和预算。

(2)结盟、组织和配备人员。

(3)激励他人与控制和解决问题。

(4)创建领导文化。[1]

三、管理者和领导者的区别

关于管理者与领导者的不同之处,亚伯拉罕·扎莱兹尼克有精辟的论述,概括起来,主要有以下几点:

1.对目标的态度

管理者的目标常源于需要而非欲望,不带个人情感;领导者以富于个性化和积极的态度对待目标,他(她)能够改变行为模式、激发想象力和达到预期目的,并决定公司的发展方向。

2.工作的概念

管理者倾向于把工作视为一种授权过程;领导者对待长期性问题力图拓展新的思路。

3.承担的任务

管理者强调理性与控制,他们是问题的解决者;领导者仅仅指出问题并致力于完成自己和组织的使命。

4.与他人的关系

管理者乐于与他人一起工作,避免单独行动;领导者极富感情色彩。

5.自我意识

管理者是现存秩序的卫道士和规则指定者,自我意识通过现存组织的强化和永久化得以加强;领导者具有"再生"性格,他们追求变化的方式。

[1] 亨利·明茨伯格:《领导》,中国人民大学出版社,2000年版,第43—53页

严格地说，领导者与管理者的含义并不完全相同。领导者必然是管理者，而管理者并不一定都是领导者。但在一般情况下，领导者和管理者的区别，并不能明显地划一界限，以为一般领导者必然是管理者，也就是说，领导者具有双重角色的作用。正是由于领导者具有这种双重的作用，人们很容易把领导者与管理者混为一谈。但作为领导者或管理者本身，则应认真区别，在组织中、在管理过程中，应时刻注意自己所充当的角色。

尼克松在他所著的《领导者》一书中，提出了领导与管理、领导者与管理者的某些不同之处，他说："伟大的领导是一种特有的艺术形式，既需要超群的力量，又需要非凡的想象力。……尽管领导需要有技术，但领导远远不是有技术就行。就某种意义来说，管理好比散文，领导好比写诗。在很大程度上，领袖办事必然是靠符号、形象，以及成为历史动力的、能启发觉悟的思想。人们可以被道理说服，但要用情感来感化。他必须既能说服他们，又能感动他们。经理考虑的是今天和明天，领袖必须考虑后天。经理代表一个过程，领袖代表历史的方向。因此，一个没有管理对象的经理就不成其为经理。但是，一个领袖即使失去了权力，也能对其追随者发号施令。"可见，领导者的重要标志就是其具有心理领导力。

表2-1 领导者和管理者的差异[1]

管理者	领导者
非情绪化	热情的幻想家
告诉	询问
汇报	倾听
很少期盼	更多鼓励
难以信任	易于信任
平静	狂热
知道答案	广开言语
告诉怎么样	分享为什么
指导	指明道路
有下属	有追随者

[1] [美]内维尔·贝恩、比尔·梅佩著：《人的优势》，徐海鸥译，经济管理出版社，2001年版，第210页

(续表)

管理者	领导者
留心细节	留心全局
系统为中心	人为中心
怎么样和为什么	是什么和为什么
保持	开创
控制	激励
分立	寻求合作
目标/计划	身份/价值
把工作做准确	做正确的工作
好的士兵	拥有人
目光盯在底线	目光盯在地平线
安全为目的	乐于改变
固定	弹性
接受现状	挑战现状

在实际工作中,领导者的职责应是"掌舵"和"正确地做事",管理者的职责应是"划桨"和"准确地做事"。

四、媒介管理者及其职能

媒介作为我国党和政府进行宣传和舆论引导的重要工具,其影响面之广,影响程度之深,毋庸置疑;同时,在我国社会主义市场经济条件下,媒介的产业属性又要求它们必须获得经济利益。媒介的双重属性要求我们双管齐下:既要对它进行事业化管理,同时又必然要对它进行产业化经营。媒介的复杂性对其管理者和领导者相应提出了更高层次的要求。媒介管理者应具备以下工作职能:

(一)计划职能

媒介的管理者要确定组织的目标,并制定组织的计划方案以实现这些目标。包括明确特定媒介的使命、分析这一媒介的市场环境和内部条件、确定明确的执行程序等。

计划是沟通现实境况和未来预期目标的桥梁。媒介管理者的工作如果没有计划的话,往往容易陷入盲目,即使做成了,也是碰运气。作为一种指导原则和行动方向的计划,在媒介的管理中担当着至关重要的角色。

正确发挥计划职能的作用,将促进媒介主动适应变化的市场需求,有利于媒介正确把握未来,对付外部环境带来的挑战,有利于协调采、编、播、摄等各方面的步调,将注意力集中于媒介的目标,从而取得较好的社会效益和经济效益。

(二)组织职能

组织职能是指媒介管理者根据计划让员工明确各自的角色定位及应担当的任务,组织的宗旨是为了创造一种促使员工完成任务的环境,它是一种管理手段,而不是目的。[1]媒介的管理者要精心策划各员工的角色定位,尽可能让每一位员工都去做他最胜任的工作,同时管理者还应着手建立有效的信息沟通渠道、监督机制等,构造有效的分权和授权机制,将媒介的各类要素合理地协调好,从而使组织的各项工作能够良好地运行,不断提高媒介的社会效益和经济效益。

(三)决策职能

所谓决策即指从两个或两个以上的可行方案中选择一个合理方案的分析判断过程。媒介的管理者在计划的制订和组织的实施过程中,都要不断地做出决策,媒介具有很强的专业性和复杂性,更要求其管理者能够对各种方案进行综合全面考虑,去粗取精,去伪存真,进行合理的决策。

(四)领导职能

媒介管理者的主要任务之一是指导和协调组织中的人,即领导。领导职能是指管理者对员工施加影响,让他们为实现组织目标作出贡献的过程。有效的领导必然要求管理者针对员工的需要和行为特点,运用各种途径,如影响力、激励和沟通等,确保组织目标的实现。同时,领导的对象是人,因而必须考虑到人的复杂性和个性——每个人都是各自具有不同能力和愿望的独特的个人。管理者在施行领导职能时,必须丝毫不能侵犯员工的尊严。

---

[1] [美]哈罗德·孔茨、海因茨·韦里克:《管理学:全球化视角》(第十一版),马春光译,经济科学出版社,2004年版,第18页

(五)控制职能

控制职能是指管理者在建立控制标准的基础上,注意员工的工作是否按照已制定的规章和下达的指令来开展,它是管理者依照事先制定好的程序,检测员工的工作绩效,找出存在的偏差,并分析出现偏差的原因,纠正偏差、采取惩罚措施的过程。在控制过程中,涉及控制标准的制定,控制标准随着实际情况变化而不断修改、完善,以及控制标准及员工实际工作情况的比照等,这些都是需要管理者在实践中不断摸索、总结的。

五、媒介领导者及其职能

媒介领导是一种媒介组织行为,是领导者在一定的新闻传播环境、体制内,通过组织、指挥和协调信息传播和信息营销的社会实践活动,引导和影响其组织内的专业成员和社会大众实现预定目标的社会行为过程。究其实质而言,媒介领导是一种以组织信息为根本内容的社会实践活动。

媒介的领导者不同于一般的领导者,他们的领导本质是提供信息服务,但提供并不等于一味地迎合。媒介的领导者是信息服务与传播权利、传播责任的统一体。媒介的领导者可以决定传播什么、传播多少和如何去传播,但也必须对传播的后果负责。他们不能在出现了问题之后以满足受众为借口一推了之。对于受众积极、健康的信息需求当然要设法予以满足,但对于消极、低俗的信息需求则要进行引导与规避。否则,就有可能滥用权力,造成信息污染、社会不安定的严重后果并承担相应的法律责任。

媒介领导者的首要工作是"掌舵"。他是舵手,而不是划桨者,领导者重要的是授权而不是专权。在激烈的媒介竞争中,如果媒介将最优秀的媒介人才都用于划桨,那么它就会迷失方向,尽管它的前进速度加快了,但却可能是走向一个错误的方向,其处境是非常危险的。[1]

---

[1] 邵培仁、陈兵:《媒介战略管理》,复旦大学出版社,2003年版,第276页

第二节　担任媒介领导者的条件

一、担任领导者的基本条件及领导能力的构成要素

(一)基本条件

许多人认为一个成为领导者的条件分为先天性和后天性两种。一般来说,担任领导者需要具备的条件有以下一些方面:

生理心理方面,有非常充沛的精力,良好的教育背景,对人和情境的洞察力,足够强的自信心,稳定的情绪,乐观的性格;具有成就欲望与雄心,支配欲望、权力动机与领导欲望;诚实正直,有很强的职业道德感。

领导技能方面,具备专业技能,人际关系技能,观念技能,组织协调能力,有效沟通能力,果断决策能力,掌控全局把握方向的能力,调兵遣将善于用人的能力。

(二)构成要素

任何一个由几乎全力以赴地工作的人群所组成的群体,都有一个善于领导艺术的人作为群体的首领。他必须具备某种本领。这种本领主要有四个部分组成,即:(1)有效地并以负责的态度运用权力的能力;(2)了解人们在不同时间和不同情景下的不同的激励因素的能力,(3)鼓舞人们的能力;(4)以某种活动方式来形成一种有利的气氛,以此引起激励并使人们响应激励的能力。

构成领导的第一个要素是权力。领导要懂得合理使用自己的权力,其中如何授权和分权非常重要。

构成领导的第二个要素是要对人有基本的理解。在实际工作中,懂得激励理论、各种激励因素和激励制度的性质。

领导的第三个要素,是一种杰出的鼓舞能力,鼓舞追随者为了从事某一项目而全力以赴工作的能力。他们可能具有这类素质:有魅力,能激发追随者的忠诚、奉献精神和强烈的希望来推动实现领导者所需要的目标。鼓舞人心的领导的榜样是在绝望和恐怖的情境中表现出来

的,如处在战争前夕而无所准备的国家,精神状态异常的囚犯集中营,或是被击败了的领袖在未被忠诚的追随者所抛弃的处境,等等。

领导的第四个要素是同领导的作风和领导者所营造的组织气氛有关。领导者可以在组织激励员工,让员工相信目标的价值并且可以看到做什么才有助于实现这样的目标。①

二、担任媒介领导者的条件

除了上述一般适用的领导者所具备的要求外,媒介的特殊性质还要求媒介领导者具有如下特殊条件:

(一)政治觉悟和思想理论素养必须达到一定高度

政治素质包括政治态度和思想品德两大部分。我国媒介的领导者是社会主义精神文明建设的指挥者和组织者,他们承当着舆论引导的重要职责,必须坚定地坚持四项基本原则,坚持走中国特色的社会主义道路,坚决贯彻党的基本路线、方针和政策,遵守国家的法律和法令,正确处理国家、媒介、员工三者之间的关系,努力为社会主义精神文明建设服务。他们要有崇高的使命感和强烈的事业心,把电视台、电台、报社的发展壮大当做自己的事业,有不断开拓进取的新意识;要有良好的思想品德和工作作风,牢固树立全心全意为人民服务的奉献精神和公仆意识;要任人唯贤,敢于、善于提拔有才干的人;作为媒介的领导者要以身作则,通过自己的模范行为影响和率领广大员工一起努力为媒介的成长而共同奋斗。

作为我国新闻事业的重要组成部分,报纸、广播和电视是党、政府和人民的喉舌。"要政治家办报",这是毛泽东于1959年6月与吴冷西谈话时提出来的。在"以阶级斗争为纲"的年代,在经济建设尚未成为全党和全国的中心工作的情况下,这样一种提法是很容易理解的。时隔数十年,江泽民重提"政治家办报"。此时,经济建设已经成了全党和全国人民的中心工作,人们的政治观念、政治意识的淡化,很可能造成严重的失误。要保证舆论导向的正确,关键就在于"政治家办报"。这是重提"政治家办报"的

① [美]哈罗德·孔茨、海因茨·韦里克:《管理学》(第十一版),经济科学出版社,2004年版,第497~498页

重要意义所在。江泽民要求新闻工作者,坚持正确的政治方向和政治立场,有鲜明的政治观点,有很强的政治鉴别力和政治敏锐性,有高度的政治责任感,良好的政治素质,严格遵守政治纪律。①

(二)拥有合理的知识结构

合理的知识结构是媒介领导者必备的基本素质。随着信息时代、知识经济时代的到来,领导者没有较高的知识水平是难以胜任工作的。作为媒介的领导者要吸收具有较强时代感的新知识。具体说来,要掌握如下几个方面的知识:

1. 基本的政治、经济理论及时事政治政策

要熟悉和掌握马克思主义政治经济学和西方经济学,深入了解我国进行社会主义市场经济建设的意义。同时必须及时了解国内外经济形势的变化,尤其是与媒介相关的政策动向。

2. 广泛的科学文化知识

其中包括一般的文化知识,如文学、历史、哲学、逻辑学等,这些知识有利于培养广阔的视野和较高的思维能力。

3. 专业知识和管理知识

掌握媒介节目制作与运营等方面的知识,成为本行业的领导内行。媒介的领导者虽不是某一专业的专家,但对其领导、管理领域的专业知识,如节目的采、摄、编、播等流程有个完整的了解和清晰的认识,在宏观调度和指挥时就能拿出更切合实际的方案。

传播学之集大成者施拉姆首次明确提出传媒的经济功能,指出大众传播通过经济信息的收集、提供和解释,能够开创经济行为。施拉姆认为:"采用机械的媒介,尤其是电子媒介所成就的一件事,就是在世界上参与建立了史无前例的宏大的知识产业。"②

因此,作为媒介的领导者,更应当懂得管理学、统计学、经济法、财政等方面的知识。媒介的领导者还应当学习社会学、心理学、行为科学、人才学以及领导科学方面的基本理论。

---

① 丁柏铨:《中国新闻理论体系研究》,新闻出版社,2002年版,第31-32页
② 郭庆光:《传播学概论》,中国人民大学出版社,1999年版,第114页

4.国家政策法令、法规

对国家政治、经济等各方面的政策、法规应了如指掌。

(三)专业技能素质

好的媒介领导者不仅应具备一定的知识水平,而且要有必要的专业技能。媒介的领导者的专业技能是一种综合性的能力,具体说来,包括以下几个方面的能力:

1.分析、判断和形成概念的能力

媒介的领导者要能在复杂多变的事物中透过现象看本质,敏锐地洞察事物的主要问题;能在众多矛盾中抓住决定事物性质和发展进程的主要矛盾和矛盾的主要方面;综合运用理论知识,进行逻辑思维,有效地归纳、概括、分析与判断,找出解决问题的方法与措施。

2.决策能力

媒介的领导者不能优柔寡断、患得患失,必须迅速及时地做出决策。做出决策要求领导者承担一定的风险,正确的决策源于细心的调查、准确的预见和广博的知识与丰富的实践经验。

3.组织、指挥和控制能力

媒介的领导者要善于根据组织设计的原理,以及电视台、电台的资源结构,选择合理的组织形式,建立高效的组织机构,指定组织的战略目标;根据形势的发展、经营目标的变化而适时地调整组织机构,使人、财、物等一切资源达到综合平衡,发挥优势,获得最优效果。领导者在组织目标的实施过程中,能迅速及时地发现问题,排除干扰,并随着宣传政策的变化,及时调整修正目标,减少风险损失。2006年,国家广播电影电视总局出台许多新规定:黄金时段不得播出涉案剧,慎对红色经典的改编等等,这个时候一些电视台原定的电视剧播出计划就不得不做出重大调整,媒介的领导者如能快速及时地采取相应措施,就能把损失降到最低限度。

4.沟通、协调能力

随着社会化大生产的日益发展,社会组织内外关系也日趋复杂,沟通协调在媒介的领导活动中有着重要的地位和作用。媒介的领导者要善于与人打交道,多听听来自各个部门、各个栏目组员工的意见,协调好内部各员工间的关系。

5.开拓创新能力

媒介的领导者要带领与引导员工,在复杂多变的环境中不断开拓创新。做媒介得满足广大受众的需要,而受众普遍具有"喜新厌旧"心理,如果节目做得一成不变,容易让受众产生一种厌倦心理,从而避而远之,此时媒介节目的影响力当然也就无从谈起。

6.知人善任的能力

媒介的领导者必须具有辨才能力,重视人才的培养开发与使用,知其所长,委以适当的工作,发挥每一个员工的才能与智慧。

7.适应环境的能力

适者生存是一个普遍的规律。媒介的领导者对环境必须遵循了解、适应、利用、影响、改造的过程。主动使用,及时了解认识媒介环境的现状和未来变化趋势,抓紧时机,发挥主观能动性,充分利用媒介的有利环境,使报纸、广播、电视得到发展。[1]

三、关于媒介职业经理人

从企业的角度看,媒介竞争力的核心是职业经理人,中国媒介最缺乏的是职业经理人这个阶层。所谓职业经理人是指以企业经营管理为职业,深谙经营管理之道,熟练运用企业内外各项资源,为实现企业经营目标,担任一定管理职务的高级人员。中国的媒介职业经理人,大概有这样几个基本要求:有成功经验、活动能力强、策划能力强、政治敏锐性强;管理能力强(不一定是好记者,但要会管理记者),懂财务,会经营。相对而言,媒介的职业经理人与企业的职业经理人相比,难度上有过之而无不及。媒介职业经理人毫无疑问,应该具备必备的职业能力,以驾驭现代媒介这个高度复杂的"机器"。这种能力是一个人的素质结构、知识结构和专业结构的综合体现,而尤以决策能力、创造能力、应变能力更为重要。

决策能力:在中国当前的时代,所有媒介面临变幻发展的政治环境,错综复杂的国际局势,激烈残酷的市场环

---

[1] 谭力文、徐珊、李燕萍:《管理学》,武汉大学出版社,2000年版,第221页

境和竞争环境,是面对问题而要设法解决的时代。媒介有策划专家,有智囊群体,他们负责给媒介提出多种建议性方案,而职业经理人的职责就是在熟悉媒介业务和经营管理的前提下,在复杂多变的环境中进行抉择,拍板决断。如果职业经理人缺乏这种决策能力,无法分辨各种方案的优劣,无法进行准确的取舍,那么,就算他的能力再强,也不会成为一个出色的职业经理人。

创造能力:这是一个职业经理人的核心能力,它表现在为媒介策划活动和经营活动中善于敏锐地观察事物变化,提出大胆的、新颖的推测和设想,并进行周密论证,拿出可行的方案以付诸实施。

应变能力:应变是主观思维的一种"快速反应能力",是人们创造能力的集中表现。所谓"水无常形,兵无常势",职业经理人必须擅长"随行而变"。"行"即指媒介的经营环境,包括目标受众、竞争对手、协作伙伴以及经营者本身。只有在应变中造就有利的形势,才能始终处于主动地位,保持竞争优势。在中国媒介步入市场经济环境之后,经营管理队伍却无法达到职业化的要求是不行的。

严重制约中国媒介自身竞争力提高的一个普遍的原因,是中国媒介经营管理者的非职业化。随着媒介经济运作日益规范化与媒介市场竞争加剧,视野开阔、熟悉资本与市场运作的媒介职业经理人就更加稀缺。媒介市场的逐步成熟与进一步发展,使得媒介职业经理人成为新闻媒介竞相追逐的人才资源。

目前在媒介集团实践和探索中,一些为人瞩目的媒介经营管理者已经脱颖而出,各媒介集团聚集和培养了一批精英管理骨干,如北京青年报社前社长崔恩卿、赛迪传媒的李颖、电广传媒的魏文彬等;一些非公有的媒介机构,也在市场上摸爬滚打出现了一些优秀的经营管理精英,如凤凰卫视的刘长乐、光线传播的王长田、阳光卫视的杨澜等。①

---

① 李树喜:《以人制胜——媒体变革与媒体人》,光明日报出版社,2003年版,第66页

目前，我国的媒介改革和发展正处于一个至关重要的时期，媒介只有高度重视生产管理，才能更好地满足广大人民群众对各类信息的需求，才能更好地迎接来自国内和国际各类媒介集团的内容竞争。

所谓媒介生产管理，是指媒介通过企划，明确自己在市场中的位置，树立自己的公众形象，并划分经营的领域。而媒介价值的最终体现，必须透过其为消费者提供的产品或服务来达成。具体地说，报社中报纸的采编、印刷生产，广播电台和电视台节目的生产制作，是报纸、电台、电视台工作的主体部分。媒介不能向市场供给产品，传播效果和经营效益都无从谈起。广义上，媒介的生产制作管理指媒介各个层次、各个工种、各道工序的人员通力合作，各司其职，确保媒介生产的顺利进行，确保媒介产品与市场需要对路。狭义上，媒介的生产制作管理指媒介生产制作管理层对媒介生产流程的管理，通过生产工序的合理划分、人员的有效调配、资金的合理运用，保证在预定生产周期内，以最低成本，生产出高品质的、符合市场需要的媒介产品。

第三章 媒介生产管理

第一节 报纸的生产管理

一、报纸的采编业务管理

(一)报纸采编业务的基本流程

新闻采编的流程管理要坚持效能的原则，尤其是一些设有分社、地方记者站或地方版的大报，要精简发稿的层次和环节。力求生产过程的科学化、一体化。

报纸采编业务的基本流程是：编委分稿—部主任分稿—编辑处理—部主任审定—部主任签发—值班编委签发—组版—出大样—校对—出清样—值班编委或部主任签字—付印。

(二)报社的采编业务管理

新闻宣传质量的好坏，直接关系到媒介的生存基础。因此，媒介必须从改进和提高宣传质量入手，加强内部管理。过去,编辑部内部分工大都参照政府经济部门对口设置的办法,分为工交部、农业部、财贸部和政文部等。现在,不少新闻机构已按照新闻工作的规律和特点,将报社采编部门的组织设计,改变成采、编快速反应的组织体系,如要闻部、经济部、体育部和机动记者组等,使采访报道指挥有力,新闻信息量增加,时效性增强。

1.量化管理

实行量化管理十分重要。没有一个公平的和可测量工作表现的评价标准,以及没有明确的聘任形式,媒介不可能在激烈竞争的市场上生存下去的。另外,量化管理也是一种人性化的管理方式。实施量化管理,主要通过建立激励机制、竞争机制和约束机制,改革干部人事制度、工资分配制度,达到调动新闻工作者积极性的目的。

(1)对于编辑记者的量化管理。

量化的方法是定岗、定编,规定编辑记者每月应完成的工作量,超额有奖,不足处罚。

为了实行量化管理,还要建立一些配套的制度。主要包括:一是完善岗位责任制。严格执行规章制度,实行目标管理,加强工作量考核,加大新闻宣传质量考核的权重。二是实行优胜劣汰办法。在严格的综合考核基础上,将名列前几名的晋级升档,名列最后的则降级降档。三是把工作量考核与奖金分配紧密挂钩,激励先进,鞭策后进。四是采取竞聘上岗、岗位轮换、待岗转岗等办法,进行职称评聘改革。实行评聘分开,激发编辑记者的工作潜能。五是实行新闻通气会、新闻阅评、新闻协调、新闻评奖等制度,调动从业人员的积极性。

(2)量化管理制度的完善。

定额管理提供了考核记者的一个依据,是业务管理的一个进步。但是,同时也存在比较明显的漏洞。在一些记者的心目中,似乎只要完成了定额,就算完成了报道任务,就可以心安理得地不再关注社会的新闻事件。这一管理制度,容易使编辑记者只对"定额"负责而不对实际负责。量化管理是工厂企业生产物质产品的管理办法,在采编业务管理中运用时,需要与定性考核相结合,加以完善。

2.生产管理的组织形式

目前,报纸的生产管理有以下几种组织形式:

(1)编采合一。

即版面由各部承包,编辑记者一人承担。

优点:一是有利于新闻策划,可根据版面需要组织稿件;二是有利于稿件处理保持原稿的风格和特点;三是有利于编辑记者的交流,避免重稿。

弊端:一是容易造成个人包版制,造成编辑发稿的个人随意性,客观上助长了关系稿的现象。二是看人不看稿,编辑的把关作用形同虚设,导致编辑水平的下降。

评价:编采合一适合出版周期长、时效慢的报纸,对于讲求时效、新闻竞争激烈的报纸,一般都实行编采分离或根据版面的不同要求实行两种方式的混合使用。

(2)编采分离。

编采分离即版面责任编辑制,由分管总编、责任编辑、记者构成三级业务管理体制。记者按部门的分工来跑线,责任编辑按版面分工编稿和组版。

弊端:在传统的编采分离机制下,采访系统(记者部)和编辑系统(编辑部)是一种平行的关系,除了大型或重要的新闻报道,在日常工作中的沟通与合作比较少,只是各自承担新闻生产过程中不同阶段的职能。

评价:编采合一和编采分离属于操作层面的事情,各有特点,各有利弊,不同的报纸不同的市场环境,在新闻生产的过程中都可以灵活使用。比如《南方日报》的采编机制,在四大中心实行的是采编合一,在中心内部则实行的是采编分离。

(3)记者中心制和编辑中心制。

记者中心制:它以政府部门的机构设置为参照,在媒介内部建立强大的记者部,或以记者为主的专题新闻部。各部有专门跑线的记者,不仅人多势众,而且在实际的操作中,记者的作用也大于编辑。记者的稿件决定着版面的内容和风格。编辑的作用就是版面处理。

编辑中心制:是在科学地设计报纸全部版面的基础上,构建版面主编、责任编辑、记者三级业务管理体制。即以版面主编为骨干,版面主编管辖具体版面的责任编辑,责任编辑统辖记者。在这种机制下,编辑被赋予较大的责任和权力,具有管理记者并对报道进行组织策划和把关的职能。

二、报纸的印务管理

报纸生产管理的重点是抓好印刷厂的管理。通过对各个生产环节的质量控制,实现"出好报、早出报"的目标。

(一)报纸的排版管理

1.报业技术发展历史

我国从1974年8月开始开发研制汉字电子出版系统。5年后诞生了华光Ⅰ型机,它在性能上压倒了当时国外最先进的产品,可以实现汉字和图片从录入、修改、编排到制版的电子化,从而确立了我国在中文电子出版技术上的领先地位,也标志着我国印刷出版业从"铅与火"的"热排"时代跨入了"光与电"的"冷排"时代。1987年,《经济日报》采用这个系统出版获得成功。1991年,北京大学又推出了功能更全、速度更快的"北大方正"彩色出版系统,在全国迅速推广。到20世纪90年代中期,全行业百分之百地取消了铅作业,实现了计算机排版。据报道,1994年元旦创刊的《深圳晚报》是国内由编辑记者使用电脑独立完成录入、排版、传输等全部流程的第一张报纸。

随着电子出版系统的改进和媒介经济的发展,近年来,我国一些主流报社陆续从单纯的激光照排向采编全过程的计算机化迈进,第二次报业技术革命旋风又起。1995年9月,一个居世界领先水平的新闻综合业务网在《光明日报》投入实际使用,这是我国报业技术发展历史上的一个新的里程碑,标志着我国报业进入"告别纸和笔"的新时代。这套方正新闻综合业务网由以下几个部分组成:采编流程管理系统,新一代报纸组版系统,广告管理、制作和创意设计系统,基于国际标准页面描述语言PostScript的远程传版系统和资料检索系统。这五个部分是按总体要求设计并紧密集成在一起的,整个系统在 MS Windows NT 环境下运行。其中,采编流程管理系统是网络的核心部分。采、编、改、排、签发都在网络上进行。通过计算机通信系统可直接收驻外记者和派出记者发回报社的稿件,无需再去录入;记者可通过网络传稿给各业务编辑部,不需再通过纸张或软盘传递;系统能体现记者稿件的多种特征和记者的工作业绩,能实时监控稿件去向和处理情况并可向记者及时反馈处理结果。编辑工作站上装有功能强大的编写系统,编辑可自己写作、美化直至组版。编辑部主任能签发稿件,统计编辑的工作成绩。总编辑工作站具有很高权限,能通过网络查看报社的各种情况,可进行稿件版面的审阅签发,并可通过网络向各部门下达批示、通知等。系统能自动记录流程中稿件的传改信息及签发情况,避免重签稿件,并对稿件的每一次修改保留详细记录。1997年,集编写、排版、检索、传送、电子报纸于一体的更高层次的综合系统开始在许多报社投入使用。不少产业报也进入这一先进行列。中国产业报协会于同年提出倡议,把应用计算机采编作为50岁以下的编辑、记者必须达到的岗位要求之一,考核上岗。

2.报业生产电子化的技术特点

报业生产电子化的技术核心是基于计算机的文字处理和信息储存系统、信息和图形设计系统,以及数码照相系统。电子排版在报业中的普及,应当是报业生产自动化革新中最具代表性的一环。所谓电子排版,是采用电子计算机激光照相排版系统编排版面的新工艺。电脑和照排系统一道,使报纸的生产和分发过程产生了革命性的变化。

报业生产电子系统可分为三个部分,第一是"编辑系统",或称"印前作业系统";第二是"生产系统",或称"输出作业系统";第三是"扩充系统",或称"周边作业系统"。具体划分的方法各报社均不一,但是从采访输入,编辑排版到相纸或底片输出,这一贯的作业则是相同的。在采访输入方面,国内外许多报社的记者,携带手提式电脑,随采、随"写"、随发,通过调制解调器(Modem),无论多远,一通电话,就可传回报社了。在图文的输入方面,有用数字摄影机拍进电脑的,也有用扫描仪"扫"进电脑的。前者的好处是速度快,即拍即用;后者则还是传统的方式,把底片或照片冲洗出来,再"扫"成数据图档。至于排版系统,以往是纯文字排版,把图片位置空出来,供工厂工人作人工贴纸之用。现在则可在电脑屏幕上作"图文整合",编出图文并茂的版面来。电子出版系统的使用,极大地改善了编辑和工人的工作条件,提高了报纸的排印质量和出版速度。

(二)报纸的制版管理

1.彩色桌面出版系统

在报业生产电子化方面,对于报纸,尤其是彩色报纸的印前技术来说,彩色桌面出版系统正得到了越来越广泛的应用。

彩色桌面出版系统是继照相分色、直接分色加网、电子分色加网之后出现的比较实用的印前技术。其中各种高性能的图形、图像、文字处理软件的出现,使用户可以方便地设计出丰富多彩的出版物。彩色印前技术的发展,对我国新闻出版事业产生了很大的影响。北大方正彩色桌面印前系统在彩色印前技术的各个领域,均达到了世界领先水平。具有国内领先水平的新一代华光VII型彩色电子出版系统,也可作为彩色报刊的印前处理系统。"九五"期间我国印前技术的发展重点是"大力推广彩色桌面系统,研制高档中文彩色电子印前处理系统",首先在新闻报纸出版领域全面推广运用彩色桌面出版技术、网络出版技术,以适应彩色出版的要求。截至2005年底,全国批准公开发行的报纸中,有印彩报能力的从2001年的80家增加到250家左右。

2.电脑直接制版系统

电脑直接制版系统是印前技术领域中最显著的成果。电脑直接制版系统,包括图像扫描、排版、打样和制版各工序的软、硬件,是当前最适合报纸出版、效率最高的高质量印前制作系统。

标准的电脑直接制版系统包含以下几个关键部分：带有相关软件的计算机、光栅图像处理器、印版记录仪、印版冲洗机、数字式校样机以及相应的印版。PS版，是重氮树脂版(Presensitized Plate)的简称，或称预涂感光版，是一种预先涂好感光液备用的铝版，它是发展胶印印刷的最佳版材。当前我国高档彩色输入输出设备仍主要依靠进口。近些年来，我国正在不断跟踪和开发数字式直接制版、数字式直接印刷，以及数字式直接打样技术，其中重点是研制开发数字式直接制版系统，以满足国内报社技术改造不断提高的需要。

(三)报纸的印刷管理

1.胶印技术

报纸在印刷技术方面，主要采用胶印，即现在日常所说的平版印刷，胶印是俗称。胶印版面的图文部分和空白部分几乎处于同一平面上，以区别于凸版印刷和凹版印刷。它的基本原理是利用油、水不相混合的特性，在印版表面使用图文形成亲油区，非印刷的空白部分形成亲水区。印刷时，印版的图文部分着墨拒水，空白部分亲水拒墨，经过橡皮布的转印，在承印材料上留下色彩柔和、层次丰富的印迹。胶印是现代印刷中的主要方法。由于所印产品色调油腻，能将原稿特性完整地还原在产品上，因此，绝大部分彩色印件都采用胶印。北京、上海、广州、深圳、海南、沈阳等地都先后出版彩色报纸，鲜艳夺目，一改过去清一色的黑白报纸的局面。总的趋势是彩印的比重逐年增加。特别是省、市以上报纸印刷已淘汰了铅印和感光树脂版印刷，而采用了胶印。

2.印刷的质量控制

印刷管理人员应牢固树立质量意识，要主动、认真地加强对报纸中印刷质量的检查。印刷质量可以参考以下标准：一是合格产品。图面套印规矩，轮廓清楚。不模糊，无明显印脏。色调能达到一般要求。文字完整不"瞎"。二是优质产品。墨色鲜艳，无印脏，层次分明。网点干净，不糊版。套印规矩。文字清楚，不花，不"瞎"。照片一般要求能接近实际，美术作品要求基本接近原作。三是特优产品。色泽厚实，无印脏，层次丰富,高低调都不受损失。网点清晰,光洁不毛。套印正确。文字清楚,不花、不"瞎"。照片做到实际逼真,美术作品符合原作。

3.自动分发

自动分发技术,是指印好的报纸自动折好,自动插入专页广告之类的附张,由输送线自动送出,并按不同的发送地点和规定份数自动计数、自动打包、贴上标签、装车运出报社。有了这一套技术装置,再配合以完善的、高效的投递系统，高速生产出来的报纸就可以迅速送到读者手中。

4.新闻纸和油墨

新闻纸分一号、二号两种。主要用于印刷报纸和杂志。用机械木浆并配有少量化学木浆制造的。纸质松软、吸墨性较好,拉力和表面强度能适应轮转印刷机的要求，基本上都是卷筒纸,但也可以开切为平板纸。新闻纸存放时间长或经阳光照射，容易发黄变脆，所以不宜印刷图书。我国由于南、北方造纸厂用的木材不同,纸的质量也各有优缺点。北方造纸厂大都用杨木，红、白松,纸质较白而细腻,平滑度也较好,但拉力不如南方的产品。南方造纸厂大都用马尾松,纸的折度较低，质地粗糙,平滑度也较差,但拉力和表面强度好,不掉毛、掉粉。我国每年也进口一部分国外生产的新闻纸。新闻纸定量有每平方米45克、48.8 克、51 克等几种。新闻纸常用规格有 787mm、781mm、1 562mm、1 575mm 等，其中 1 562mm 是按照报纸的幅面生产的,可以节约用纸。国产和进口纸中还有其他规格,供裁切平板纸用。优质新闻纸如胶版新闻纸专供胶印轮转机印刷报纸用,其白度、拉力、平滑度比普通新闻纸强,价格要比普通纸略高。

油墨产品的发展方向是"高速、多色、快干"。高速印刷的报纸,正反两面着黑的时间隔仅有十分之几秒。这就要求新闻纸吸油性能好，又要求油墨具有快干性。胶版印刷油墨,目前使用的有以下几种:快固着胶油墨、轮转胶印油墨和 TOW 型胶印轮转油墨。

目前,我国报社的技术含量不断升高,主要大报均已购置了高速彩印甚至双面彩印设备,电脑分色,轮转胶印。但是一些规模不大、印刷任务相对较少的报社,不必五脏俱全,后期的制版、印刷等工序,可由条件较好的业务单位代理。

三、关于报纸采编机制的改革

目前,报业竞争日趋激烈,现代报业发展对生产管理提出了新要求:一是新闻采编管理机制的变化。现在对同一事件的报道,主要是看报纸如何策划编排,如何控制报道的节奏。重视的是编辑的作用,讲求的是版面的效果,以及如何实现新闻传播效应的最大化。二是记者报道方式的变化。过去强调记者单兵作战,现在讲求采编人员集体协同作战。三是新闻报道重点的变化。过去以动态报道为主,现在则注重信息的延伸和价值的深化,讲求深度成为采编人员新闻报道的重要价值取向。四是新闻报道评价标准的变化。过去读者评价一家报纸新闻的质量,主要看能否抢到独家新闻,现在更注重报纸内容整体的策划,信息量是否足够大,在报道的操作上是否成熟,能否实现读者价值最大化。

面对新的形势与境遇,原有报纸采编机制存在着诸多弊端:新闻线索的来源比较单一,新闻报道按照采访领域分成经济、政法、教育、科技等部门,新闻线索绝大部分来自于政府主管部门;部门领导的权力过分集中,淡化了责任编辑的把关作用,部门主任的作用是全方位的,包括判断新闻线索、安排记者采访、具体报道的指挥、新闻作品的评判以及其他行政管理权,造成求稳与求新的矛盾;由于记者的采访更多地依赖政府部门的通讯员提供新闻线索,其写稿的主动性和创造性不能得到有效地发挥,缺乏宏观的版面意识和读者意识。

因此,报纸采编机制的改革必须进行,主要思路有:一是要建立记者和版面编辑之间的沟通与合作的互动关系,改变采编工作条块分割的状况。二是要建立以编辑中心制为主的采编架构,取消传统的记者部,成立具有新闻采编双重功能的新闻中心;建立多层次的编辑系统;建立为版面服务的记者系统,充分发挥版面主编的作用。三是要发挥责任编辑的把关功能,责任编辑不仅要参与报道的策划和实际操作,还要对稿件和版面的质量负责任,在评判稿件和版面质量时享有发言权,是一个责权统一的把关人。四是要淡化中心主任的指挥功能,强化其协调功能。五是要强化记者的版面意识、读者意识、合作意识和创新意识,在加强编辑和记者沟通的基础上,充分尊重记者在选题和报道方面的积极性,对创新型的记者、创新性的报道,版面要给予大力的支持,使记者的才华有充分发挥的空间。六是要建立独立于采编部门的稿件和版面质量评估机构,提升评估机构和人员的权威性和客观性。

第二节 广播电视的生产管理

节目生产是广播电台/电视台最主要的生产行为。据《2006中国广播电视年鉴》的统计数据显示,截至到2005年底,我国广播人口综合覆盖率达94.48%,电视人口综合覆盖率达95.81%。可以说,广播电视节目几乎已经深入到全国每一个家庭之中。

广播和电视具有各自不同的许多特性,但二者同属电子媒体,都是通过无线电波或导线传送声音和图像的信息工具。因此,无论是一个广播节目,还是一个电视节目,其生产大体都会经过节目定位、节目策划、节目制作、节目编播、节目评估等基本环节。

广播电视节目内容千变万化,形态多种多样。但无论什么样的节目,其制作过程一般都分为前期和后期两个制作阶段。前期包括构思、现场录音或拍摄;后期包括编辑和合成。为了杜绝或减少播出差错,保证安全播出,并全面提高节目质量,广播电台/电视台一般都对节目的播出管理有严格的制度规范。

广播电台/电视台生产管理者的基本任务是:节目预算、获取节目(包括自制和购买)、节目编排、节目评估以及人际交往等。广播电视的生产管理者需要具备自信、创新精神和企业家头脑,从而起到一种生产"催化剂"的作用。在这个泛媒体的时代,由各种复杂组织构成的现代技术社会迫切需要有效的生产管理,尽管这个挑战相当艰巨,但同时它对广播电视管理者、对社会的回报却是相当丰厚的。

一、广播电视节目生产的流程及其特性

(一)广播电视节目的生产流程

广播和电视具有各自不同的许多特性,但二者同属电子媒体,都是通过无线电波或导线传送声音和图像的信息工具。因此,无论是一个广播节目,还是一个电视节目,其生产大体都会经过以下五个基本环节:

1.节目定位

节目定位,是广播电台/电视台节目部、总编室或编委会对节目的价值取向和个性风格所作的总体规范。它从根本上决定了节目的方向、特色和质量,是广播电视节目安身立命的基石。广播电台/电视台通过在生产过程中对节目特定功能的开发,在营销过程中强化节目的定位诉求,培育和发展这一节目稳定的受众市场,从而确定自己在媒介市场中的位置。

准确的节目定位是广播电台/电视台的生产管理者一切工作任务的重中之重。以中央电视台为例,近年来央视在以"频道专业化、栏目个性化、节目精品化"为内容的宣传方针的指引下,对全台各套节目进行全面重新定位,频道特色日益彰显,节目吸引力显著增强,节目竞争优势明显。

节目定位,不能根据生产管理者的天生直觉或主观臆测,而必须根据以下一些主要因素:

(1)市场规模。

一般说来,市场规模越大,节目定位就越要专业化,这样才能吸引受众的收视、收听,吸引广告客户的广告投放。

(2)地理位置。

受众研究表明,受众的收视和收听偏好与其性别、年

龄、个性、智力、经历、收入和兴趣爱好等密切相关。因此，在节目定位时，人群特征和倾向是非常重要的因素。同时，广播电台/电视台所处地域的劳动力构成状况，也是重要的因素之一。如前所述，中央电视台凭借自己的资源优势，在不断深化改革的同时，事业发展日益壮大，在全国各类电视节目的收视市场上占据着半壁江山，一般省级和地市级电视频道的节目很难与之抗衡。因此，这些频道在节目定位时，应当扬长避短，注意发挥地方性和本土化的优势。

(3)竞争对手。

了解竞争对手吸引目标受众的程度，以明确市场上是否还有剩余的空间。如果有，生产管理者就可以针对受众尚未得到满足或未能充分得到满足的需要，来定位节目。毫无疑问，定位相同的节目直接竞争将使各广播电台/电视台都受到影响，其结果是，谁的节目运作和节目质量更好，受众就选择谁。

(4)物质条件。

资金、技术设备等因素也是节目定位时必须加以考虑的因素。以中央电视台为例，它拥有世界先进水平的技术设备和设施，播出设备包括数字录像机机械手自动播出系统8套、硬盘服务器数字播出系统44套，支持18套常规频道和10套付费频道节目的播出；制作设备、设施包括：演播室29个、摄录设备总数672套、转播车8辆、中继航拍直升机1架、对编设备253套、便携编辑机60套、编辑合成系统105套、非线性编辑系统53套、三维动画创作系统7套、图像合成创作系统10套、新闻共享网络系统中精编工作站80台、粗编工作站286台、配音译配机房26个、DSNG(数字卫星新闻采集系统)8套、海事卫星传送系统4套等。采录制作设备已实现全面数字化，节目播出实现自动化，并率先在国内开展了高清晰度电视、交互式电视播出试验，建设了先进的新闻共享系统。先进的技术保障体系成为确保日常节目制作和重大宣传任务安全播出的重要支柱。

2.节目策划

节目策划是生产管理者根据广播电视的规律,对节目运作的诸环节的预先谋划,并通过接下来的采制和编播环节来优化节目效果。节目定位是节目策划的前提和基础,节目策划是节目定位的实践和强化。当然,在节目定位和节目策划的过程中,还应当考虑到节目预算的问题。广播电视节目策划的重点有以下几方面:

(1)把握宣传导向。

新闻类节目的策划往往首先是根据一定时期党和政府的路线、方针、政策和各项工作的重点,各级宣传主管部门提出的年度宣传要点,并结合各台实际来作总体上的安排和部署的。以2007年广播电视新闻宣传工作的重点为例,迎接十七大、十七大会议的召开、贯彻十七大精神可以说是全年新闻策划工作必须关注到的重点。此外,其他类型的节目如社教类节目、谈话类节目和综艺类节目等,虽然不必像新闻类节目那样承担重大的宣传任务,但在节目策划时,也应当明确宣传导向,以免误入歧途,造成资源的重大浪费。

(2)受众需要。

虽然广播电台/电视台不仅播放各类节目,还有广告、宣传推广和公共服务等其他内容,但是受众的主要收视、收听目的却永远在于满足他们特定的需要。如果一个节目不能吸引它的目标受众,也就不能得到广告客户的青睐,节目组的财政状况将随之出现危机。所以,生产管理者在节目策划时,必须考虑到受众需要这一因素,即便是新闻宣传节目也应如此。比如,上海东方电视台的全国百佳栏目——《热线传呼》在2005年的两会报道期间,精心策划了专题性报道,设置了代表提案、市民建言等小栏目,以其强烈的贴近性赢得了观众的极大好评。据策划黄争介绍:这也是历次两会报道以来,收视率最高的一次。

(3)立异创新。

节目策划的最高境界是拒绝模仿,追求创新。广播电视作为一门艺术而言,也应该是天天出奇、天天出新的。然而,在实践中,节目缺乏创新、盲目跟风模仿的现象却屡见不鲜。比如谈话类节目近年来就在国内广播电视界克隆成灾，常常可以听到或看到综合素质不高的主持人，在一批所谓"嘉宾"的簇拥下，就一个无聊或弱智的话题瞎掰。心理学研究表明，大多数人都具有喜新厌旧的心理特征。人们总是喜欢接受反常的、新奇的、罕见的讯息，以获取更大的信息量。除了讯息内容的新鲜、奇特外，讯息的表现方式、结构、材料等的新奇，同样可以满足受众对大信息量的期待。这些为节目策划中的立异创新原则寻找到了心理学的基础。

3. 节目制作

节目定位确定，节目策划方案出来以后，广播电视节目的生产马上面临着现场制作这一环节。按照节目内容的划分标准，广播电视节目可分为：新闻类节目、社教类节目、综艺类节目以及服务类节目四大类。无论节目形态怎样，其制作过程一般都分为前、后两个制作阶段。

在前期制作过程中，要完成的任务主要是根据脚本或摄制提纲进行现场录音或拍摄。在后期制作过程中，则是根据节目的需要，广播节目中可加入人工混响、电子效果等内容，使节目的音效大为增色；电视节目除了要对素材带进行编辑之外，大多数节目还会加入配音、字幕和特技等。

广播电视节目制作是一项综合性的技术工作和艺术工作，它往往需要多个部门、多个工种协同配合才能完成。因此，在节目制作过程中，为保证制作顺利进行和节目质量，一定要注意计划安排和调度有序。

4. 节目编播

按照节目定位和节目策划制作出来的节目，经过节目质量审查之后，便进入到编播这一生产环节。广播电视节目无论制作得多么具有思想性、艺术性，无论多么美轮美奂，如果不进行节目编播，就不能为受众所感知，就无法实现节目制作的目的。更进一步，如果编播不当，节目不能准确地到达目标受众，不仅影响视听率，也会影响节目的社会效益和经济效益，并最终导致广播电台/电视台在激烈的市场竞争中处于劣势地位。

打个比方来说,合格的广播电视节目就像一块块形状各异的积木,只有合理地组合它们,才能搭建成一幢幢漂亮坚实的建筑;否则,它们要么就是一堆碎片,要么就是不堪一击且形状丑陋的建筑。节目播出时的主要任务是宣传推广节目,并确保安全播出。一般由播出磁带库、节目编排部门和播控中心合作完成。

5.节目评估

简单地说,节目评估就是对节目质量的总体评价。平常生活中,人们都说:质量是产品的生命。然而,在广播电视领域,这一提法直到上世纪90年代以后,随着网络等新媒体的出现、报刊等纸质媒体的重新崛起并使得媒介市场硝烟弥漫之后,才开始变得流行起来,广播电视节目评估也才为生产管理者日益重视起来。

实际上,优质节目无论是对于广播电台/电视台,还是对于国家广播电视事业来说,都具有重要的战略意义。首先,提高质量能促进成本的节约和市场份额的提高,这既影响着广播电台/电视台社会效益的发挥,又影响着经济效益的取得。其次,节目质量的高低会相应影响广播电台/电视台信誉的好坏。质量可以反映出该台在产品研发、人员专业素质等方面的水平。经济生活中普遍存在的"马太效应"在广播电视产业同样存在,好的信誉是组织的无形价值,会影响整个组织的良性循环,不可不重视。再次,在这个媒介全球化的时代,广播电台/电视台或国家想在全球媒体中有效地展开竞争活动,其节目必须满足国际质量和价格标准。我国的广播电视节目之所以"走出去"的少,同节目质量普遍不高有必然联系。

但是,广播电视节目是精神产品,其质量比制造业的产品质量更难衡量。而且,由于各国广播电视体制的不同,节目的质量评估也因此存在着多种多样的评价方法。美国等国的许多商业电台/电视台以节目的视听率为主要评估指标,生产管理者只需要到专门的媒介调查公司或机构购买相应节目的视听率,根据视听率的高低,就可对节目质量作出评估。这种操作简单易行,但容易导致节目制作以追求视听率、迎合受众口味为最高目标,节目呈现出媚俗化和庸俗化的趋势。而日韩、澳洲、北美、欧洲等地的一些公共电台/电视台,因为承担着维护公益、保持文化多样性和报道的独立性等使命,则在不断探索适合自己的节目评估体系和收视调查方法,目前主要以节目的欣赏指数和视听率构成节目的双重评估体系。在我国,广播电视的性质决定了我们的节目评估不能唯视听率是瞻,必须建立以社会效益和经济效益为基准的、科学合理、操作性强的评估体系。

二、广播电视生产的特性

我们已经提到,广播电视生产主要是节目的生产。在我国,广播电视生产与现代市场经济中其他生产行业的生产既具有相同的地方,又不乏自己的生产特性。具体来说,广播电视生产与其他行业在生产方面主要存在以下一些差别:

第一,广播电视生产是一种特殊的精神产品生产。广播电视节目生产是一种精神产品的生产。广播电视节目往往带有生产者强烈的主观感受和理性判断,打上了生产者个人风格的烙印。在评价其质量时,也难做刚性判断,而往往是伴随着受众的个人经验来做主观判断的。同时,广播电视节目的生产在某种程度上又的确类似于一个工业生产系统的生产。节目生产的采编播等生产环节可以用类似物质产品生产过程控制的方法来加以控制;通过全面质量管理,减少或杜绝不合格节目,从而满足受众的需求,超越其期望。正是看到了广播电视生产具有物质产品生产的一面,如今不少广播电台/电视台纷纷导入ISO9001质量管理体系,以期生产出高质量的广播电视节目。

第二,广播电视生产是高度意识形态化的文化生产。从新中国成立后到现在,统领广播电视业的观念还是高度意识形态化的党报观念。正如江泽民同志所说"党的新闻事业与党休戚与共,是党的生命的一部分。可以说,舆论工作就是思想政治工作,是党和国家的前途和命运所系的工作。"[1]尽管改革开放之后,我国对于广播电视的属

[1] 江泽民:《江泽民论社会主义精神文明建设》,中央文献出版社,1999年版,第269~270页

性和功能的认识有了非常大的进步,广播电视的信息功能、服务功能和娱乐功能等非意识形态功能得到了肯定,但对于它们在维护意识形态上的作用并没有忽视和削弱。因此,长期以来,涉及广播电视的领导人论述、法律法规以及政策文件使得广播电视在维护意识形态的过程中起着举足轻重的作用。而其他行业的生产则显然不具有这样的特性。不用说一般的物质产品无需承载社会的意识形态,即便是同为文化生产的出版发行业,其承载的意识形态功能较之广播电视生产也要弱得多。

三、广播电视节目的制作和播出管理

(一)广播节目的制作和播出管理

1.广播节目的制作手段与方式

广播节目制作主要有两种手段:直播和录播。①

直播,特别是利用微波和卫星进行现场直播,实际上包含了采编播录等节目制作的全过程。直播制作的重点是在切换台的操作上。制作人员根据对各声道信息的判断,随时把最好的信息播放出去,并同时录音备存。直播节目一般用于互动性节目和时效性强的信息类节目中。

录播,是利用多盘磁带的录音素材在几台录音机上进行播录、复制、剪辑和合成。录播便于确保节目的质量和提高播出的可靠性,同时也使节目播出的安排方便化、自动化。因而,大量的广播节目是通过录播的手段制作的。其制作方式又可分为三种:播音录制、录音剪辑和录音合成。

播音录制主要是在录音室里进行的。播音员等被录者的声音转换成电信号后被送入调音台,经调整放大和音质加工,再被录音机记录下来。在控制室内,节目编辑或导演对录制效果进行审听,并对录音师的调音工作进行指导。录音剪辑是指按照节目内容和时间的要求对录音素材加以选择、整理和重新编排顺序的过程。录音剪辑重在选择素材,要善于把听觉效果好、内容充实而关键的素材挑选出来。录音合成则是指把播音语言的录音磁带,剪辑好的录音素材,事先录制好的特殊的音响效果、背景

---

① 支庭荣:《媒介管理》,暨南大学出版社,2000年版,第249页

性音乐以及现场的播音、录音等,按照节目的总体要求,一次性地、有机地混录在一起制作成合成带。其制作重点在于把握好整个节目的节奏和基调。

2.广播节目的播出

广播节目的播出管理主要包括节目主持人上机管理和热线电话直播节目管理两个方面。

主持人上机管理的内容主要包括管理责任,如主持人应保证播出时字正腔圆,处于良好的播出状态,并且保持播出的流畅度,尽量杜绝和减少差错。另外,在提前到岗、准时播出、操作规范和岗位坚守等方面,都应制定相应的管理规章。而对于热线电话直播节目的管理,则要求:首先,主持人应有较强的综合素质;第二,所有的热线电话直播节目都必须使用延时装置。播出时,主持人必须先开延时器,后开话筒,同时,总监或监制必须认真监听。

(二)电视节目的制作和播出管理

1.电视的制作手段

电视媒体的兼容性,充分体现在其节目制作手段的多样化上。一般说来,节目制作的手段有三种:实况直播、电视影片制作以及录像制作。[1]

实况直播,是在摄取现场图像、声音的同时就进行广播的方式。它的特点是制作和演播这两个过程的同步。因此,这一制作方式最能体现电视媒体的长处,在时效性、现场性、互动性等方面最具效果。

实况直播可以使用多台摄像机和转播车,通过设在主控室或转播车里的切换台,对图像、声音进行现场即兴处理,并用电缆或微波将信号传送给电视台,然后再广播出去。也可以根据情况,仅用单台摄像机,不经切换,把实况图像和声音传送出去。

根据直播发生场地的不同,实况直播可以分为现场直播和演播室直播两类。

在电视录像技术出现以前,电视大量采用电视影片的手段来摄制节目。电影摄制所具有的现场创作的机动性、灵活性以及影片资料保存的长期性,使它大大优越于

[1] 孟群:《电视数字制作技术》,北京师范大学出版社,2003 年版,第 7 页

直播方式,从而为许多电视制片人所钟爱。即便是在录像技术已经广为普及的今天,电视影片制作方式仍有其独特的价值。例如用电视影片制作拍出的图像清晰度很高,色彩还原性好,宽容度大。相比之下,即便用最好的电视录像设备,其画面效果也难以达到电影胶片的效果,而且,每播放、复制一次,信号都会受到损耗,信息质量也会因此降低。所以,目前电视台在摄制一些大型节目时,往往仍采用电影制作方式。

电视影片制作方式,可采取三种提供广播的途径:全影片系统,即直接用影片经过放映机提供信息源,再经过电视传送系统播放;影片录像系统,即将影片上的画面和音响信息收录到录像磁带上,可以翻录整部影片并播出,也可以翻录影片素材编辑后再播出;影片与实物、图版、实况转播、录像等混用的综合系统,即把影片信息、摄像机拍摄的信息、录像机输出的信息等交织在一起,直接播放或录像保存。

电视技术呈现出持续不断的新发展。上世纪70年代以后,电子技术已经不仅在电视播出、发送系统中得到运用,而且扩展到电视采访、节目合成以至整个节目的制作、传送各个领域。与电视节目制作关系最直接的,目前普遍使用的是磁带录像系统。

近年来,世界绝大多数电视台采制节目已选择使用彩带录像采访系统,而且以电子新闻采录系统来代替新闻摄影。

使用磁带采录系统给节目生产带来了很多好处:首先是节省了经费开支,一般要比电影胶片的制作费用节省2/3左右;其次是省去了洗印加工的环节,因而大大加快了节目制作的进度。目前,这一制作手段正广泛运用于谈话类、新闻类和社教类等节目的制作之中。而磁带采录系统的不足之处,又正是电视影片制作的长处。

录像制作手段又可分为电子新闻采集、电子现场制作和电视演播室制作三种方式。

2.制片人制与制播关系

制片人制源起于电影产业,后来被引入电视产业的管理。上世纪80年代初期,许多电视台纷纷组建专门的电视剧制作部门。几乎同时,电视制片人制被引入国内。而在非电视剧类节目中引入制片人制却是近十几年的事,并以1993年中央电视台开办新闻杂志栏目《东方时空》为标志。

电视制片人制被广播节目的生产管理借用后,形成了制作人制。虽然两者的名称不同,但其内涵实质却基本相同。所谓制片人,简单地说,就是电视节目的组织者和负责人。而制片人制则是为"适应社会主义市场经济体制要求,由综合素质较高的制片人,把采编播人员的利益与节目质量、节目经营情况紧密联系在一起的一种节目制作经营制度"。①

在我国目前的广播电视节目生产领域,存在着两种制片人。一种被称之为准制片人。制片人或者由业务部门指定,或者由所在广播电视媒介组织的领导或人事部门任命,并对上级领导负责。节目生产经费全部或部分来自于所在广播电台/电视台,有较强的人事管理权和资金使用权,对节目的质量目标负有重大责任。目前,我国绝大多数广播电台/电视台的制片人都当属此类。另外一种被称之为独立制片人。这类制片人在目前的民营广播电视节目制作公司中较为常见。他们需要自筹资金,自制节目,然后把节目销售给节目市场或者直接销售到广播电台/电视台并从中获利。

我国的广播电视业引入制片人制的初衷是要把节目的生产、经营联系在一起,使节目制作人在关注节目质量的同时,也关注节目的经济效益,最终提高节目的生产率。从目前实践的效果来看,这一节目管理制度还是卓有成效的。2004年8月24日,近300名电视节目制片人齐聚北京,参加了全国电视百佳栏目的首次制片人聚会。而这次评出的百佳栏目在各地的节目收视市场上创造出一个又一个收视奇迹。

不容忽视的是,当前一些广播电台/电视台虽然表面上实行的是制片人制,但这样的制片人和原来传统的节目采编科/组长在责权方面并没有多大程度的不同,只是

① 蔡凯如、黄勇贤等:《穿越新时空》,新华出版社,2003年版,第131页

换了一个称呼而已。制片人制要真正实现引入时的初衷，需要全面深化广播电台/电视台内外的改革，为实施制片人制创造良好的内外环境，同时逐步建立和完善制片人制的管理规范。

制作和播出分离的运作机制以其明显带来的节目的优化和效益，并有利于制作专业化，从而成为国际上通行的一种节目制作和供给机制。美国于上世纪70年代早期，便开始实行制播分离。而欧洲国家直到上世纪90年代后期才纷纷开始实施这一制播机制。1999年夏，我国的国家广电总局主持的全国广播影视系统内部管理改革座谈会在上海召开，会上明确提出"积极推进除新闻节目外的其他广播电视节目播出与制作的分离，进一步发挥市场机制对广播电视节目制作的基础作用"。[①]自此，我国内地广播电视界在制作和播出体制调整和改革上进行了勇敢的探索和实践，并一步步朝着制播分离的方向迈进。

2001年，时任中宣部副部长、国家广电总局局长徐光春在中央电视台2001年工作会议上的讲话时指出："为防止将'制播分离'作为大的政策，防止中国电视走到歧路上去，我们不笼统提'制播分离'，特别不主张电视节目制作的社会化。尽管允许社会上有条件制作节目的单位可以制作一些节目，但绝不能由此而替代电视台自身制作节目。不笼统提'制播分离'，这不影响电视台内部的体制改革、业务改革。内部体制中，也不能把节目制作部门放到社会上，必须牢牢掌控在电视台手里。要以自身制作力量为主，以社会制作力量为辅。"[②]由于广播电视节目是特殊的精神产品，承载着国家重要的思想文化，制播制度改革事关大局，简单的制播分离不可取也不现实，因此国家对此的规制相当严格。

制播分离虽然能丰富节目市场，降低生产和管理成本，但在我国的实施又并非能一蹴而就。考虑到我国广播电视事业的特性，要积极稳妥地推进制播体制改革大体需要经历两个阶段：第一个阶段是在广播电视媒介组织内部将除新闻类节目以外的节目制作部门独立或相对独立地分离出来，实行公司化管理，完成组织制定的节目生

[①] 曾祥敏：《中国电视制作与播出关系初探（上）》，《现代传播》，2004年第3期
[②] 曾祥敏：《中国电视制作与播出关系初探（下）》，《现代传播》，2004年第4期

产任务。第二个阶段是将已经发展成熟、实力壮大的隶属于广播电视媒介组织的节目制作部门或公司从行政和产权上完全剥离出来成为真正的法人主体。

广播电视节目的制播改革不仅仅意味着节目制作和播出的简单分家,而是对电视节目生产关系的根本调整,必将带来广播电视业的重大变动和改革。2003年初期,中央电视台以《同一首歌》等10个栏目为试点,栏目自负盈亏,央视不给制作费,只给出一定的栏目播出时间和广告时段。这一做法已对许多广播电台/电视台形成示范效应,使其在制播改革探索方面的步子迈得更坚实、更有力。

四、广播电视节目的编排管理

(一)广播节目的编排

广播节目通常有两种基本的节目格式:板块和栏目。在以板块方式编排节目的广播电台,节目安排被划分为若干时间段落,即"板块",每个板块播出不同类型的节目。板块式节目编排的做法使一家广播电台能通过变化多样的节目安排为各类听众以及广告客户服务。但是,随着广播电台竞争的加剧,板块式节目编排的做法日益为电台专业人员所放弃,栏目式编排的方式开始引起人们的重视。按照栏目式编排的做法,整个广播电台为听众安排的是内容和风格一贯的、连续的独具特色的节目。这一趋势逐渐演变为被今天的人们称为的"频率专业化"。

目前,我国广播频率专业化改革的速度正在不断地加快,并呈现出新闻综合频率、音乐频率和交通频率三足鼎立的现状。而在西方,频率专业化早已蔚然成风,广播电台的类型主要有音乐台、信息台和特色台三大类。每个大类又细分为诸多小类,以提供特色的服务,满足特定听众的需求。比如音乐台的类型就有:成人当代音乐、城市当代音乐、唱片式摇滚、美乐、经典音乐、乡村音乐、爵士乐、怀旧音乐、老歌等等。虽然各类专业频率都以某一概念或声音为主要构成元素,但并不排除其他节目样式和内容出现在这类电台的播出单中。

当前,我国广播电台的节目来源主要以电台自制为主,来自于节目供应商的节目所占数量少之又少,而且主要是音乐节目、娱乐节目和文艺节目。据悉,即便是在北京这样一个国内的文化重镇,稍成气候的广播节目制作公司也只有四五家。为了满足专业频率的需求,节目来源多样化还有很长的一段路要走。

听众的需要和心情在一天中会不断发生变化,广播电台通过划分时段对这些变化做出回应:

早上 7 点到 10 点为上班高峰期,大多编排听众亟须的最新的新闻资讯、天气和交通路况信息。

下午 4 点到晚上 7 点为下班高峰期,一般编排娱乐和信息的混合以适应经过一天的紧张工作之后的人的心情和需要。

以上两个时段为电台的黄金时段,必须重点编排。紧随其后的是白天上午 10 点到下午 4 点的时段,听众以家庭主妇、退休人员和倒班人员为主,根据其需要可提供音乐与信息。而收听人数最少的时段为晚上 7 点以后至午夜,听众多为倒班人员和需要陪伴的人。

为了保持频率的专业特色,广播节目的编排必须保持一定的连贯性。西方国家常用的保持连贯性的工具是类型转盘和类型时钟两种,它们能确定一小时内的节目元素的混合和次序。其中包括各种音乐、信息以及其他诸如天气、交通和时间等元素。

(二)电视节目的编排

1.电视节目编排的要领

目前,我国电视台主要有当地制作和节目供应商两大节目来源。其中,当地制作节目占节目来源的 70% 以上。当然,由于各级各类电视媒介组织的综合实力不一,节目制作能力也大相径庭。县市级电视台的自制节目多为几个新闻和专题节目,时长基本在一小时左右;而省级台和中央电视台的制作能力则较强,50% 以上的节目都由自己制作。

自制节目主要以新闻报道和公共事务类节目为主。

节目形态有消息报道、新闻杂志、访谈节目以及综艺和体育节目。节目供应商的节目则可以用来填充自制节目余下的时段。一般说来，县市台对节目供应商提供的节目有更大的依赖性，以此来填充一天中的绝大多数时段。节目供应商大量提供电视剧、情景喜剧和过期电影。随着民营电视节目制作公司的兴起，他们也大量提供娱乐节目、综艺节目、财经节目和访谈节目等。

2002年8月，"中国城市电视网"创立。电视网为城市电视台提供了比较丰富的各种类型节目。

电视台在节目购买和时间编排上做决策时，必须综合考虑多种因素：

第一，竞争对手的强弱。每个时段的电视观众的数量都是一定的，一个频道多争取了观众，别的频道必然会损失这部分观众。就像分一块大小一定的蛋糕一样，一个人多分了，另外的人必定就分少了。电视媒介组织只有认清竞争对手的强弱，才能编排出合适的节目，要么与竞争对手直接抗衡，要么与其进行差异竞争。

第二，观众的收视习惯。在每周同一天的同一时段播出同一系列的节目，使其成为观众日常收视习惯的一部分，这通常是电视频道的一个重要目标。一个成功的电视节目最好一直保持在固定的时段，因为改变播出时间往往会冒失去部分观众的风险。

第三，可能收看节目的观众。一天中不同的时段有不同的观众群。例如，上午9点到12点以及下午1点到4点的两大时段，主要的观众是学龄前儿童、家庭主妇、退休人员和倒班人员。下午4点以后学生陆续放学回家，他们将随之加入收视大军中。晚上7点至10点半左右的时段则齐聚了几乎所有的观众群。自然，周末和其他节假日的情况还会有所不同，观众的数量和类型会受到休闲购物、整理家务和体育活动等的影响。

第四，广告客户的兴趣。节目的成功不仅表现在较高的收视率上，还表现在能否吸引广告客户的兴趣上。大部分电视广告客户的目标群体是25~54岁的成人。如果选择那些只能吸引少数观众的节目，或者节目的收视群体不是广告客户感兴趣的,就可能引发财务问题。

第五,节目的存储量。制作能力强的电视媒介组织可以大量播出自己制作的能吸引目标观众和广告客户的各类节目,而制作能力弱的组织则可多播出购买来的价廉物美且符合自己频道风格的节目。

2.电视节目编排的策略

节目的选择和编排除了应当注意以上五个因素外,还要考虑到各种编排策略:

对抗策略:即在同一时段安排与竞争对手类型相同的节目,从而吸引相同的观众和广告客户。众多省级卫视在晚间黄金时段争相播出内容相同或相似的电视剧的竞争,就是采用此种策略的例子。

反向策略:即在同一时段安排与竞争对手不同类型的节目,有意识地将自己的节目与竞争对手的区别开来,形成一些在诸多电视频道竞争中具有独特性的东西,以吸引不同的观众和广告客户。例如在上午9点到12点或下午1点到4点的时段,大多数频道播出的是电视剧、情景喜剧或过期电影,而有些频道则根据自己的竞争优势、自己独一无二的资源和很难为竞争对手所模仿的核心能力来编排节目,进行各种重大活动的现场直播,播放精品综艺节目、娱乐节目、谈话节目等。或者在竞争频道播放儿童节目的时段里安排吸引成人观众的节目,也是这种策略应用的表现。

连环策略:即在每天的同一时段,安排系列节目。这种编排方法有助于观众收视习惯的养成。但是,如果节目对目标观众的吸引力不够,则这个策略的效果就最差了,节目收视可能每天都面临着失败。例如,甲频道在晚间新闻联播之后便安排黄金电视剧,而它的竞争对手乙频道安排的是自己制作的新闻评论节目。因为甲频道播出的电视剧的强烈吸引力,乙频道的新闻评论节目此后便每天都面临着低收视率的状态。此外,只有当节目量足够多时,连环策略也才是可行的。

板块策略:即将吸引类似观众或具有相同性的几个节目编排在一起。这种策略可以形成强势,获得规模效益和比较优势,有助于建立观众流。例如中央电视台一套在每天早上6点半到8点半安排播出的几个新闻资讯节目就运用的是这种策略。

当然,有关节目编排的策略还有很多,诸如棋盘策略,每天的每个时段播出的节目都各不相同;强档借风策略,利用观众为收看强档节目提前调换到本频道和收看完强档节目而意犹未尽的时机,在强档节目播出前后编排节目吸引更多的观众;吊床策略、创新优先策略等等,不一而足。据一项对北京城市居民收视行为与收视模式的调查显示,"看完一个节目换台的受访者为22.9%,30.5%的受访者一见广告就换台,而31.1%的受访者几乎总在频繁换台。"[1]在遥控器已经广泛普及的今天,如何合理编排节目,使观众更少地换频道,更多地驻足观看,是媒介的生产管理者面临的一大挑战。但是,无论使用哪一种编排策略或策略组合,我国的电视节目生产管理者在进行节目编排时,必须首先考虑节目的社会效益,满足最广大人民群众的不同信息需求,包括新闻信息、生活服务信息、文化教育信息、娱乐信息等。另外,在节目编排的过程中,不仅要考虑到节目的政治目标和市场目标,而且要从本土的文化传统和文化观念出发,塑造健康向上的、独具个性的电视文化,从而获得观众的文化认同。

五、广播电视节目的评估

美国质量管理学会对质量的定义是:对一种产品或服务能满足需求的程度产生影响的该产品或服务特征和性质的全部。尽管这个定义被广泛接受,有人则认为质量的定义可以分为几类。一些定义是以用户为基准的。这些定义认为质量在消费者眼中。高质量对于消费者来说意味着更优的性能,更好的品质,以及其他改进。对生产经理而言,质量是以制造为基准的。他们认为质量就是按照规定的要求去做以及一次做好。而第三种观点则是以产品为基准的,其视质量为精确和可测的变量。同样,广播电视节目的质量评估也会遭遇到这样几种观点。有人认为节目的质量应当由受众说了算,落实到具体的衡量指

---

[1] 张同道、黎盛:《北京人的收视行为与收视模式——探寻电视受众心理图式》,《北京社会科学》,2003年第2期

标就是视听率和满意度。节目的生产管理者则认为,质量应当以节目的生产流程为基准。在节目规划、节目制作、节目审定、节目推广、节目编播等各个生产环节只要是按照要求去做并一次做好,就能保证节目质量。还有的观点认为,质量应当以节目为基准。广播电视节目也是产品,而且是连续不断生产出的批量产品;并且,节目的定位、风格、形态等是可以较为准确地描述的,节目的亮度、色度、伴音等技术指标是有一致性要求的。可以说,目前的广播电视节目评估就是基于以上三种观点而进行的。

节目评估工作的正常开展有赖于节目评估体系的确立。一般说来,节目生产管理体系可细分为节目规划体系、节目制作体系、节目编排体系、节目播出体系和节目评估体系等。在这些子体系中,节目评估体系是最为重要、也最为核心的体系。因为只有该体系的确立才能为节目规划、制作、编播等其他体系的正常运作提供前提和保障。节目评估体系是围绕节目评估工作而形成的包含评估指标体系、评估方法体系、评估操作体系、评估分析体系和评估应用体系等子体系的总体系。

我国尝试建立科学有效的广播电视节目评估体系始于上世纪90年代后期。当前,节目评估体系的研究和实践仍处于起步和探索阶段。中国广播电视学会在规划2003年至2007年的工作时,还将节目评估列为学会四个工作平台之一。纵观近十年的节目评估理论研究和实践探索,基本上沿着"内部评估"和"外部评估"相结合、"定性评估"和"定量评估"相结合的方向进行。下面将围绕节目评估的指标体系,并分为主观评价指标体系和客观评价指标体系两大类,分别加以简单介绍。

首先是客观评价指标系统,包括视听率指标(或基于原始视听率的加权视听率指标)和投入产出率指标。

视听率是指在一定时段内、在某地区范围内,收听或收看某一节目的人数(或家户数)与听众或观众总人数(或总家户数)的百分比。视听率反映受众的收听和收视行为,即听没听、看没看,受众的数量是多少。视听率的数据主要来源于专业的、权威的电视节目视听率调查公司。

视听率在如今的媒介市场竞争中占据着举足轻重的地位;在广告时段的交易中,广告客户最看重的往往是视听率;在节目的交易中,以点论价也是屡见不鲜;而在媒介组织内部,视听率也一般被视为节目管理和经营的客观依据。在采用视听率作为评价指标时,重要的是结合各个广播电视媒介组织的具体实际,兼顾节目所在频率或频道、时段、类别等进行加权法计算从而得到加权视听率。所谓加权,就是在计算若干数量的平均数等指标时,为了考虑到每个数量在总量中所具有的重要性不同可以给予不同的衡量轻重的数值。尽管视听率在国际、国内广播电视业界已是大行其道,但对视听率的讨伐也总是不绝于耳。例如,视听率带来的是以经济效益为导向的传播理念,视听率与分众化时代受众需求多样化之间存在着矛盾,视听率本身的信度和效度也都值得推敲等。当然,这些评价从一个方面提醒了广播电视媒介组织的生产管理者不能唯视听率是从,在评估节目质量时要注意结合其他指标。

当前,我国的广播电台/电视台正在走自主经营、自负盈亏的企业化管理之路,必须要考虑到节目的投入产出比,不仅如此,广播电视节目的高投入、高消耗的生产特性决定了媒介组织必须严格控制生产成本,重视投入产出。所以,投入产出率指标自然成为节目评价的一个重要的客观指标。比率越小则经济效益越高,反之,比率越大则经济效益越低。广播电视节目的特性重在新颖性和差异性,所以创新和创意很重要,并不是大投入就一定会有大产出,反之亦然。

主观的评价指标系统包括满意度指标、专家评价指标。

满意度指受众用打分的方式(百分制或级分制)表达对自己收听或收看过的节目的满意程度。分数的高低反映受众的愿望和需求的满足程度,最后取其平均值。我国的满意度这一评价指标类似于西方公营广播电台/电视台所采用的欣赏指数。为了弥补传统视听率调查的不足,英国最早开展用欣赏指数来评价节目质量,并采用兴趣和享受两个部分来评价对节目的欣赏程度。满意度指标或欣赏指数都是以节目效果或节目质量为主要追求目标的。视听率反映的是受众的基本视听状态,描述的是表层传播效果;而满意度或欣赏指数反映的是受众的愿望或需求的满足程度,表现的是深度传播效果。但是,不同的受众有不同的视听需求,同一受众,在不同的时间和地点也有不同的视听需求。因此,受众满意度指标或者是欣赏指数都带有极大的主观性和随意性。如何操作才能增强这一指标的信度和效度问题一直是各国广播电视节目研究者关注的课题。

无论是视听率还是满意度,反映的都只是受众对节目质量的评价,而为了宏观把握节目走向,从专业角度考核节目水准,就有必要引入专家评价指标。专家评估组的组成可以由广播电视媒介组织的领导、主管宣传的上级领导、社会上各方面的专家学者等组成。由于专家评估的出发点、视点和普通受众的不同,所以能保证节目的舆论导向,体现出应有的社会责任感,另外,还能从节目的定位、策划到制作、编播的各个生产环节作系统的分析并提出精辟见解。毫无疑问,这种宏观的评估能有效克服市场(受众)评估的盲目性和滞后性,对于节目质量的评估和节目质量的提高都是必不可少的。

由于正处在起步阶段,当前节目评估体系构建过程中存在不少的难点。如节目的分类标准问题,有的采用的是一元的分类标准,如中央电视台就以内容为主要标准把全台栏目分为新闻资讯类、专题服务类、综合益智类、影视剧类和广告等五个大类十六个小类,而上海文广新闻传媒集团则以内容和形式为两元标准,将旗下十个频道的栏目分为读报、新闻人物等数十个小类。凡此种种,不一而足。不同的节目分类,导致节目之间横向可比性大大减弱。此外,还有权数的计算,广播的调查、指标量化的机械化等问题,都有待于今后的研究和实践来逐步克服。

节目评估是对节目质量的总体评价。广播电视节目是精神产品,它的生产既有标准化的一面,又有创造性的一面;它既有信息角色的一面,又有宣传工具的一面。因此,广播电视节目的质量评估具有一定的特殊性。建立科学有效的节目评估体系是节目评估工作的重要前提。当前以视听率和欣赏指数为主要指标的节目评估体系已经在一定程度上促进了节目评估工作的开展,但还需要在今后的实践中进一步探索总结。

随着科技的日新月异,广播电视业的发展壮大,广播频率、电视频道日益增多。广播电视业正呈现出播出专业化、制作社会化的趋势。广播电台/电视台同样要重视广播电视的生产管理,提高节目质量,更好地满足受众需求。

在媒介企业不断走向成熟的现代企业的过程中,财务管理始终扮演着一个非常重要的角色。

第一节 媒介财务管理的内容和要求

一、媒介财务管理的重要性

世界上任何一个成功的企业都离不开良好的财务管理机制,我们甚至可以这么说,一套良好的财务管理机制关系到整个企业的兴衰成败。

在媒体集团化、产业化不断发展日趋成熟的今天,媒体产业内部的财务管理正在成为传媒集团当中最为重要的部门。特别是在传媒集团日趋庞大之时,每天有大量涉及采编、广告、发行、投资等方面的现金流不断地流入流出,没有一个完善的财务管理系统,企业根本无法运行,更遑论良性发展。除了处理企业每天的现金流之外,拥有一套良好的财务管理系统才能使传媒集团对大规模的资本运作(比如企业重组、并购、上市以及企业资源的最佳投资)实现前瞻性地分析、完备地计划,最终顺利地实施。而这点也正是传媒集团走上良性发展道路的真正关键所在。特别是目前我国的传媒集团的成熟度不如国外的传媒集团,要取得更好的发展只有依靠形成真正的现代传媒企业制度,尤其是财务管理制度,才能够跟上国外大型传媒集团不断发展的步伐。

二、媒介财务管理的作用

(一)什么是媒介财务管理

财务管理是在一定的整体目标下,关于企业资产的购置、融资和管理。财务管理的决策功能可以分成三个主要领域:投资决策、融资决策和资产管理决策。[1]

其次,我们从广义上来看企业的财务管理的作用。企业财务工作包括两部分,一是会计核算,二是财务管理。会计侧重于核算,财务侧重于管理,二者都以资金运作为工作的对象,会计核算主要从资金运作的事后着手,财务管理则从资金运作的事前着眼。这两个部分既相对独立

[1] [美]詹姆斯·C.范霍恩、小约翰·M.瓦霍维奇:《现代企业财务管理》(第十一版),经济科学出版社,2002年版,第2页

又不可分割,如果没有会计的核算以及对现金流的统计,也就根本无从谈起财务管理。

(二)媒介财务管理在传媒集团中的作用

1.提供计划与决策

媒介的财务部门必须认真研究分析有关历史资料,以及公司的经营状况、经营信息,制作相应的财务报表,对公司未来的财务指标作出估计和判断,制订财务计划,然后提供给财务部门主管分析,最后送达企业的决策层,作为决策层分析制定企业战略的重要依据。

这里需要特别指出的是媒介的财务预测有别于一般企业的地方。主要包括:广告销售的预测、节目销量的预测、资金流量的预测、节目制作成本的预测和利润预测四个方面。媒介的财务计划是以货币形式综合反映计划期内进行生产经营活动所需要的各项资金、预计的收入和经济效益。也就是说,财务计划是预测资金的来源和使用,提出资金使用的要求,它关乎整个媒介的基本运作。

2.控制作用

(1)现金流的控制。

一个跨国传媒集团的财务部门其实相当于一个跨国银行。和记黄埔的首席财务官曾经自豪地说:"我们的司库(现金控制队伍)的现金管理能力比世界上任何一个银行都成功。"财务部门应当对风险投资、现金管理以及银行利率等非常熟悉、随时掌握,知道如何合理、有效地管理现金,让公司的资金在每个时段都发挥最大的价值,创造最大化的利益。[1]

上海文广新闻传媒集团总裁黎瑞刚在接受北京大学传播学博士李岚的专访时,谈到了自己在美国 GE 公司访问时最深的印象就是 GE 非常重视在财务方面现金流的管理。所谓集权,很重要的一个方面是体现在财务管理制度的执行,尤其是资金的调度和现金流的管理,让资金在整个集团里用活。黎瑞刚还认为,企业的财务管理当中很重要的一块就是保证企业有一个健康的现金流。[2]由此可见现金流的控制在媒介财务管理当中的重要作用。

---

[1] 张志安、王建莱:《海外传媒集团的财务管理》,《新闻记者》,2003年第7期
[2] 李岚:《国有广电传媒集团的产业链接和品牌运营》,《视听界》,2004年第4期

(2)控制子公司。

媒介集团主要通过财务报表和现金流两方面对子公司进行控制。子公司总经理就重大业务向集团总裁申请批准后,对子公司管理有相当大的权力。集团对子公司进行具体管理,财务报表是最重要的,甚至是唯一的手段。此外,子公司在运营中会产生大量的现金流,集团可以对不同子公司的现金进行合理调动,比如去投资其他领域。[①]

(3)控制平衡财务收支。

平衡财务收支是媒介产业财务控制的主要内容。其任务是及时根据实际情况,积极调度、合理组织资金,以保证运营的合理需要。平衡财务收支的方法是增加收入(主要是广告额以及节目销售额)以平衡支出;降低消耗、节约开支以平衡收入;此外,还可按规定程序向社会融资,向银行贷款,或者上市。目前我国国内股市上市的几家传媒是:电广传媒、博瑞传播、东方明珠、中视传媒、歌华有线、诚成文化、赛迪传媒等。

3.监督作用

媒介企业的财务监督主要是利用货币形式对企业的经营活动实行的监督。具体来说就是对资金的筹集、使用、消耗、回收和分配等活动进行监督。媒介企业财务管理的监督作用是非常重要的一个部分,我们将在后面的小节中专门论述。

4.规划资本运作

众所周知,企业的资本运作是企业管理中的最高级形式。暂且不说世界上那些大的传媒集团,以国内比较成功的上海文广新闻传媒集团为例:从图4-1中我们可以看到上海文广新闻传媒集团的整个产业架构。我们发现媒体如今只是这个大传媒集团当中一部分,并不是全部。其余三个部分都是上海文广新闻传媒集团通过不断的资本运作,包括重组并购得来的,这样集团才能做大做强做好。

[①] 张志安、王建荣:《海外传媒集团的财务管理》,《新闻记者》,2003年第7期

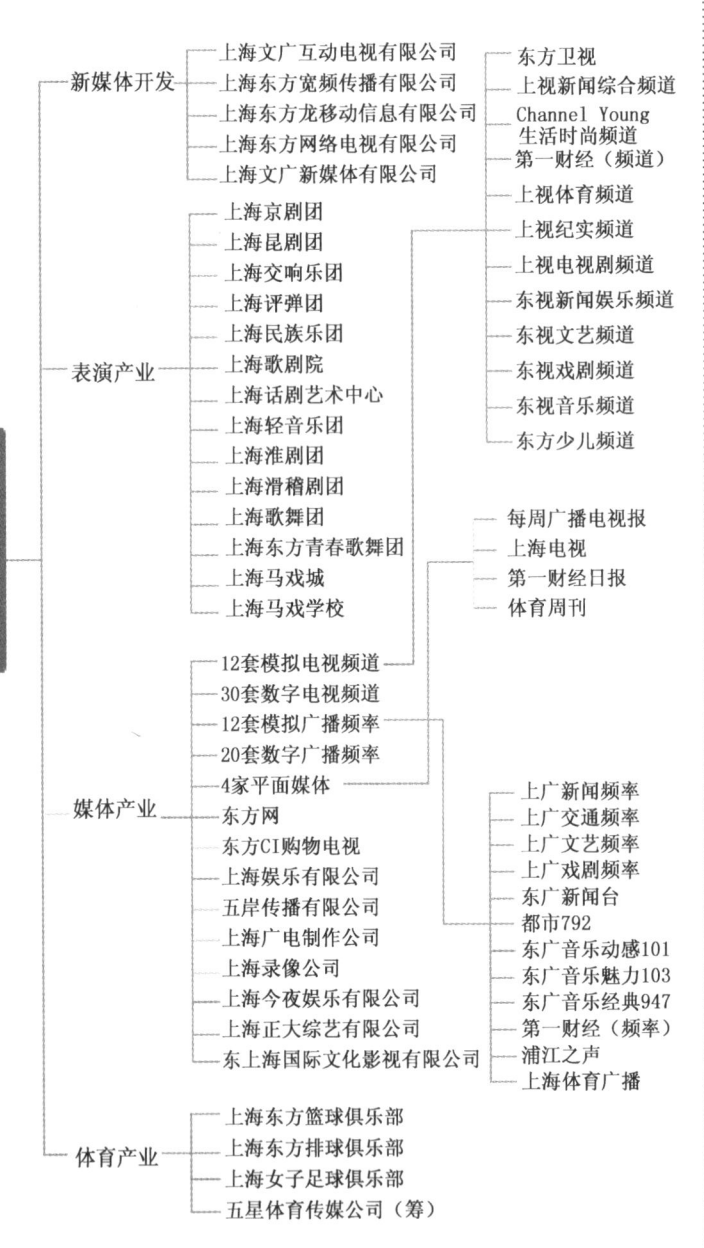

```
                              ┌─ 上海文广互动电视有限公司      ┌─ 东方卫视
                   ┌─ 新媒体开发 ─┼─ 上海东方宽频传播有限公司      ├─ 上视新闻综合频道
                   │           ├─ 上海东方龙移动信息有限公司    ├─ Channel Young
                   │           ├─ 上海东方网络电视有限公司      │  生活时尚频道
                   │           └─ 上海文广新媒体有限公司        ├─ 第一财经（频道）
                   │                                          ├─ 上视体育频道
                   │           ┌─ 上海京剧团                   ├─ 上视纪实频道
                   │           ├─ 上海昆剧团                   ├─ 上视电视剧频道
                   │           ├─ 上海交响乐团                 ├─ 东视新闻娱乐频道
                   │           ├─ 上海评弹团                   ├─ 东视文艺频道
                   │           ├─ 上海民族乐团                 ├─ 东视戏剧频道
                   │           ├─ 上海歌剧院                   ├─ 东视音乐频道
                   ├─ 表演产业 ─┼─ 上海话剧艺术中心              └─ 东方少儿频道
                   │           ├─ 上海轻音乐团
                   │           ├─ 上海淮剧团
上海文广              │           ├─ 上海滑稽剧团
新闻传媒  ──────────┤           ├─ 上海歌舞团                   ┌─ 每周广播电视报
集团                │           ├─ 上海东方青春歌舞团            ├─ 上海电视
                   │           ├─ 上海马戏城                   ├─ 第一财经日报
                   │           └─ 上海马戏学校                  └─ 体育周刊
                   │
                   │           ┌─ 12套模拟电视频道
                   │           ├─ 30套数字电视频道
                   │           ├─ 12套模拟广播频率
                   │           ├─ 20套数字广播频率
                   │           ├─ 4家平面媒体                  ┌─ 上广新闻频率
                   ├─ 媒体产业 ─┼─ 东方网                       ├─ 上广交通频率
                   │           ├─ 东方CJ购物电视                ├─ 上广文艺频率
                   │           ├─ 上海娱乐有限公司              ├─ 上广戏剧频率
                   │           ├─ 五岸传播有限公司              ├─ 东广新闻台
                   │           ├─ 上海广电制作公司              ├─ 都市792
                   │           ├─ 上海录像公司                  ├─ 东广音乐动感101
                   │           ├─ 上海今夜娱乐有限公司          ├─ 东广音乐魅力103
                   │           ├─ 上海正大综艺有限公司          ├─ 东广音乐经典947
                   │           └─ 东上海国际文化影视有限公司    ├─ 第一财经（频率）
                   │                                          ├─ 浦江之声
                   │                                          └─ 上海体育广播
                   │           ┌─ 上海东方篮球俱乐部
                   │           ├─ 上海东方排球俱乐部
                   └─ 体育产业 ─┼─ 上海女子足球俱乐部
                               └─ 五星体育传媒公司（筹）
```

图 4-1　上海文广新闻传媒集团产业架构图①

① 上海文广传媒主页，http://www.smg.sh.cn/intro_03.html

(三)如何发挥媒介财务管理的作用

1.明确财务管理工作在媒介企业管理中的地位

财务管理的工作对象是资金运动,只要有资金运动就离不开财务管理。这里应该避免两个误区:一种认为财务管理就是管钱,只要管住钱就可万事大吉,重资金轻核算。其实这是一个大大的错误,因为只有加强内部核算,才能真正做到节支降耗。另一种认为财务管理就是管财务部门,把财务部门与其他管理部门割裂开来,财务管理的触角不能延伸到各项管理工作之中。其实从企业管理的目标、对象、内容、职能上来看,财务管理都是在企业的管理的中心,它正如一个心脏,控制着企业的血液循环,也就是资金循环。一般说来,企业的财务管理部门主管对整个企业的运营流程最为熟悉,也最能够管理好企业。所以很多企业的CEO往往都是CFO(首席财政官)出身。

2.要有一支高素质的财会队伍

媒介企业的财务管理与过去计划经济体制的财务管理完全不同,但又和完善的市场经济体制下的财务管理有一定的差距。媒介企业的产业化正在如火如荼地进行,这其中必然有机遇也有困难,只有适应转变中的形势,才能搞好财务管理工作。而要适应这种环境,就必须了解它、掌握它。这就需要财务人员不断加强学习,熟悉法律环境、金融环境、税务环境及经济环境等,从而制定出与这些环境相匹配的各项管理制度。尤其是媒介行业的特殊性,它作为党的喉舌的地位就注定了其企业的运营方式并不和普通的企业运营方式完全相同。这就更需要媒介企业的财务管理人员与时俱进,发挥聪明才智,管理好整个企业的财务部门。同时,国家专门出台了《会计基础工作规范》,其中对于会计人员职业道德的规定是:"敬业爱岗,熟悉法规,依法办事,客观公正,搞好服务,保守机密。"[1]这是每个从事媒介企业财务管理的人员所必须具备的基本要求。

---

[1]《会计基础工作规范》:1996年6月17日财政部会字19号发布,第二章第二节

第二节　媒介财务管理的实施

一、建立合理的财务人事结构

我们不妨以默多克的新闻集团为范本,结合诸如GE这样的超大型企业的财务部门来看一看什么样的人事结构才最有效：

资金主管。资金主管需要做出有关财务管理的决策：投资(资本预算、养老保险计划)、融资(与商业银行和投资银行的关系、与投资者的关系以及股利支付)和资产管理(现金安排、信用安排)。①

税务经理。主要负责税务管理工作。一个传媒集团如果财务部门不擅长税务管理的话,可能会向税务部门支付相当多的税金。如果财务人员以及税务主管深谙各个国家的税法,能够进行合理、合法的税务管理,上税额度占总收入的比例就会比其他的传媒集团要低。②

会计长。首要责任是会计核算。他们还要组织起草财务报告,主要提供给国内的税务局、证券交易委员会,上市公司还需要提供给股东。③在默多克的新闻集团当中,会计长这一职能进行了分工细化,默多克把会计分成三种:(1)主要对内,向管理层提供财务报告和决策依据的管理会计师;(2)主要对外,按照相关规则(如在美国需遵循美国通用会计准则GAAP)做财务报告给股东、证监会看的注册会计师;(3)懂会计,同时还要懂IT,能够给集团财务的ERP管理等提供服务和支持的系统会计师。④

一般的传媒集团或者企业都采取这样的财政部门三权分立形式。当然这三个职能并没有很严格的职责划分。在实际的工作中,信息在不同部门之间的流动非常频繁,所以职责划分也不可能那么严格。这三个职能部门的负责人都直接向公司的首席财务官负责报告一切事务,而公司的首席财务官直接向首席执行官负责,再由首席执行官对公司董事会负责。这样层层到位能够使公司的管理有条有理,董事会的决定也能真正落到实处。

---

① [美]詹姆斯·C.范霍恩、小约翰·M.瓦霍维奇：《现代企业财务管理》(第十一版),经济科学出版社,2002年版,第8页
② 张志安,王建冰：《海外传媒集团的财务管理》,《新闻记者》,2003年第7期
③ [美]詹姆斯·C.范霍恩、小约翰·M.瓦霍维奇：《现代企业财务管理》(第十一版),经济科学出版社,2002年版,第7-8页
④ 张志安,王建冰：《海外传媒集团的财务管理》,《新闻记者》,2003年第7期

二、财务预算

财务预算管理是利用预算对媒介企业内部各部门、各单位的各种财务及非财务资源进行分配、考核、控制，以便有效地组织和协调企业的经营活动，完成既定的目标。企业财务预算是在预测和决策的基础上，围绕企业战略目标，对一定时期内企业资金取得和投放、各项收入和支出、企业经营成果及其分配等资金运动所作的具体安排。财务预算与业务预算、资本预算、筹资预算共同构成企业的全面预算。

财务预算对整个媒介集团具有重要的意义。只有做到精确、客观、全面的预算，才能够使决策层明确企业的收支平衡状况以及资金、现金的流动性，资本运作的质量，从而及时调整经营决策。财务预算大致应该包括以下几点：现金流量预算、净现金流量、现金余额、预计损益表、预计资产负债表(其中包括对资产项目的预测和对负债和股东权益的预测)。当然，所谓预算就要求必须带有预测性和前瞻性。世界上所有成功的媒介集团都非常重视财务预算。以新闻集团为例：默多克十分注重集团的年度财务预算，新一年的集团财务预算一般年前就已开始，由全球子公司最底层的员工开始，将下一年度收支预算由下到上一层层汇总报批，直到汇总到默多克手上，经其亲自审批，再一层层下达，一般要用半年时间才将整个集团的财务预算完成。我们不难看出，新闻集团的财务预算做得无比详尽，这也是近几年来新闻集团一直立于不败之地，并且发展势头迅猛的重要原因。

下面我们就来看看媒介的财务预算要符合什么样的要求、要如何具体实施。

(一) 媒介的财务预算编制要做到符合客观实际、把握全局、预测未来

符合客观实际指的是财务预算一定要从客观实际出发，报喜也报忧。应该综合考虑内部和外部因素的影响，客观准确地编制预算，不能单纯为了营造出好的业绩而弄虚作假，否则将会导致很严重的后果。把握全局是指要

根据国家的政策,对其做出前瞻性的预测,制定预算时一定要考虑到政策的变化。我们的媒介都属于新闻舆论机构,是党、政府和人民的重要喉舌,发挥着传播新闻、社会教育、文化娱乐、信息服务等多种功能。其企业属性不同于一般企业,因此更要求我们对于国家的政策变化有灵敏的嗅觉,把国家政策的变动灵活地运用到企业的管理当中去,财务预算的制定就是其中一步。预测未来是财务预算的根本属性,没有预测未来的能力,财务预算就没有存在的价值。这里说的预测未来并不是胡乱猜测,任何经济实体都有其运营的规律,我们更应该懂得利用以往企业运营中得到的数据和报表,挖掘其中内在关联,对企业的未来走向做出合理科学的预测。

(二)预算的编制一般应按照"上下结合、分级编制、逐级汇总"的程序进行

1.下达目标

企业董事会或经理办公会根据企业发展战略和预算期经济形势的初步预测,在决策的基础上,一般于每年9月底以前提出下一年度企业财务预算目标,包括销售或营业目标、成本费用目标、利润目标和现金流量目标,并确定财务预算编制的政策,由财务预算委员会下达到各预算执行单位。

2.编制上报

各预算执行单位按照企业财务预算委员会下达的财务预算目标和政策,结合自身特点以及预测的执行条件,提出详细的财务预算方案,于10月底前上报企业财务管理部门。

3.审查平衡

企业财务管理部门对各预算执行单位上报的财务预算方案进行审查、汇总,提出综合平衡的建议。在审查、平衡过程中,财务预算委员会应当进行充分协调,对发现的问题提出初步调整的意见,并反馈给有关预算执行单位予以修正。

4.审议批准

企业财务管理部门在有关预算执行单位修正调整的

基础上,编制出企业财务预算方案,报财务预算委员会讨论。对于不符合企业发展战略或者财务预算目标的事项,企业财务预算委员会应当责成有关预算执行单位进一步修订、调整。在讨论、调整的基础上,企业财务管理部门正式编制企业年度财务预算草案,提交董事会或经理办公会审议批准。

5.下达执行

企业财务管理部门对董事会或经理办公会审议批准的年度总预算,一般在次年3月底以前,分解成一系列的指标体系,由财务预算委员会逐级下达到各预算执行单位执行。在下达后15日内,母公司应当将企业财务预算报送主管财政机关备案。[1]

当然,这里需要说明的是,财务预算在执行的过程中,由于市场环境、经营条件、政策法规等发生重大变化,致使财务预算的编制基础不成立,或者将导致财务预算执行结果产生重大偏差的,就需要适时调整财务预算。财务预算也是灵活的,不需要死守不放,应当与时俱进。

(三)必须要有实时监控措施,以保障预算的顺利完成

财务预算一经批复下达,各预算执行单位就必须认真组织实施,将财务预算指标细化,层层分解,从横向和纵向落实到内部各部门、各单位、各环节和各岗位,形成全方位的财务预算执行责任体系。做到用制度安排岗位,按岗位确定人员,每一个岗位必须做到责任明确,岗位之间界限清楚,任何一个部分出现问题,都可以找到相应的责任人。如果没有这一条,编制的预算将形同虚设。

(四)必须要对财务预算进行分析

集团应当建立财务预算分析制度,由财务预算委员会定期召开财务预算执行分析会议,全面掌握财务预算的执行情况,研究、落实、解决财务预算执行中存在的问题,纠正财务预算的执行偏差。分析预算执行情况也需要综合财务、业务、市场、技术、政策、法律等方面的有关信息资料,根据不同情况分别采用比率分析、比较分析、因

[1]《关于企业实行财务预算管理的指导意见》财政部财企[2002]号

素分析、平衡分析等方法,从定量与定性两个层面充分反映预算执行单位的现状、发展趋势及其存在的潜力。所以,当预算数和实际完成数不同时,既要考虑客观情况的影响,也要考虑主观因素的影响,找出差异的原因,以利于以后预算的制定和企业经营策略的调整。

(五)必须要有业绩考核和奖惩措施

企业财务预算执行考核是企业效绩评价的主要内容,应当结合年度内部经济责任制考核进行,与预算执行单位负责人的奖惩挂钩,并作为企业内部人力资源管理的参考。因此,建立完整的考核指标也是保障预算执行的重要举措。[①]

相信经过详细周密的财务预算,媒介产业的经营者都能够时时对其集团的运作情况了如指掌,也才能及时应对市场出现的各种机会,高效进行资本运营活动。

三、媒介行业 ERP

ERP(Enterprise Resource Planning)最早是由美国著名的计算机技术咨询和评估集团 Garter Group 公司提出的一整套企业管理系统体系标准,是指建立在信息技术基础上,以提高企业资源效能为系统思想,为企业提供业务集成运行中的资源管理方案。它是借用一种新的管理模式来改造原企业旧的管理模式,是先进的、行之有效的管理思想和方法。这种最新的管理系统如今在许多大型企业中已经得到了良好的发展。然而,在媒介行业推广得还不多。虽然如此,我们仍可以看到媒介管理的 ERP 以及会计电算化的推广是一个必然的趋势,如果不能跟上这个趋势,媒介的大规模产业化就是空谈。为什么默多克能够在每个星期四收到自己旗下 789 家子公司的所有财务报表?这 789 家子公司又是如何在每个星期其至每天都能够及时做出精确的财务报表?这一切都是 ERP 系统的功劳。下面我们就来看看媒介行业如何进行 ERP 改造。

首先媒介行业需要集中对财务管理系统的整体解决方案,尤其是针对媒介行业强调集团控制、严格预算管理、细化核算管理等业务特点,ERP 为媒介行业提供从

① 李云鹤、范世涛、李庆娟:《报业集团财务预算管理初探》,2003年度山东报业财务论文得奖作品

计划预算编制到按预算控制频道/频率、栏目、节目、部门开支等成本管理、收益分析的整体解决方案。我们来看看国内ERP软件的老大用友软件是如何设计媒介行业的财务管理解决方案的(如图4-2)：

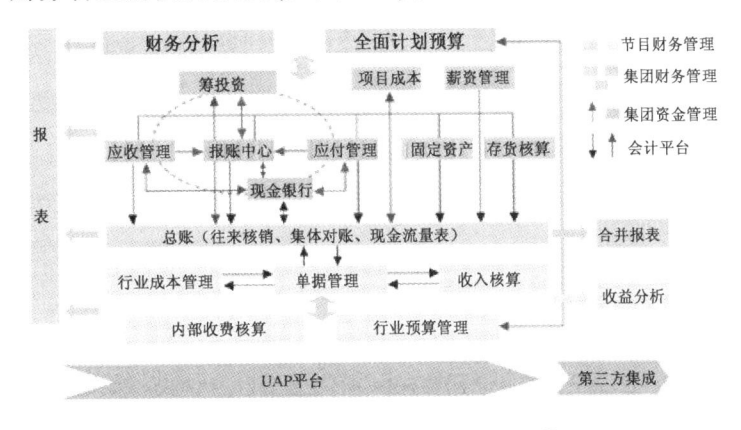

图4-2 媒介行业财务管理解决方案图[1]

预算管理是集团财务管理的核心,是实现集团经营目标的根本保证。集团的财务核算以预算为前提,围绕预算进行,并依据控制状态进行不同程度的预算控制,帮助集团及其下属成员单位根据自身的资源状况和发展潜力,制定科学合理的全面预算方案,在经营管理的各个环节进行全面控制,以实现既定的各项目标。(图4-3)

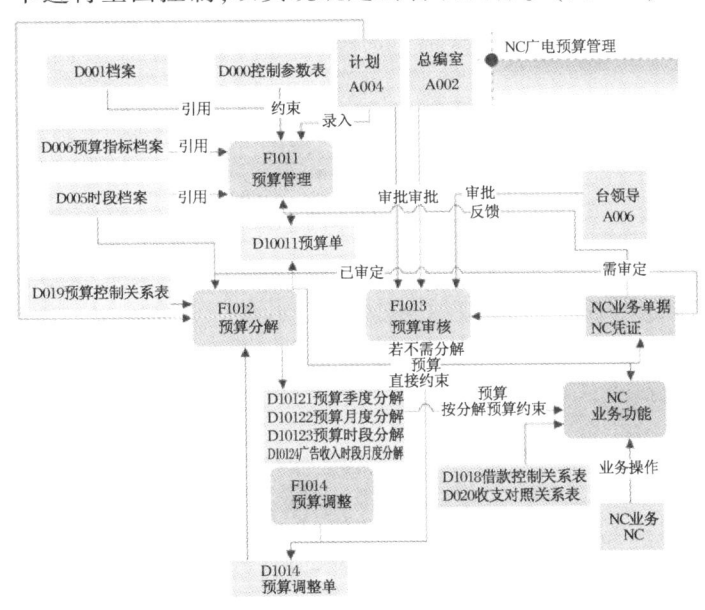

图4-3 媒介集团预算管理图[2]

---

[1] 用友软件主页,http://www.ufsoft.com.cn/2004project/hangye05/hangye05_01.asp?kid=002004
[2] 用友软件主页,http://www.ufsoft.com.cn/2004project/hangye05/hangye05_01.asp?kid=002004

一个媒介企业进行 ERP 后的好处是什么呢?

(一)规范集团财务管理体系

按照现代财务管理理念,将媒介集团财务管理过程中的基本业务和数据纳入计算机管理,为建立涵盖全集团(局)、应用系统统一、数据结构统一、业务流程统一、管理规范统一的财务管理体系提供技术支持,为基层业务人员提供适用、标准化、规范化的应用系统,为公司决策层提供详细、完整的财务数据和完善的统计、决策分析手段。

(二)实现集团财务数据集中管理

以业务为核心,以经营管理为导向,实现核心数据大集中管理、全局共享(管理权限在集团本部),既能满足因政府政策变化等外部及内部改革引起的业务变化的需求,同时又能满足各个部门财务业务处理的个性化服务要求。

(三)满足媒介行业预算管理、行业核算管理的专项要求

在集团统一、全面、完善的预算管理体系下,严格预算审批流程,依据预算对业务过程进行全面管理与专项控制;提供实时、准确的频道、频率、栏目、节目、部门、个人等责任中心的专项核算;多维度、多层次的专业预算管理数据、核算管理数据与财务管理数据的查询、分析。[1]

在电子商务和会计电算化日趋成熟的今天,一个媒介集团如果想要更上一层楼的话,就必定要运用现代化的电子商务软件和会计电算化软件,否则必将被时代淘汰。用友软件的 ERP 解决方案只是众多媒介 ERP 当中的一种,希望能为我们的媒介集团走向更加专业的 ERP 道路提供一点启发和借鉴。

第三节 媒介财务状况的监测

媒介的经营会受到客观经济规律制约。任何的商业竞争都会存在商业风险,甚至可以这么说,没有商业风险

---

[1] 用友软件主页,http://www.ufsoft.com.cn/2004project/hangye05/hangye05_01.asp?kid=002004

就没有商业回报,高风险对应高回报,这是人所共知的。面对瞬息万变的商场,媒介应该如何应对呢?这是本节要讨论的问题。

(一)媒介财务监测预警系统的必要性及功能特点

首先我们来看一看,在瞬息万变的商场上媒介会遇到的风险。

1.广告费拖欠问题

电视广告已经进入"读秒时代",广告费已经是以秒来计算了。而且电视广告投放的周期往往都很长,比如央视每年都会举行广告投标,投标下来的广告额都达上亿元之巨。面对这样的巨额广告费,有很多广告投放商会拖欠广告费。而广告又是媒体的主要经济来源,这就会严重影响到媒介企业的正常运作。现在,拖欠广告费的种类还很多,有的拖欠广告费的数额大,有的拖欠广告费的时间长,有的拖欠广告费占企业实际收入的比例大,有的拖欠广告费的企业涉及面广。这些种种都是媒介企业将要面临的经营安全性问题。

2.盲目拓展多种经营投资领域

现在很多媒介企业不经过客观、真实的市场调研而盲目拓展投资领域,有的利用投资合作项目牟取私利,有的采用串换广告形式作为媒介企业经营商业项目的投资等,这些渠道若不规范运作都有可能造成经营安全性问题。[①]

而财务监测与预警是指在微观财务指标的基础上建立预警模型,从宏观的角度综合反映企业整体财务状况和行业财务状况,并对各个运行指标进行观察、识别,判定经济运行的景气状态,并发出财务的预警信号。

财务监测系统的功能主要有:

(1)监测功能。跟踪企业的经营过程,监控企业日常财务状况,在危害企业的财务关键因素出现之前,预先发出警讯,从中找出偏差及偏差发生的原因,以便早日寻求对策。

(2)诊断功能。根据跟踪检测,对企业的实际财务状况与行业或标准财务状况进行对比分析,找出导致企业财

[①] 未定波:《报业广告市场化运作和规范化管理》,《中华新闻报》,2004年3月25日

务运行恶化的原因以及企业运行中的弊端及其病根所在。

(3)控制功能。即更正企业营运中的偏差或过失,使企业回复到正常的运转轨道上,挖掘企业一切可以寻求的内部资金创造渠道和外部财源,在发现财务危机时阻止其继续恶化,控制其影响范围。

(4)预防功能。即避免类似的情况再次发生。系统详细记录危机的发生、处理和解决过程,作为前车之鉴,增强企业的免疫能力。

基于以上的功能,媒介企业制定的财务监测系统必须有以下的特点:

(1)高度的敏感性:财务危机有发生的苗头时,就能在指标上比较迅速地反映出来且能够比较灵敏地反映财务运行的主要方面。

(2)强烈的预示性:这些指标必须具有先兆性,指标值的恶化能预示危机发生的可能性。

(3)可靠性:财务指标本身是如实的,不偏不倚的,可以验证的,这是确保预警系统定量分析具有实际应用价值的重要基础。

(4)重要性和有代表性:指标反映的内容在经济活动中居重要地位,且具有同类指标的波动特征。

(5)可操作性和及时性:要求选择的指标既要反映问题的主要方面又不可过于复杂,且都能及时搜集到相对可靠的指标值。

(6)光滑性:指标受不规则波动因素的影响较少。

(二)建立财务监测预警系统管理的基本程序

1.寻找财务预警的警源

警源指警情产生的根源。财务预警的警源包括外生警源和内生警源。外生警源指来自外部经营环境变化而产生的警源。①例如,由于国家产业政策的调整,有可能导致企业被迫转产或作出重大经营政策上的调整,也有可能直接或间接地导致巨额亏损,乃至破产。此时,外生警源为"政策调整"。内生警源指企业内部运行机制不协调

① 顾晓安:《企业财务预警系统的构建》,《财经论丛》,2000年第4期

而产生的警源。例如,投资失误,而投入资金又是从银行借入,导致营运资金出现负数,企业难以用流动资产偿还即将到期的流动负债,很可能被迫折价变卖长期资产,以解燃眉之急。此时,投资失误则为企业出现财务预警的内生警源。

2.分析财务预警的警兆

警兆指警素发生异常变化时的先兆。在警源的作用下,当警素发生变化导致警情爆发之前,总有一些预兆或先兆。财务预警的警兆,是伴随着现金流量状况恶化的一些财务先导性指标或迹象。分析财务预警的警兆,是财务预警系统的关键一环。[1]从警源到警兆,有一个发展过程:警源孕育警情→警情发展扩大→警情爆发前的警兆出现。财务预警的目的就是在警情爆发前,分析警兆,控制警源,拟定排警对策。警兆又可细分为景气警兆和动向警兆。景气警兆指警兆反映的是经济景气的程度和状况,反映的是萌芽状态的警情或正在成长壮大的警情。此时,警情与警兆之间并未构成某种因果关系。动向警兆是与警情具有因果关系或逻辑关系或时间先后顺序关系的先行变量指标。动向警兆一般与警源相联系,与警源构成因果关系。财务预警系统中,反映财务风险状况的一般属于景气警兆,而导致财务风险的经营风险状况属于动向警兆。财务出现风险的景气警兆有:现金净流量为负数,资不抵债,无法偿还到期债务,过度依赖短期借款筹资等。经营出现风险导致财务出现风险的动向警兆有:主导产品不符合国家产业政策,失去主要市场,或有负债,或有损失数额巨大,关键管理人员离职且无人替代等。

3.监测并预报警度

警度指警情的级别程度。财务预警的警度一般设计为五种:无警、轻警、中警、重警、巨警。警度的确定,一般是根据警兆指标的数据大小,找出与警素的警限相对应的警限区域,警兆指标值落在某个警限区域,则确定为相应级别的警度。例如,为了监测企业的债务情况,设置资产负债率为警兆指标。设置的警限区域为:当资产负债率小于10%为无警,10%~30%为轻警,30%~50%为中警,

[1] 顾晓安:《企业财务预警系统的构建》,《财经论丛》,2000年第4期

50%~70%为重警,70%以上为巨警。当某企业的资产负债率的实际值为58%,则为重警。

4.建立预警模型

预报警度有两种方法：一是定性分析的方法,如专家调查法、特尔斐法、经验分析法等；二是定量分析的方法,包括指标形式和模型形式。模型的形式,一般是建立关于警素的普通模型,并作出预测,然后根据警限转化为警度。

5.拟定排警对策

预警的目的,就是要在警情扩大或爆发之前,拟定排警对策,从而有效地寻找警源,通过分析警兆、测定警度,进而采取行之有效的排警对策。监测财务风险和危机的目的是为了有效地防范财务风险和危机。当实际警情出现时或实际警度已测定时,人们的注意力不再是"财务预警系统",而是"财务排警对策研究"。①

(三)财务监测预警系统采用的方法

1.财务预警系统管理的统计预警方法

统计预警方法的一般步骤为：设计警兆指标→设置警限和警度→测算预警临界值→确定警兆的警报→预报警度。财务运行是在特定的时间、空间背景下运行的。从时间角度分析,财务运行存在着周期性和季节性,从空间角度分析,财务运行存在着行业背景和地域差别。根据统计预警方法来设计反映财务运行特征的操作方法如下：

(1)设计财务运行的警兆指标。同步指标是指这类指标与财务运行是同步的,先导指标则是先于同步指标变化的指标,滞后指标则是落后于同步指标变化的指标。财务监测与预警的对象不是盈利,而是现金及其流动。从现金流量的角度,按先导、同步、滞后三个层面,构建潜伏期、发作期、恶化期三个阶段的财务预警的警兆指标体系。

(2)设置各种警度的警限。警兆指标值处于不同的警限,则对应为不同的警度。

(3)测算预警临界值。预报警度的测算步骤如下：首先,判定测算的指标为何种类型的变量。财务指标有三种

① 张友棠:《财务预警系统管理研究》,中国人民大学出版社,2004年版,第116页

类型:一种是"愈大愈好型"指标,例如经营活动现金净流量;第二种是"愈小愈好型"指标,例如负债总额;第三种为"区间型"变量指标,如财务杠杆系数,在某一个区间为最佳值,超过这一区间,无论是大于这一区间还是小于这一区间,均会产生警情。其次,测算预警临界值。预警临界值,即指经济现象是否出现警情的量化指标。预警临界值的确定,不能拘泥于某一经验数据。行业不同、地区不同,预警临界值亦不同。在测算预警临界值的基础上,与实际值比较,根据警限设置状况预报警度。

2.财务预警系统管理的指数预警方法

指数从广义上讲就是指相对数,从狭义上讲就是指社会经济现象在数量上总变动情况的动态相对数。指数一般分为个体指数和总指数。总指数又包括综合指数、算术平均数指数、调和平均数指数三种。总指数以综合指数为主。财务预警的指数系统由两大块构成:一是个体指数;二是综合指数。财务预警指数的计算公式为:财务预警指数=(财务监测实际指标值-财务预警临界值)/财务预警临界值。若为"愈小愈好型"指标,则算式的子项,被减数与减数的位置颠倒。

资本优化的反面是劣化,因此,财务预警指数体系,从时间层面上分析,可分为财务先导预警系统,财务同步预警系统,财务滞后预警系统;从空间层面上分析,可分为经营风险的预警系统,投资风险的预警系统,筹资风险的预警系统;从资本劣化的角度来分析,可分为资本周转劣化值测度,资本扩张劣化值测度,资本结构劣化值测度。

在财务预警方法体系中,模型预警方法也是常用的一种方法。模型预警方法主要包括多指标综合监控模型预警方法、线性函数模型预警方法、其他模型预警方法等。[1]

(四)媒介企业财务状况监测系统

1.风险管理的组织体系

(1)组织结构。风险管理机构按集团管理体制和公司法人治理结构应由三个层次组成。

---

[1] 张友棠:《财务预警系统管理研究》,中国人民大学出版社,2004年版,第118页

①董事会和风险管理委员会。董事会是集团的决策机构,它确定集团的经营目标和经营政策,并对国家负责。为确保集团在资本运营中实行有效的风险管理,应建立风险管理委员会,委员会由董事长(或副董事长,1至2名董事)、审计委员会主任(或副主任)和监事会主席(或成员)组成,承担董事会的日常风险管理职能,并定期向董事会报告风险管理方面的有关问题。风险管理委员会的主要工作职责是:A.确保集团有完善的内控机制,并对内控和风险管理状况进行评估;B.清楚地反映集团所面临的风险,指出主要风险区;C.批准风险管理策略。

②风险管理部。风险管理部是以总经理为管理主体的风险管理层,是风险管理委员会下设的风险管理机构,应由经营管理层和总经济师、总会计师组成。风险管理部的主要工作职责是:A.制定集团的风险管理策略并报风险管理委员会审批;B.贯彻集团的风险管理战略和政策;C.进行风险评估,全面汇报集团的风险状况;D.监督业务经营管理部门的操作流程,促使其严格遵循风险管理程序;E.审查各业务部门的风险报告并评价其风险管理业绩。

③管理业务部门——风险的日常管理责任者。业务部门是集团整个风险管理组织体系的重要组成部分,是风险管理工作的基础,它既要执行风险管理部制定的风险管理战略和政策,又要协助并支持风险管理部的工作,还要及时向风险管理部汇报和反馈有关信息。

总经理是业务部门的管理者,也是在具体经营管理业务操作中管理集团风险的最终责任人。总经理在组织业务经营的同时也领导着集团的风险管理工作,并按专业分工将风险责任落实到人。

(2)风险管理工作体系包括:风险管理评估、风险管理决策、风险管理预警和监控。

①风险管理评估。风险管理评估是在对集团内控机制评价的基础上运用风险评估的方法对集团风险的识别估计和评价。

②风险管理决策:A.制定防范各种风险的规则和指

示方针以规范业务运作;B.根据具体的风险特征和状况,研究拟定集团风险管理的最佳策略;C.指令各管理、业务部门安排实施已制定的防范与化解风险的具体措施;D.适时调整各级管理人员,业务人员和下属分、子公司的授权制度,如对客户的授信审批额度,市场交易中的成交限额及经营管理权限。[1]

2.建立财务风险预警系统

(1)财务风险预警指标体系。财务风险预警是运用指标及模型对集团的资本运营与经营活动、资金运用和财务收支运行动态进行监测,在警情扩大或风险发生前及时发出信号以充分发挥"警报器"的作用。

财务风险预警系统的财务指标体系,应能多方位反映公司经营状态管理水平,并以采编、广告市场以及供产销诸多环节,揭示重大风险区与可能存在的风险,以便引起集团领导和管理当局注意,及时采取相应的对策措施,避免风险,减少损失,从而达到预警的目的。

财务风险预警指标体系应由以下六个方面财务指标构成:

①反映支付能力(或偿债能力)的财务指标;②反映存货情况的财务指标;③反映获利能力的财务指标;④反映营运效率与管理能力的财务指标;⑤反映经营管理水平、人员素质状况、经营策略、企业信誉、服务满意度、研发能力等非财务指标;⑥反映指标变动的外部因素的非财务指标带来的风险因素,如宏观调控的税收政策、金融政策、产业政策等国家政策的变动、市场同业竞争、科技进步、新技术的出现等。

以上财务风险预警指标应根据集团实际情况和面临的风险区域,制定财务指标的安全区间、一般风险区间和重大风险区间,以此确定财务预警信号。

(2)建立"全程"监控运行机制。实施风险预警系统,必须对预警指标进行事前、事中、事后的经常性监控,即建立预警分析、反映、决策、执行的运行机制。对集团的每一重要决策活动将带来的财务状况变化,进行预先分析

---

[1] 肖瑜,夏伟,张会方:《报业集团资本运营战略研究》,http://www.dzwww.com,2003年5月18日

测定,判断经营风险程度,为决策提供反馈信息。对日常监控中预警的风险,能快速反应控制,达到预警、纠错、改善的目的。

财务风险管理预警,包括预警防范和预警处理。预警防范侧重于事前发现警情和日常控制警情;预警处理着力于依法处理警情,是事后处理系统。

至于风险管理监控,主要指职务审计和制度审计。监控是从两个方面着手:一是督促各部门严格执行有关规章制度和风险管理政策,将风险管理工作落到实处;二是授权制度的监控,对设置的限额和权限,监控其有无超限额和越权情况。

3.制定风险管理程序

风险管理是一个有机过程,通常包括:(1)识别和评估风险;(2)分析风险成因;(3)预防和控制风险;(4)风险的损失处理;(5)风险报告。风险报告是按一定的格式由管理业务系统向风险管理部或由风险管理部向风险管理委员会提交风险评估和风险监管情况的内部报告。

4.风险管理策略

(1)规避风险。(2)控制风险。(3)抵补风险。(4)转移风险。(5)分散风险。①

任何一个公司都有财务风险,那么海外的传媒集团如何来防范风险,避免财务上出问题呢?认真挑选财务人员是第一关。财务总监一般都由总经理亲自挑选,最重要的是诚信的品质。当然,传媒集团都会给财务工作建立一套比较完善的监督机制。比如财务内部会签制度:重大决策需要经过业务部门和财务部门论证、同意后,才由决策层来判断,重大项目的合同不能只由业务部门或总经理单独签字。如购买新闻纸,要后勤部门、财务部门的负责人和总经理共同签字。在美国,安然事件发生后,大公司的财务报表都要由总经理和财务总监共同签字,如果有问题,两个人都会坐牢。此外,总公司对子公司会定期检查,如果子公司财务人员发现部门主管有经济问题,还有畅通的检举渠道可越级举报。

传媒集团的财务工作还要接受严格的审计,接受相

① 肖瑜、夏伟、张会方:《报业集团资本运营战略研究》,http://www.dzwww.com,2003年5月18日

应的社会监督,做到公正、透明。在这方面,上市和不上市的传媒集团略有差异。没有上市的传媒集团,财务部门的报表主要接受股东大会的监督,股东如果对财务报表有异议,可以邀请审计部门对财务工作进行调查、审核;上市传媒集团的财务部门,还要把经审计部门审核的财务报表,主要是季度报表和年度报表送给证监会。当然,股东大会同样具有相应的约束力。

第四节　媒介财务分析

媒介企业的财务分析主要是由财务报表来完成的。我们来看看如何通过财务报表对企业的财务状况进行分析。

一、财务报表

媒介企业的财务报表既反映了企业的财务状况,同时也是公司经营状况的综合反映。因此,通过分析企业财务报表,就能对企业的财务状况及整个经营状况有个基本的了解。分析公司财务报表可以掌握反映公司经营状况的一系列基本指标和变化情况,了解公司经营实力和业绩,并将它们与其他公司的情况进行比较,从而对公司的内在价值做出基本的判断。

按照中国证监会的有关规定,上市公司应将其中期财务报表(上半年的)和年度财务报表公开发表。这样,一般投资者可从有关报刊上获得上市公司的中期和年度财务报表。公司中期报表较为简单,年度报表则较为详细,但上市公司的各种财务报表至少应包括两个基本报表,即资产负债表和利润及利润分配表。

资产负债表汇总了企业在某一个时期的资产、负债和所有者权益,即总资产=总负债+所有者(股东)权益。而利润及利润分配表是一张动态表,反映了公司在某一时期的经营成果,从公司的主营业务收入和增长率可看出公司自身业务的规模和发展速度。理想的增长模式应呈阶梯式的增长,这样的公司业务进展稳定,基础扎实。大起大落的公司则不够安全稳定。我们在分析企业的财

务报表时也不能够把它们独自分开来分析,而应该全面综合地分析。主要需要针对以下三个指标:

反映获利能力指标:资产收益率(资产收益率=净利润/总资产平均余额);平均余额[平均余额=(期初余额+期末余额)/2];股本收益率(股本收益率=税后利润-优先股股息/普通股股本金额);净利率(净利率=税后利润/主营业务收入)。

反映经营能力的指标:存货周转率(存货周转率=销售成本/存货平均余额);应收账款周转率(应收账款周转率=销售收入/应收账款平均余额);资产周转率(资产周转率=销售收入/总资产平均余额)。

3.反映偿债能力的指标:自有资产比率(自有资产比率=资产净值/资产总额);资产负债率(资产负债率=负债总额/资产总额)。

当然除了这三个指标之外,还有反映资产流动比率、市场价值、每股净资产的指标。

以上是对一般企业的财务报表的概述。下一个问题是,对于媒介产业而言,财务报表又有什么特殊的意义,或者有什么与众不同的地方呢?

海外的大型传媒集团经过多年的发展,财务管理上可以说非常成熟了,所以我们来看看这些传媒集团是怎么处理财务报表的。它们的财务报表是财务部门劳动的主要成果,是总公司控制子公司及考核高级经理的最佳手段,也是高层管理者了解公司运营的"风云图"。海外传媒集团的财务报表按照不同周期,分成周报、月报、季报和年报,这些财务报表是新闻集团、纽约时报、华盛顿邮报等传媒巨头管理旗下传媒企业的主要手段和基础。世界上好几个传媒集团都把每周的损益表包装成蓝色封面,因而,其周报又常称为蓝皮书。一般来说,蓝皮书里的主要内容包括:本周经营预测、下周经营预测、本月经营报告、全年经营预测(每月一次)、全年经营报告。①

那么媒介企业的财务报表具备了哪些一般企业财务报表不具备的特点呢?

①张志安、王建荣:《海外传媒集团的财务管理》,《新闻记者》,2003年第7期

1.表格精美,包装讲究

财务表格的行高和列宽、语言定义、数字格式、计算方式等都有标准。损益表的设计通常由会计师中的电脑高手承担,上级签字后,会交由首席财务官确认,甚至由老板本人审定、批准后方可实施。经审定后的蓝皮书是公司的高级机密,不能有任何泄露,如果通过电子邮件发送必须加密保护。

2.财务汇总精确快捷

要想在较短的时间内把全世界子公司的损益表一级级地汇总起来,没有强大、准确的财务汇总系统是不可能的。因此,传媒集团的会计师通常必须掌握世界上最先进的财务核算和数据库等技术,才能快速做出精确的财务报表。一位报业传媒集团的高级会计师曾风趣地说:"交给老板的蓝皮书一定得百分之百正确,因为他能嗅出任何错误。"

3.广告发行收入是主要收入来源

对传媒集团而言,收入主要包括发行、广告和其他收入三大类。蓝皮书中最重要的收入项目是广告和发行,其中,广告更是主要收入源泉。此外,不少大型报业集团也进行多种经营,如向其他传媒或个人出售内容的版权,收入可观。

4.统计数据是分析的基础

光有漂亮的收入和利润还不够,还需要财务总监和首席财务官对财务报表做深入、细致的分类和分析。本周发行收入很好,那么每天的发行量如何,竞争对手表现如何?报业巨头更关心各类广告的数量、尺寸,每广告单位的收益比,还有收款情况。此外,关于新闻纸的分析更需要全面而准确,关于工资数量的分析也很重要。[1]

二、资金、现金流量的分析

一个运营良好的媒介企业每天都会有大量的现金流和资金流量,如何处理每天都在出现甚至每天都在增大的资金是媒介财务管理需要解决的一个问题。只有管理好现金流、资金流,才能够保持媒介健康有序的发展。

要分析资金流和现金流,最好的办法就是编制资金流量表和现金流量表。

(一)资金流量分析

资金流量表,又称资金来源运用表或财务状况变动表。它描述的是具有可比性的两者资产负债表(资产负债表=资金的存量)在不同的时期之间的净变化。它对财务经理或债权人来说是非常有价值的,因为它有助于评估公司资金使用状况以及筹措资金的方法。[①]当然资金流量表的意义并不仅限于此。在媒介产业中,财务经理必须对公司过去、现在和未来的经营状况有一个宏观的了解,尤其是资金的流动性。因为在媒介产业中,资金的流动量有时候是很大的。比如上海文广新闻传媒集团2003年一年之内获得中超联赛6年的转播权支出1.8亿,第一财经频道的开播投资将近1个亿,整合后开播的东方卫视投资达到2个亿。单是这3个项目就需要总共近5亿元的资金流量,这对于一个事业单位来说是一个很大的考验,可以说如果没有一个完善良好的资金流量计划完全可能导致企业的周转不灵。资金流量表的作用就在于媒介产业的财务主管能够检查出资金运用的不平衡,并采取适当的措施来控制。

资金流量表对于企业的融资能够起到很好的评估作用。尤其是对于已经上市的传媒、或者有上市的想法的传媒企业而言,企业需要通过过去几年的主要资金来源,分析公司成长所需要的资金来自内部和外部的比例各是多少,这样才能断定公司的总体资金要求和有关的股利支付比率,以调整公司在股市中的政策或是上市政策。现在越来越多的传媒企业都在做大,最好的方法就是挂牌上市获取更大量的资金。因此,规范的资金流量表的制定对于每一个传媒集团而言都是必不可少的。

(二)现金流量分析

现金流量分析主要体现在现金流量表上。所谓现金流量表,就是企业在某一个时期内的现金收入和现金支

---

① [美]詹姆斯·C·范霍恩、小约翰·M·瓦霍维奇:《现代企业财务管理》(第十一版),经济科学出版社,2002年版,第213页

出的概括,目的是报告现金流入量和流出量。现金流一般分成三类:经营活动现金流、投资活动现金流、筹资活动现金流。

现金流量表的主要好处就是能够使经营者对公司涉及现金的经营、投资和筹资交易的一切经济活动有一个相当详细的综合理解。现金流量表划分为三个部分,有助于经营者估计公司当前和未来潜在的优势和劣势。某一时期公司内部产生经营活动现金流量的能力强,将被视为积极的信号。差的经营现金流量将促使财务分析者检查应收账款或存货的不健康增长。但是,即使公司能产生非常大的经营现金流量,也未必能保证经营成功。报表使用者需要知道经营现金用于必要投资、偿还债务、支付股利的比重各是多少,过多依靠外部资金来源来满足重复发生的资金需要也是一个危险的信号。

媒介人力资源管理是媒介管理的重要组成部分。媒介人力资源的管理水平与管理效率,关系到媒介行业的生存和发展。因此,以正确的观念和理论来认识、指导媒介人力资源管理实践,不断提高管理水平和管理效率,就成了媒介的基本职责和使命。

人是生产力中最活跃的因素,这条定律决定了人才是所有资源中最重要的资源。目前,业内高层决策人和专家学者们认为,21世纪媒介竞争集中体现在媒介资源的竞争,而这种资源的竞争最终还是人才的竞争。选择人才、发现人才、培养人才、使用人才,为人才成长创造条件,为人才发挥提供空间,既是媒介领导人的重要工作内容,也是媒介行业发展的重要前提条件。

第五章 媒介人力资源管理

第一节 竞争优势与人力资源

知识经济时代,相对于农业经济、工业经济时代,对"人"的认识已经有了不同以往任何时期的新的意义。而人力资源这一概念的提出,体现了这个时代对于认识人、发展人、管理人的新的认识。以人为本,成为人才管理中的根本原则。人的价值、能力、尊严和潜力受到了前所未有的重视。在知识经济时代,人力资源是一切资源中最具积极因素的资源,其他资源无一不受到人力资源的影响和控制。只有人,才能真正使一个媒介的运作产生根本性的变化。在面临同样的市场机会时,也只有人的优势才能成为真正具有决定意义的优势。以正确的方式开发人,把合适的人安排在合适的岗位上,成为媒介人力资源管理的重要环节。

一、竞争优势与人力资源的特点

竞争优势是媒介管理中的核心概念,意思是只要想在竞争激烈的市场中取得成功,一个媒介必须拥有别人没有的资源,这种资源就是竞争优势。

(一)优势资源的四项条件

能够成为优势资源的包括产品、品牌、专利权、市场

定位、技术等。要拥有持久性的竞争优势,该资源必须具备四项条件:

(1)该资源本身是有价值的,能替企业创造价值。

(2)该资源是罕有的,并非时常及随便在任何地方可找得到。

(3)该资源是不能模仿的,即竞争对手很难在短时间内抄袭。

(4)该资源是难以替代的,即别家公司不能用其他资源来替代这项有竞争优势的资源。

如今,许多从事战略管理的企业领导人,都已接受并深信竞争优势的观念。因此,他们在进行企业内部监视和制订发展规划时,都会积极寻找有价值的、罕有的、不宜模仿的和难以替代的资源。鉴于资金、物业等很难显出竞争优势,于是产品的素质、特色、品牌等便是众多企业展开竞争的焦点。

(二)真正的竞争优势是人才

像一些成功的企业一样,在媒介管理的竞争优势中,能够决定媒介兴衰成败的关键优势是人力资源,尤其是优秀的人力资源及其有效管理。将适当的人安排在适当的位置,以适当的发展方式激励他们使其价值得以提升,从而使媒介的整体价值获得综合性的飞跃。没有人才,其他资源再多也难以发挥作用和创造价值。任何资源的合理利用、分配以及调控,都必然落实到人的身上,因而人的优势才是具有竞争力的持续的、根本的优势。

(三)媒介人才的优势特色

媒介要想充分发挥自己的人力资源优势,对其实施有效管理,就要先了解媒介人才的优势特色。

媒介人才具有一般人力资源的特点,主要表现在以下几个方面:

(1)差异性。人的个性千差万别,作为自由主体的人,都具有不同的思维方式、情绪反应、特殊偏好、人生目标以及个人特长,不同于资金、设备、原料等资源,可以被任意调配、使用。领导者不能期望每个员工的个性都符合自己的想象,尊重员工的个性,就是尊重组织的发展。同时,人的能力也有差异,人在不同的层面的能力是不平衡的。人力资源的合理利用,重点在于让某个人的某一层面的能力得到最大限度的发展,或者是挖掘某个人在某一层面的潜在能力,而不是纠正人的能力的平衡。

(2)自主性。人力资源都是具有自主意识和独立精神的个体,他们可以有权依据自己的专业、特长、能力和兴趣等,选择自己所愿意并认为能够胜任的职业。挑选工作的合理要求如果被束缚在可能的机会限制当中,既是对人力资源的不尊重,也是对可能会产生转变现存工作状态的机会的放弃。领导者强行将员工留在或安排在他所不擅长的岗位上,是一种浪费。

(3)发展性。这是人的基本特性。在一定工作环境和发展机会中,每个人都是可以发展和变化的。对于领导者而言,必须认识到人是可以发展的,人的发展是需要条件的,而条件则需要领导者随时注意并提供给有发展潜质的员工。

从总体上来看,媒介人才与其他人才比较起来还有一些自己的特点:

(1)专业教育。媒介人才大多接受过新闻与传播专业高等教育或接受过相应的培训。因为,每届领导者需要的是有传播职业意识、能力强、表现出色的人,有良好的写作技巧和传播技巧的人。有过专业教育的媒介人才在适应性上能获得更大的优势,并以最快的速度完成角色的转变。

(2)信息传播。媒介人才的工作总是与信息传播有关。记者、编辑、导演、导播、播音员、演员、编剧等,甚至连发射台技术人员、印刷厂工人等全都与信息传播有联系。信息传播是媒介的中心工作,所有的人力资源都直接或间接的服务于这一工作。

(3)社会效用。"传播业是思想交流的保护者",是信息传播的倍增器。在当代社会,媒介工作者已经成为对社会产生巨大效用的行业人员之一。

(4)富有魅力。美国的一项职业魅力调查显示,新闻记者的职业受羡慕程度在1万多个职业中排在前10名。

(5)沟通能力。媒介作为大众传播机构,其人员具有相对良好的沟通能力。只有在完成了面对面的人际传播的前提下,才能更好地完成大众传播的任务。新闻记者在采访过程中要与人进行直接的交流,播音员、主持人在面对话筒、镜头时也要与观众进行沟通。为了保证信息传播的效果,必须确保这种沟通是有效的。所以,媒介人员在沟通技巧、社交能力方面比普通人更具有优势,这是其专业特性所决定的。

二、竞争优势与人力资源的管理

人力资源的优势不仅表现在人才本身的素质和特色上,也表现在对人才的有效管理上。

(一)人才生命周期与管理策略

媒介产品有所谓的生命周期,人才在媒介内从引入到成长、成熟和衰退诸阶段则可称为人才生命周期。有效的人才管理,是领导者对人才生命周期的各个阶段都予以关注,尽可能保持人才的竞争优势。

(1) 引入阶段。一个新人进入媒介公司后的两三年内,为人才引入阶段。此时,经过训练或教育的新人或大学毕业生,对媒介公司一切事物渐渐由陌生到熟悉,并且在其负责的工作中摸索出一套工作模式,但一般不很出色。

(2)成长阶段。在这一阶段,人才逐渐成长,人际关系网络逐步建成,他们的创造性进入活跃时期,对自己的传播业务已相当熟悉,其表现相当不俗,符合领导者的期望。只要领导者管理得法,他们的才华就会得到充分施展,媒介也可充分受益。

(3)成熟阶段。进入成熟期,媒介人才有足够的工作经历和经验,有丰富的专业知识和技能,但需要去面临发展与突破之瓶颈。此时,媒介领导者若能给予他们适当的训练、进修、"充电"、调职或晋升、提拔机会,将有助于人才生命周期的活性化循环。

(4)衰退阶段。媒介人才一旦进入衰退期,往往缺乏职业敏感和创新精神,缺乏工作积极性和主动性,心力和智力也明显不足。

针对人才生命周期问题,媒介宜制定相应的管理对策,以免限制人才或用人不当,造成人力资源不必要的浪费。

(二)媒介人力资源整合

媒介是人力资源集中的地方,媒介的人力资源呈现出丰富性和全面性。人力资源的整合成为媒介管理者在媒介发展中值得注意的问题。所谓整合,不是简单地叠加,也不是机械地重复,更不是粗暴地弃用,而是通过对人力资源的重新分配、统筹和运用,使人力资源中最具有竞争优势的特长得到长足的发展,产生 1+1>2 的综合效应。在整合的过程中,必须注意是否具备整合的必要性和条件,并非所有情况都适合整合的。整合的方式大致可以分为以下几种:

(1)根据受教育状况。媒介员工的受教育状况不尽相同,接受的培训进修机会也不一样。在同一个媒介,不同的专业和学历的员工可以形成优势互补。在大众传播过程中,仅有新闻专业知识是不够的,有时媒介人才必须掌握多种信息资源,了解多种学科知识。不同的教育状况可以使不同的专业的优势互为补充,更好地完成信息传播的任务。

(2)根据工作经历。不同的工作背景对于媒体的发展来说,既是一种经验的共享,也是一种人际资源的获得。不同工作经历的员工在一起工作,可以充分发展原有的工作优势与人际关系网。

(3)根据能力。能力的整合更多地体现的是合作的精神,媒介工作相当强调团体的合作。没有人能够独立完成大众传播的全过程。所以在能力的整合上,媒介领导者更要注意整个传播流程的程序性和完整性,来确定各个工作岗位上的人员。

（4）根据个性。人的个性是最需要加以尊重和保护的,个性的因素在工作中会起到极大的影响作用。个性上的整合是保证媒介正常运作,减少摩擦和矛盾,加强整体协调性的一种重要的整合形式。

（5）根据动机。每个人选择工作都具有自己的动机,它直接影响员工在工作中表现出来的战斗力,媒介管理者应该清醒地认识到员工的工作表现背后的动机,对不同的员工进行不同的引导和激励。这种整合更多地依靠媒介管理者对媒介员工表现的敏感度和洞察力。

三、员工职业计划与职业发展

近几年来,西方国家一些组织的人力资源管理与开发中出现了一种新的职能和方法——职业计划。目前,职业计划已为西方国家企业公司等组织广泛重视和运用,同时也受到了员工的普遍欢迎。在"以人为本"为基本理念的人力资源管理工作中,制定并施行员工职业计划无论是对于组织还是对于员工都是有百利而无一弊的,是一种典型的"双赢"方案。

(一)什么是职业计划

概括地说,职业计划包含两个方面的意思:第一,组织中的绝大多数员工,包括受过良好教育的员工,都有从自己现在和未来的工作中得到成长、发展的强烈愿望。为了实现这种愿望,他们不断地追求理想的职业,并希望在自己的职业生涯中得到顺利的成长和发展,从而制定自己成长、发展和不断追求的满意的职业计划。第二,在广大员工希望得到不断成长、发展的强烈愿望推动下,人力资源部门为了了解员工个人成长和发展的方向及兴趣,不断增强他们的满意感,并使其与组织的发展和需要统一协调起来,相应的开发了一个新的职能——职业计划。从组织的角度来看,人力资源部门制定协调有关员工个人成长、发展的计划与组织需求和发展相结合的计划就成为职业计划或职业管理。从个体的角度来看,员工个人希望的从职业生涯的经历中不断得到成长和发展的计划,就成为个人职业计划。一般说来,一个组织会对个人的职业计划提出指导,而员工个人也希望在听取组织意见的情况下制定职业计划。

(二)职业计划的类型及主要内容

职业计划的类型及其主要内容会因职业生涯发展的阶段不同而有所不同。根据职业发展的阶段,职业计划主要有如下四种类型:职业探索性阶段、立业与发展阶段、职业中期阶段和职业后期阶段。

职业计划的内容一般包括:

员工个人对自己的能力、兴趣以及自己职业发展的要求和目标进行分析和评估。每个员工,特别是刚踏上工作岗位的员工,可以对自己提出一系列的问题,以便从这些问题的回答中分析自己的能力、兴趣爱好,以提出符合自己的能力、兴趣爱好和人生发展需要的职业计划。

组织对员工个人能力和潜力的评估。组织能否正确评价每个员工个人的能力和潜力是职业计划制定和实施的关键。它对组织合理地开发、引用人才和个人职业计划目标的实现都有着极其重要的作用。其评估方法有以下两种。

一种为从选聘员工的过程中收集有关的信息资料。这些信息资料包括能力测试,员工写的有关教育、工作经历的表格以及人才信息库中的有关资料。

另一种为收集员工目前工作岗位上表现方面的信息资料,包括工作绩效评估资料,有关晋升、推荐或工资提级等方面的情况。

就组织而言,大都通过对员工工作的绩效评价这一传统的方法来对员工的能力和潜力进行评估。这种传统的方法是建立在"从过去的表现看到目前的表现,而又从过去和目前的表现则可预测出其未来的表现"的传统观念基础之上的。其实,这种方法存在着许多的问题,甚至会造成许多失误。第一,工作绩效评估不可能真正地评估出一个人的能力和潜力。因为在工作绩效评估中,往往会因评估人的偏爱或歧视以及评估体系的局限而造成效度和信度低。第二,即使通过工作评价,发现某些员工在目前的工作岗位上干得不错,但也无法确认他具有能力和潜力去从事更高级或更复杂的工作。同样,也不能说明某些在目前工作岗位上干得不理想的员工就不能胜任更高级或更复杂的工作。因此,这种传统的评估方法已受到了严峻的挑战。

西方许多组织从20世纪70年代以来,逐渐采用更为科学的方法——心理测试和评价中心等方法来测评员工的能力和潜力。其内容一般包括:口头联络技能、口头表达能力、书面表现能力、工作激励能力、创造能力、领导能力、组织与计划能力、分析能力、判断能力和管理控制能力。西方国家的大企业都设有自己的员工能力和潜力测评中心,都有经过特别培训的测评人员,通过员工自我评估以及测评中心的测评,能较确切地测评出员工的能力和潜力,对员工制定自己切实可行的职业计划具有重要的指导作用。

一个员工进入组织后,要想制定自己在本组织内切实可行的职业计划,就必须获得组织内有关职业选择、职业变动和空缺的工作岗位等方面的信息。同样,从组织的角度来说,为使员工的个人职业计划目标定得实际并有助于其目标的实现,必须注意公平地将有关员工职业发展的方向,职业发展途径以及有关之候选人在技能、知识等方面的要求及时地利用企业内部报刊、公告或口头传达等形式传递给广大的员工,以便使其对该职位感兴趣,让认为符合自己职业发展方向的员工进行公平的竞争。

(三)提供职业咨询

组织的人力资源管理与开发部或人事部,以及各级管理人员要切实关心员工职业需求和目标的可行性,并给予他们各方面的咨询,以便使每个员工清晰地了解自己的职业计划目标,并得以实现。对咨询人员来说,要搞好咨询或指导,就要从各方面的信息资料分析中,对员工的技能和潜能做出正确的评价,并在此基础上,对他们的职业计划目标及其实现的道路或途径提出建议或指导。

(四)职业开发的各种措施

职业计划是人力资源管理的新职能。结合中国的实际,在帮助员工制定各自的职业计划中可以从以下几方面入手:

(1)发动员工对自己目前的工作绩效进行自我评价,特别是对自己工作中的表现。

(2)各级管理人员及人力资源管理部门对员工各自的自我评价作出审核,依据工作职责说明书中的工作内容和职责对员工的绩效做合理的评价。

(3)在自我评价与组织评价的基础上,组织要指导并帮助员工,根据自己的实际情况和组织目前和未来发展的可能和要求,制定出自己短、中、长期职业发展的计划。个人职业计划目标的实现,一方面靠自己主观的努力,但另一方面也有赖于组织公平而及时地提供各种有关的信息和机会。

另外,还要培养员工基本职业素质,鼓励员工参加职业开发的活动等。

第二节 媒介人才的选择任用

一、人才选用的循环与机制

(一)媒介人才选用与发展循环

在选择、任用和培养人才时,只有极少数媒介只着眼于短期效益,一般媒介都会有一个长期的规划,有一个循序渐进的步骤,从而形成人才选用与发展的良性循环。

(二)媒介人才的选用机制

媒介选择、聘用员工的方式往往会因岗位和职能的不同而有所不同。当前,国内外比较常见的选用方式,主要有以下几种:

(1)社会招聘。这是指媒介根据工作需要向社会公开招收工作人员。具体做法是:媒介根据工作需要发布招聘启事,公布所需要人才的种类、条件和数量,并规定相应的物质待遇。然后,对报名应聘者进行考试或考核,择优录取,量才使用,并签订合同,明确规定双方的权利、义务以及合同期限。这种选用方式,有利于发现和启用传播人才,有利于人才的竞争与发展,有利于"任人唯贤"和避免人才浪费。

(2)聘用兼职。这是指媒介聘请社会上的传播和管理人才到本单位来从事有偿的智力劳动。媒介所聘请的兼职人员,都有一技之长,有的甚至是某方面的专家,有一定的知名度和美誉度。聘用兼职人员可以挖掘现有传播与管理人才的潜力,减少人才的挤压浪费,也可以缓解媒介人才紧缺的状况,起到花费少收效大的作用。由于兼职人员一身二任,即要保质保量完成本职工作,又要保质保量完成兼职工作,媒介可与其签订目标责任制,而不是强求其坐班。

(3)毕业分配。这是指媒介根据国家的方针、政策,遵循专业对口、学用一致、优生优配、优才优用的原则,从高等院校新闻与传播专业或其他对口专业的毕业生中挑选自己所需要的人才。在挑选时,通常要看毕业生的毕业鉴定、奖惩情况、健康状况、各门功课的成绩、实习表现和刊播作品、单位或老师的推荐意见等;在正式决定前,也可以进行一次面试或笔试,以全面检验其知识、能力和素质。

以上三种人才选用方式,主要是针对尚未正式进入媒介的众多人才所提出来的类似于"守门人"的选用方式。对于媒介内部的人才选用,可采用以下办法:

(1)评议推荐。就是每年搞一次评议推荐活动,先个人述职,再民主评议,最后投票推荐,媒介领导再以得票的多少决定每个人的领导职位和工作岗位。

(2)竞争上岗。就是将一些部门即岗位在内部公开招标,实行竞争上岗。招标是由上级主管部门领导与媒介领导组成评审委员会,全体中层以上干部参加旁听,分别听取每个投标小组陈述工作设想,尔后与会者就班子组成、现行政绩、工作方针、发行打算、组织管理、印象等方面评审、打分,大家共同满意的即为中标班子。

二、如何发现与任用媒介人才

人才的发现,可以从两个方面探讨。首先是在媒介内部识别人才,其次是在媒介外部发现人才。在媒介内部选拔晋升人才,有几大好处:第一,可以满足被选拔人才的自我发展和尊重的需要,在心态上提升其对自我价值的认同和对媒介的忠诚度和归属感;第二,可以激励和鼓舞媒介内部其他员工的士气和战斗力,产生隐性竞争的内在动力;第三,可以节省在媒介外部选拔人才的费用、时间和精力。事实上,在某些情况下,不是媒介缺少人才,而是媒介管理者缺少发现人才的眼光。当然,在媒介外部发现人才也是相当必要的环节。识别和发现人才可以通过以下的途径来进行:

(1)在实践中识别和寻找。媒介人才是在传播活动中成长起来的,也要通过传播活动去识别。媒介人才的德才学识是在日常大量的工作学习和生活中反映出来的,单纯地通过看档案、看鉴定、看报告来选拔人才,往往是不全面的。这就要求媒介领导者在想要引进人才的岗位领域内广泛考察,注意这类人近年的实践表现,而后从中选出理想人才并设法挖来。

(2)建立搜寻人才的网络。就是说,媒介领导者不仅自己要勤勉地寻找人才,还要通过方方面面的人际关系去发现和搜寻人才。

(3)创设一个优秀候选人人才库。在平常就要做有心人,注意将与媒介工作岗位有关的人才记录在案,并留心其发展动向,一旦需要或一旦此人想跳槽,即可立即将他引进,放在适当的岗位上大胆使用。

总之,媒介领导人将时间适当花费在识别和发现优秀人才上,是一项很有远见的做法和投资。

三、如何驾驭和留住媒介人才

在驾驭和留住媒介人才方面,可以运用内部营销的观念来加以认识。内部营销是一种把雇员当成消费者的哲学,即取悦雇员的哲学。通过能够满足雇员需求的分批生产,来吸引、发展、刺激、保留能够胜任的员工。在这样的观念中,强调了员工及其需求,把员工当作等同于目标市场顾客一般重要的取悦对象,体现了在人力资源管理中的积极的相互协调,以内部的沟通、信任、协调来促成媒介组织外部任务的达成。媒介管理者必须认识到,媒介人才的需求是值得重视的,这直接关系到媒介组织对人才产生长久的吸引力。这种需求包括员工对自己的工作成就、社会认同、人际关系、自我实现等方面的要求,也包括员工及管理者对媒介本身的发展要求。要使这两种需求完成内在的和谐一致,就必须使媒介内部享有共同的利益追求。只有真正理解人才的需求,才能驾驭和留住人才。

四、关于"岗位首席制"

近年来,媒介设首席记者和编辑、首席播音员和节目主持人、首席节目栏目制片人等岗位的现象颇为流行。这种岗位设置制度,我们将之统称为"岗位首席制"。

(一)首席制的本质与基本特征

首席记者,英文是"Chief Journalist"。其中"Chief"含有"主要的"意思。在组织中它通常又衍生出"角色重要"、"地位举足轻重"和"责任重大"等意思,如现今企业中流行的CEO(首席执行官)、CFO(首席财务官)和CTO(首席技术官)等;在重大研究课题中设置的"首席科学家",除了责任重大、角色重要之外,还有地位显赫、德高望重的含义。

那么,媒介岗位的首席制,其本质是什么呢?

我们认为,媒介组织的岗位首席制是指在组织的职能部门层面上,根据媒介组织发展和竞争的需要设置若干专业性的关键岗位,以期在未来的竞争格局中获得领先和相对优势的一种制度安排。

因此,媒介岗位首席制具备以下特征:

(1)具体性。它是一种独特的岗位,而不是荣誉称号。这种岗位的主要特征是岗位数量少,以聘任制为基础,考核体系相对完整。

(2)关键性。在组织中的关键部门设置该岗位。通常设置于媒介组织中层位置上。

(3)竞争性。这些岗位具有竞争性。它是媒介组织中一些关键部门设置的少数富有竞争性的岗位。

(4)独特能力。竞争性的基点之一在于受聘人员的能力独特性。独特的能力,不同于一般性知识和能力,它具有排他性和他人不可拷贝性的特质。如工作思路和思维独特、风格迥异、个性和外表魅力。

(5)专业性。竞争性的基点之二在于对专业性能力的考评。现阶段,就媒介组织的两大职能体系而言,新闻业务部门是基础。因此,新闻业务部门的专业性能力自然成为首席制关注和施行的基础(包括记者、编辑等)。一言蔽之,新闻部门的能力即为媒介组织的核心竞争力。然而,随着媒介组织和媒介产品功能与角色的演变,媒介组织的核心竞争能力体系将发生迁移。因此,不同性质的媒介组织以及一个媒介组织的不同阶段,其首席岗位的设置会有所不同。

(6)激励保障性。这种竞争性核心能力的补偿方式通过富有竞争力的薪酬体系和工作条件得以实现。

(7)战略性与未来导向。与组织的长期发展战略相结合,对组织的综合竞争力提升具有举足轻重的影响。同时,它是面向未来的个体能力与组织融合的结果。

(二)媒介首席制岗位的功能

在媒介中设置的首席制岗位至少包含了这么一些独特功能。

(1)这个岗位肩负着组织的使命,在组织中的作用举足轻重。就媒介而言,它蕴涵着更多的责任。获得该岗位的人代表的是一种榜样,一种声音,一个观点,甚至是一面旗帜。

(2)由于媒介本身的传播功能,首席岗位者的行为在受众中形成了支持媒介组织的正面口碑。因此,他具有高影响力。某种程度上,首席即是报纸、电视频道的品牌。这或许是导致现在首席制日益流行的主要原因。

(3)有效的激励。对已有分配制度的缺陷的弥补与创新。由于长期计划经济体制的影响和媒介组织角色的独特性,使得分配制度平均化在媒介行业中显得更加突出。这与媒介行业本身的高变革性要求严重脱节。因此,首席制的出现是分配与激励制度变革的产物。实施和计划实施首席记者制的媒介组织,在介绍其这种制度时都会比较得意地将之与"激发员工的创造性和积极性"、"坚持事业发展目标与个人需要目标相结合"、"坚持物质激励与精神激励相结合"相联系。

(4)稳定队伍。首席制既然与激励相结合,就意味着它包含了"成就认可"和过去"劳动补偿"的成分。本身具有荣誉称号、过去的专业性成就、对组织和社会影响力的认可等内容,使在首席制岗位上的人员成为组织的成功的"榜样"人物,对组织中的成员产生良好的正面影响。

总之,有效的媒介组织首席制实施,能为组织构筑良性的人力资源竞争环境,优化人力资源配置,提高人力资源效率和提高组织效能与竞争力作出贡献。

(三)媒介首席制岗位产生的背景

一方面,20世纪90年代中期都市类报纸大量涌现,媒介首席制岗位就是随着这些报纸人才短缺以及竞争的相对白热化而产生,进而向其他类型媒介组织蔓延的。另一方面,观念认识上的突破,为媒介首席制提供了思想基础。新闻出版是高智力投入的产业,人才是关键,竞争主要是人才的竞争。媒介组织的内部机制改革、组建集团、集中资源优势、实施"集团化战略"等内容被列为媒介体制改革的工作中心。

外资企业推行人才的"本土化",高薪聘请优秀的主持人、记者、编辑。那么中国的新闻出版单位要建立吸引人才、留住人才的机制,"能不能推出首席记者、首席编辑?""能不能给有贡献的优秀人才高薪?"这就要解放思想,与时俱进。深化内部机制改革、劳动人事分配制度改革,要有大突破。这些都是有关管理高层所首肯的。

(四)媒介首席制岗位实施的现状

媒介组织首席制岗位的基本操作实践是:根据部门大小设一至数岗,聘任合同期一般是一到五年,总的薪酬(即薪酬一揽子)是其他员工的多倍。通常是根据过去工作表现、自荐演说或者部门以上综合考核推荐,媒介组织的(编务)领导会议讨论并通过。

例一,某省已经在省电台、省电视台设置了首席播音员和节目主持人。按照规定,首席播音员和节目主持人聘期为两年,聘任期间享受正高级专业技术职务待遇,每月发给特殊津贴,并可以在播报和主持节目时表明其首席播音员和节目主持人的身份。该省还逐步推行首席记者编辑、首席节目栏目制片人等各项改革。

例二,某副省级城市的都市类报纸设有首席记者和首席编辑。采用一年一聘。首席记者的工作任务考评按月规定大稿发稿基数,小稿不作要求;奖金下有保底,上不封顶;年度评价结合上级、同事和自评方式。

就当前的首席制实施效果来看,良莠不齐。首席岗位的最大影响者是岗位获得者。对其的负面影响表现在工作压力增加,同事关系紧张;对其的正面影响是收入增加,有一定的品牌效应。对媒介而言,本身的优势并未因此而显著提高。

(五)媒介首席制的运作思路

首席制作为人力资源管理的一种制度安排,本身不具有正面和负面的特质,关键在于怎样合理运用和组织实施。围绕着岗位首席制的出台和实施,我们认为以下几点值得关注:

(1)基于目标规划。是否在组织中实施岗位首席制,首先要从组织的需要出发。组织发展的目标规划以及发展阶段性规划是是否实施该项制度的基础,切不可人云亦云。另外,要事先对首席岗位进行职位描述,使之具有具体性、可操作性；实施过程的反馈也是必要的。

(2) 构建良好的评价体系与约束机制。首席岗位不同于组织的其他岗位，它具有导向性和模范性作用。其评价体系是否具有科学性和有效性，直接影响其实践效果。它不能简单地用个人水平上的指标，如"多几篇文章"或"几篇大文章"来评价该岗位受聘者，而应该基于组织和部门的指标来构建评价体系。

(3) 品牌体系的持续构建。不可否认，首席岗位承载着组织的品牌和正面效应作用，并由此构筑媒介组织的竞争优势。然而，这是一个持续的工作过程。设置首席岗位时，要考虑不同阶段以及短期和长期的需要。

(4) 岗位首席制不是目的，只是手段。实施过程中要考虑专业技术岗位和其他岗位的特征与差异；关注个体激励的同时，注意团队的作用和激励，以免出现"领导满意、同事非议和本人压力"的尴尬局面。岗位首席制的目标是完善与发展组织，使组织具有竞争力。首席岗位不能演变为岗位终身制，使其福利化或僵硬化；更不能变成轮流制，部门指标化。岗位首席制，要考虑员工职业生涯规划，良好的作业团队，以及开展有效的员工培训和责任意识教育，使员工职业发展与组织发展同步。

(5) 激励手段的运用。激励是服务于组织的目标的。不同目标采用不同激励方式。这些激励方式所具有的不同的激励观点、适用性和实施策略，对于已经实施或即将采用首席岗位制的媒介组织具有一定的借鉴意义。毕竟岗位首席制并非唯一可出的一张牌。

第三节　媒介人力资源的培训与发展

媒介领导者不仅要善于选拔和使用人才，而且要重视培训和造就人才。培训与发展是有效的人力资源管理中提高竞争优势的一项十分重要的工作。科学的培训与发展不仅使媒介员工能够应付现今的工作，更能令媒介人才有足够的知识与技能来面对将来的新任务。同时,培训与发展也代表了媒介对员工前途的重视和关心,这种投资可增强媒介的凝聚力和向心力。

一、培训与发展的意义

(一)培训与发展的含义

所谓培训,就是根据媒介日益发展的需要,对媒介员工进行有目的、有计划、有组织的培养和训练,以提高他们的政治素质、知识水平、传播技能和职业道德水准。所谓发展,则是指媒介员工在接受培养、训练与教育、锻造中的一种成长、扩大、升华的系统过程。通过这一过程,使个人的知识由少到多,技术由粗到精,认识由浅入深,思想由幼稚到成熟,工作由被动到主动。

随着社会日益信息化,新观念、新知识汹涌而来,新的传播科技和手段层出不穷,媒介员工要适应时代的发展、社会的进步和工作环境的变化,就必须积极参加甚至要主动争取参加各种培训与发展学习,以便为自己积累更多的竞争优势。而媒介领导者,亦应建立健全媒介员工的培训与发展计划,以便不断为媒介注入生机与活力。

(二)培训与发展的作用

增强竞争优势。在日益激烈的媒介竞争中,真正决定媒介生存发展、兴衰成败的关键因素是人力资源的素质。一个媒介若没有一大批高素质的人力资源,要想赢得竞争优势、立于不败之地是难以达到的。重视培训与发展,不仅可以提高媒介员工现有的工作能力,而且可以提高媒介产品质量和营销业绩,从而增加利润,取得竞争优势。

提高员工素质。科学的培训与发展教育既可以提高产品质量和营销业绩,也可以提高和优化媒介员工的自身素质。重视和实行在职培训与发展,从表面看,在这一不多的投入中受益的是员工——提高了自身素质,但真正受益者是媒介。

激励人才上进。培训与发展是媒介对员工或优秀员工实施的一种奖励,因此应将培训与发展同员工的工作表现、晋级提干结合起来,即只要一个人有出色的表现和业绩,就应该让他有深造的机会,就应该在晋升提拔等方面优先予以考虑。这样才能鼓舞士气、激励上进。

迎接未来挑战。媒介发展的未来既难以预计又充满风险,谁预先为此做好充分准备,谁就能在未来的竞争中占据有利地位。但是,常有媒介在制定战略规划时忽视人力资源的培训与发展,结果当环境发生变化而出现良好商机时,却没有适当的人去完成,从而失去了迅速发展的大好机遇。所以,在制定员工培训与发展规划时,领导者要将其与媒介的发展目标结合起来,使其成为实现媒介远期战略任务中的一项有效投资。必要时还应请专家来规划人力资源的培训与发展工作,使之适应未来的变化和发展,避免人力资源落后过时。

二、培训与发展的原则

据我国的实际情况,媒介员工培训与发展的原则可以分为四种:

(1)培训发展与实际使用相结合;
(2)专业学习和个人发展相结合;
(3)全员培训和重点发展相结合;
(4)在职培训与脱产学习相结合。

三、培训与发展的形式

据我国的实际情况,媒介员工培训与发展可以分为四种形式:

(1)新人训练;
(2)专业训练;
(3)管理训练;
(4)领导人训练。

四、持续性学习

从狭义上看,培训和发展指的是根据媒介员工的实践情况,在某一个特定阶段,集中时间和精力进行的短期的再学习,目的是为了更好地适应未来的工作以及开发自己尚未发展的潜能。从广义上看,任何组织对员工的培训和发展都不应该是一种短期行为,而应该是一种持续的,终身的学习发展行为。很多管理学家认为,21世纪组织的优劣标准在于,一个组织能否在市场中保持生存的活力和动力以及发展的可能。而要使组织在市场的考验下持续生存并具有旺盛的生命力,必须将组织建设成学习型组织。学习型组织概念的提出,体现了管理思想中的一个重大转变,即"从用人干工作转变到用工作育人"。学习型组织强调学习对于组织发展的必要性,组织要适应瞬息万变的社会环境,必须不断地学习。这种学习是不分阶段的,每时每刻都需要的。

对媒介来说,培训和发展不仅是被管理的员工的事情,也不仅仅只有媒介的员工才需要提高和学习。对于媒介管理者来说,持续性的学习意义更为重大。要保持持续性的学习氛围,强调知识共享是非常必要的。无论是在阶段性的培训和发展中,还是在日常的工作实践中,知识信息资料、人际关系资源网络的共享都是使员工感受信任和被鼓励去学习的内在动力。所以,媒介人员的培训和发展不应该是狭义的微观行为,而是与媒介发展战略有密切关联的广义的宏观行为。在媒介内部建立起一种鼓励学习发展的文化氛围,不仅是对媒介员工个人的要求,也是媒介自身发展的要求。

第四节　媒介人力资源的绩效考核

对媒介人员的工作绩效进行考核,是媒介领导者选用人才的出发点和归宿。绩效考核的过程,是一个衡量与判断媒介员工思想和工作品质好坏优劣的过程,也是一个展现媒介人事管理水平的过程。因此,正确认识和掌握媒介人员绩效考核的内容、原则和方法,对搞好考核工作具有重要意义。

一、绩效考核的意义与作用

(一)媒介人员绩效考核的含义

绩效考核是指对媒介人员的政治觉悟、工作成绩、工作态度、工作能力、学识、品行、性格及健康状况等所进行的综合考察和评价。

绩效考核的目的就在于全面、正确地评定媒介工作人员与其所从事的工作是否相称,是否还有潜力,是否要做出改进和调整,并以此决定对考核对象的任用和他所应得到的待遇。对于绩效突出的人员,要进行表彰奖励,符合条件的要提拔使用;对于不称职的、绩效差的人员,要尽心批评教育,降职、免职或调整。

对媒介人员的考核,其重点应定位在他们为实现特定目标所表现出来的工作效率、工作能力和所获得的效果、效益上。就是说,要看他们干了些什么,而不是看他们说了些什么;要看干的结果,而不是看干的计划。总之,就是要看绩效,看效果和效益。

(二)媒介人员绩效考核的意义

考核是媒介人力资源管理的重要环节。在构成人力资源管理制度的诸环节中,考核工作与考试、招聘、任用、选拔、奖惩、升降、任免、培训等工作一样都是十分重要的环节。其目的是对入门者的工作进行多方面的考察和评价。这个环节做的好坏,直接影响到对每个媒介工作人员的考核结果的评价的客观正确,以及其他各项管理制度的实施,也影响到媒介内部的人才队伍的建设。

考核是总结经验教训的有效手段。对媒介人员的实际工作进行考核,其根本目的是帮助媒介员工总结经验教训,并汲取成功的经验和失败的教训,使其从感性认识上升到理性认识,进一步发扬优点,纠正缺点,不断提高思想和领导水平。

考核是发现和选用媒介人才的客观依据。通过严格考核,媒介领导者对工作人员的各方面情况,就有了较为全面、客观的了解,从而也就为人尽其才找到了客观依据。

考核是调动媒介人才积极性的有效措施。它能激励先进,鞭策后进。同时还可使人人有紧迫感和危机感,从而积极投入竞争。

二、媒介人员绩效考核的原则

(一)绩效考核的十项方针

施尔曼认为,要增强考核的客观性和真实性,防止解雇后引起诉讼,媒介领导者应注意遵循以下十项指导方针:

(1)考核应有足够的不间断的时间。

(2)考核应保持平静与客观。

(3)考核应有助于改善考核对象的状态和行为。这就要求考核工作不仅要找出媒介员工的错误和缺点,而且要找出出现错误和缺点以及工作欠佳的原因,并提出切实可行的改进意见。

(4)鼓励下属发泄。不要将媒介员工置于消极被动的被考核与审视的位置上,而应允许他们讲出实情,解释原因,诉说委屈,发泄不满。这可以使人们充分认识工作的难度,准确找出工作欠佳的原因。

(5)如实反馈考核结果。向媒介员工反馈考核结论,一定要诚实、客观、实事求是,既不要掩饰其行为的缺失,也不要高估其工作的成绩。

(6)声明意见仅为意见,而且并非绝对。强调反馈意见具有相对性、公论性和缺失性,以便考核工作富有回旋余地。

(7)不要以其他员工为例子。反馈信息的重点在于媒介员工的表现以及你对他的期望,其他员工的情况即使与他有相同之处,你也不能要求他一定要有与其他员工相同的结果。

(8)避免强调不可能克服的困难和缺失。有些困难既难以避免又难以克服,有的缺失乃先天形成又无法弥补,强调它们有害无益。

(9)确定只讨论与工作有关的行为。没有影响到工作品质的一些个人行为不应成为考核和讨论的话题。

(10)明确使用可能的例子,避免敷衍。与媒介员工交换意见应具体实在,注意使用一些具体的事例来说明问题。

(二)绩效考核的六大原则

(1)严肃认真的原则。只有严肃认真,考核才能全面反映一个人,做到用人得当,奖惩适度。否则,考核就会流于形式,贻误工作,产生不良影响。

(2)客观公平的原则。考核必须从实际出发,实事求是,客观公平地对考核人员作出恰如其分的评价。这就要求考核者力忌主观性和片面性,还要防止用主观想象代替客观事实,用感情或偏见代替政策。

(3)德才兼备的原则。对于德与才的认识和考察不能失之偏颇,必须坚持两者兼备,既考核媒介员工的思想政治觉悟和道德品质,又考核其知识水平和业务能力。

(4)全面考核的原则。这就要求考核内容全面、考核形式多样,既考核媒介员工的政治思想、道德品质、业务能力和全部历史、现时表现等,又要运用多种方式方法,从多角度、多层面进行考核,同时又突出考核重点。这样才能提高考核的可靠性和科学性,也才能令人信服。

(5)注重绩效的原则。媒介人员的绩效是衡量其思想水平、理论功底、工作能力和领导效能、传播效果的综合尺度。

(6)民主科学的原则。考核必须坚持民主化,充分发动群众参与,改变过去那种封闭式、神秘化的做法,增强考核工作的透明度。同时,还必须坚持科学化,确保考核标准具体、准确,考核方法多样、科学,考核工作经常化、制度化。

三、媒介人员绩效考核的方法

(一)考核的基本方法

考核方法是整个媒介人员绩效考核系统中的一个重要组成部分,是考核目的、考核内容得以实现的保证。

考核方法是多种多样的,选用什么方法进行考核,也要根据考核目的、对象的不同以及考核要素、标准的不同而定。但是,不论采用何种方法,都必须尽可能作出客观、公正、全面、准确的评价。

考核的基本方法主要是坚持"三个结合":一是领导考核与群众评议相结合;二是经常考核与定期考核相结合;对于媒介领导干部,还可以结合本部门的工作总结、组织群众评议或民意投票、上级评奖等进行考核。

(二)考核的具体方法

民意测验法。由考核人员深入到被考核者所在单位向群众发放民意测验表,要求收到表格的人对表格中考核对象的思想品质、原则性、工作成绩、业务能力、威信、成果等分别进行评价,尔后汇总整理,得出量化指标。

考试考查法。由考核人员聘请专家拟出口试、笔试试题,让被考核者回答,以了解其基础理论、专业技术和文化知识的掌握程度。

工作标准法。这是一种按照岗位责任制,预先确定媒介工作人员的各项具体任务和要求,将其分解为若干细目,尔后以此作为考核标准的考核方法。

分定考核法。这种考核方法,先分类、分级、定时、定量确定考核指标,然后对被考核者逐项评分,依据得分多少来评定考核结果。

情景模拟法。这是将被考核者置身于一个模拟的工作情景(如新闻采写、文件处理)之中,要求其在规定时间内完成达到一定标准的任务,然后运用各种评价技术,评测其工作效率和应变能力,以确定其是否适合从事某项工作。

成果鉴定法。这是将被考核这一段时间以来的劳动成果(如新闻作品、影视节目、编辑的报纸版面和书籍、广告作品、科研成果等)集中起来,让有关专家进行分析评判,从而对其理论水平、业务能力和创造能力做出直接而客观的鉴定。

(三)考核的基本程序

(1)个人述职。这是由媒介工作人员根据岗位责任制和考评表,所做的自我对照、自我分析、自我鉴定,既肯定成绩,也要找出差距和不足。

(2)民主评议。在个人述职的基础上,考核人员可以组织群众当面评议,也可以召开座谈会、评议会或进行单个访谈。

(3)组织考评。由部门领导或专家小组对被考核者进行整体考评,并写出考核材料。

(4)综合汇总。考核小组综合汇总各方面的考评情况,与主管领导一起写出考核评语,确定考核等级,提出任用奖惩意见。

(5)通报结果。考核人员应及时向被考核者通报考核结果。指出其工作中的成绩、不足和努力方向。被考核者在考核表上签署意见。如果有异议,可向考核主管机构说明或申诉。

总之,媒介人员的考核是一项政策性和专业性都很强的工作。媒介领导者必须亲自掌控,认真对待,公道正派,一丝不苟,从而最大限度地发挥考核工作的正面效能和积极作用。

第五节　21世纪媒介人力资源管理的发展

媒介的人力资源的职能,是具有时代意义的职能。在此之前,人力资源并没有被当作组织资源中最具价值的一项资源来加以重视。甚至在很多媒介中,并没有人力资源这样一个部门,即使有,起到的也无非是人事行政管理居多的职能。在媒介产业日益进入市场的今天,人的因素开始被放入价值体系中加以考察。而如何对人力资源进行管理、调控,使其成为组织增值盈利的生产力,则是众多管理者所面临的新课题。

在组织传播学的发展过程中,人力资源学派是其中一个不可忽视的重要学派。人力资源学派理论家认为,组织里的个人具有值得重视的感知能力,也肯定个人劳动是达到组织目标的重要成分。处于激烈市场竞争中的媒介,需要大量接受过良好专业教育、掌握最新技术知识的新的员工,如何选人、用人、造就人,如何使人的因素成为最具价值的媒介财富,如何真正地理解和认识人,还有待媒介管理者们在实践中不断地进行探索。

一、经济全球化背景下的媒介人力资源

在21世纪,媒介人力资源管理面临全新的外部环境——经济全球化和信息社会的到来。随着经济全球化时代的来临,全球经济一体化进程逐渐加快,整个世界在生产、分配、交换、消费等各个领域的相互联系不断加深,国际分工日益发展。经济全球化带来的直接变化在于,一个地区或一个国家的经济发展越来越多地影响和制约着另一个地区或国家,同时这个地区或国家的经济发展也越来越多地受到另一个地区或国家的影响和制约。

全球媒介产业也在经济全球化浪潮下起起伏伏,在激烈的市场竞争中努力寻求自己的位置。伴随着中国加入WTO,中国的改革开放更向纵深方向发展,各媒介所面对的是更为广阔的世界市场。媒介纷纷走产业化、集团化的经营道路,正是其为应对更大的市场风险、迎接更多的竞争对手的挑战的抗争方式。

在经济全球化的同时,信息革命席卷全球。信息产业成为全球经济发展中的领头羊和生力军,知识经济成为当今经济发展的主要方式。媒介产业作为信息产业,首当其冲必须担负起经济增长和发展的重要责任。在世界范围内,这是成为推动经济增长和飞速前进的最重要的资源。而作为掌握着知识的人,也就理所当然成为媒介资源价值的核心所在。媒介的人力资源管理,也可以被看做是对媒介的智力资本的利用、整合和管理。媒介产业在市场规则中必然要以获利为其生存的前提,而人力资本也就成为其创造利润的源泉。因此,在这样的社会背景下,

媒介人力资源管理应该而且必须被纳入整个媒介的战略管理结构中，将媒介人才的培养和发展作为媒介的重要战略武器。

二、媒介人力资源管理的发展趋势

媒介的人力资源管理受到外部战略环境和内部条件的双重影响，其发展趋势有以下几点：

(一)媒介人力资源部门将成为举足轻重的部门

在经济全球化的大趋势下，媒介所具有的竞争优势就是掌握业务知识和技术水平的媒介人员。人力资源能否为媒介获取利润作出贡献，取决于其能否得到合理的利用和开发，取决于能否使人力资本与经济增长之间建立起相关的动态价值链条。而媒介的人力资源管理部门则是担负起这一职能的部门，由于其所承担的职能对媒介发展的意义重大，那么毫无疑问，这一部门在整个媒介结构中的地位相应提高。媒介人力资源管理部门将会日益成为媒介中不可缺少的举足轻重的部门。

(二)媒介人力资源管理将更具适应性和自由度

我国的媒介产业市场化程度不断加深，媒介要生存必须接受市场的检阅。其产业结构、人事制度、管理模式、薪资待遇等都将发生全面的变化。以市场为导向的现实要求，使媒介的人力资源管理更具有弹性和自由度，根据市场的变化而不断调整、适应市场的需求。组织的层级结构趋于扁平，中层管理人员日益减少，更强调工作中的团队合作精神。因此，媒介管理人员必将给媒介员工更多的自由度，发挥个人的潜能，使个人在团队中作出更大的贡献，使团队发挥聚合作用。

(三)媒介人力资源管理将更侧重对员工创造力的培养

创造力如同任何革命性思维一样，其突破性的结果可以带来巨大的生产力。人力资源管理水平越高，就越侧重于对员工的创造能力、创新思维的培养和鼓励。因为创造力是很难量化，也很难衡量的东西，但它提供的能量是巨大的。创造力既是一种新的思维方式,也是一种无拘无束的解决问题的方法。未来的媒介人才应该是极具创造力和开拓性的人才。这类人才的培养和发展需要媒介人力资源管理人员长时间的观察和分析,从表面的、浅层的个人评估中摆脱出来,过渡到个人创造力的评估和预期,这是未来媒介管理者的必然要求。

(四)媒介人力资源管理中激励因素将大于保健因素

这不是指媒介人员将不再重视保健因素,而是媒介管理者将更注重对于员工积极性和归属感的鼓励,增强员工的工作动力和活力,充分发挥每个媒介人员的优势和特长,使其感受到在工作中的自我价值。保健因素是确保员工不感到有所抱怨的基础,激励因素可使员工更加快乐地工作。这种快乐的情绪在竞争日益激烈和残酷的知识经济时代显得尤其重要。在未来的媒介工作中,媒介人员的压力会随竞争的加剧日渐增加,媒介管理者将更加注意对员工心态、情绪上的疏导,使其精神饱满地投入快节奏的媒介工作。

三、媒介人才将向专业化、职业化方向演变

媒介系统的人事改革可能已是中国改革攻坚战中的最后一个堡垒。它不仅远远落在了企业改革的后面,而且连机关和高校改革也跑到了它的前面。这是不可理解的。首先,我们必须认识到,媒介工作者是专业人员而不是行业人员,因此媒介对人才的要求也应该特别严格:媒介工作者必须经过传播和媒介教育的特殊训练,或通过专门的专业考试,拥有专门知识和技能,方有从事媒介工作的资格和享有相应的社会地位。媒介工作者必须具备一定的专业理念、专业精神和职业素养、职业道德,否则,就不能从事专业化、职业化的新闻与传播活动。其次,要看到媒介人才竞争渐趋白热化的态势。西方媒介集团每一次联合和重组都是首先从改革人事制度入手,精简人员,优化队伍,选贤任能。在媒介资源食物链[人才资源→信息

资源→受众资源→财力(发行与广告收入)资源→人才资源]中,人才资源不仅是媒介的首要资源,也是最重要的资源,它制约、引领其他三大资源,并最终形成良性循环或恶性循环。因此,说到底,未来的媒介竞争就是人才竞争,而人才竞争就是资源竞争。在这种情况下,过去那种任人唯亲、用人不当的机制将被任人唯贤、科学用人的模式所取代;过去那种对媒介人才的单一、呆板的评价方法将会逐步演变为一种更科学、更合理的评价体系。同时,中国应该逐步建立起媒介职业经理人制度。未来的媒介职业经理人应该既是优秀的政治家、传播者,又是精明的企业家。他们既能将国家和人民的利益放在首位,严格遵守法规法纪,又能严格履行公共责任,认真发挥社会功能;既是精通新闻与传播业务的行家里手,又是懂经营擅管理的职业经理人。

媒介应该实行媒介工作者资格证制度,要明确媒介工作者的权利、义务、责任和操守。媒介员工职称的评审和岗位的聘任都要与员工专业化和职业化的程度挂钩。通过各种迹象可以看出,国家正在逐步形成完整的媒介人才培训与发展体系,使媒介人才队伍逐步向专业化、职业化方向转变。2006年,全国性新闻媒介工作人员的职业培训,其期限由三个月改为一年。这种职业培训与发展,以后会经常化和制度化。

四、21世纪媒介人力资源管理的对策

21世纪全球企业面临新的竞争环境,一些研究人员倾向于将非连贯性视为新竞争环境的主要特征。而这种竞争环境的非连贯性主要是由下列因素造成的:迅速变化的和差异化的顾客需要,技术创新以及经济全球化的发展。媒介在应对这些非连贯性的新竞争环境时,必须保持高度的清醒和忧患意识,根据媒介自身的特点制定适合于自己的应对策略。媒介人力资源管理在21世纪的经济浪潮挟裹下,能否真正体现自己在媒介中的应有作用,是值得每一个媒介管理者深思的。

(一)树立前瞻意识

所谓前瞻意识,指的是媒介要有自己的预警系统,对外部复杂多变的风险要有长远的预期。整个媒介的人员都应该具有全球观念,以更宏观的视野来考虑自己的经营活动,不要闭目塞听,因循守旧。对媒介产业发展的趋势和全球范围内的进步方向要有全面的了解和把握。时刻提醒自己在竞争中所处的位置,经常进行横向或纵向的比较与学习,交流经验,总结教训,能对市场变化作出快速的应变,有效地协调媒介内部的各项资源,强调整体性。

(二)建成学习型组织

学习型组织,是把学习和调动积极性作为核心竞争战略而进行相当程度投资的组织。通过技术和信息系统,可以把学习和工作结合起来。学习型组织被认为是新世纪管理的新模式。

对于智力资本相对集中的媒介来说,向学习型组织的转变显得更加顺理成章。要迎接挑战,要对抗风险,要战胜对手,必须进行持续、全面的学习,促成对媒介产业发展的最佳认识,从而制定出以市场为导向的最佳战略。在媒介内部形成良好的学习氛围,实现知识共享,建立资源中心,这些都是对媒介自身所有的智力资源进行的再利用和价值提升,是赢得竞争力的重要手段。

(三)促进有效沟通

在一个媒介中,确保良好的沟通是至关重要的。有效的沟通是一种组织资源。只有有效的沟通,才能消除媒介管理者与媒介员工之间、媒介员工与媒介员工之间因为等级、能力的差距带来的隔阂,真正促进人对人的理解。在日趋白热化的竞争中,这种有效的沟通更是显得弥足珍贵。只有建立在对人的理解和认识的基础上的人力资源评估,才是真正有效和有益的。媒介管理者会日益认识到有效沟通对于媒介发展的重大意义。

(四)更新绩效评估系统

媒介人力资源管理部门的一项重要的工作,就是制定合理、高效、适应性强的绩效评估系统,为媒介领导者的决策提供有力的依据。所以,绩效评估系统的合理与否直接影响对媒介人员作出的评估的合理程度。竞争环境在飞速地发生变化,对于工作业绩、创造能力、思维活力等的评估标准也要随之发生变化,才能顺应环境的改变。对任何一个媒介人力资源管理部门来说,评估系统都不是一成不变的东西,需要随时更新自己的绩效评估系统,确保它应有的作用。

随着中国加入WTO和媒介的进一步市场化，各种媒介纷纷由原先单一、小型、分散、个体化的发展，转型为综合、大型、联合、集团化发展。经过这样的转变，媒介更需要对整个媒介的长远发展目标、媒体定位、发展模式、资源整合与配置等，作出科学的规划与设计，也就是要把媒介的经营管理提到战略的高度上，而且这种战略管理应是理性、自觉的。媒介战略旨在从宏观上把握业内全局，权衡自身的发展方向，全面提高媒介竞争力，它主要包括战略环境分析、战略选择、战略实施、战略控制四个有机的动态过程。媒介战略环境分析是在分析媒介内外部环境的基础上，认清媒介发展的优势、劣势、机会与威胁，它是战略管理的基础。媒介战略选择包括媒介使命与目标的明确、媒介战略设计和最佳战略选择等。媒介战略实施包括前期分析、资源的配置、组织的调整，以及媒介领导和媒介文化等的匹配，它是将战略从构想变为现实的过程。媒介战略控制主要是监测媒介内外部环境的变化，以一定方法对媒介战略实施情况进行评价并及时修正，它是媒介战略顺利实施的保证。

第六章 媒介战略管理

第一节 媒介战略管理的内涵

一、概述

战略，古称韬略，指作战的谋略，原为军事用语。《辞海》对战略一词的定义是："军事名词，指对战争全局的筹划和指挥。它依据敌对双方的军事、政治、经济、地理等因素，兼顾战争全局的各方面，规定军事力量的准备和运用。"在英文中，战略一词为strategy，《简明不列颠百科全书》认为："战略是在战争中利用军事手段达到战争目的的科学和艺术。"

随着社会的发展，战略的价值不仅体现在战争中，也广泛适用于诸如政治、经济、文化等其他领域。将战略思想运用于媒介管理，便产生了媒介战略管理的概念。媒介战略管理的理论源于企业战略管理，目前的研究并不是很成熟。所谓媒介战略管理，是指媒介组织根据媒介的内部和外部环境，制定媒介生存和发展的战略目标，并对实现目标的途径和手段进行总体谋划和具体实施并进行有效控制的动态管理过程[①]。

(一)媒介战略管理特点

全局性。形象地说，媒介战略就是媒介发展的蓝图，它制约着媒介经营管理的一切具体活动，对管理的所有方面都具有普遍的、全面的、权威的指导意义。

长远性。媒介战略考虑的是媒介未来相当长一段时期内的总体发展问题，通常着眼于未来五年甚至更长远的目标。当前国内媒介遇到了许多问题和困难，这恰恰是过去缺乏战略考虑的结果。

指导性。媒介战略规定了媒介组织总体的长远目标、发展方向以及实现途径，对各方面的工作都具有指导意义，并以此引导全体工作人员为之奋斗。

抗争性。媒介战略就是在媒介竞争日益激烈的环境中产生的，其目的就是要使媒介在竞争中取得相对优势，因此，媒介战略势必要针对来自环境及竞争对手等各方面的压力和威胁进行挑战。

相对稳定性。媒介战略一经制定后，在较长的一段时间内要保持稳定，否则就失去了指导意义。但是，如果外界环境或内部条件发生了变化，可适当做出局部调整。

(二)媒介战略管理的作用

媒介战略管理是媒介管理中最高层次的管理理论，它是媒介高层管理人员最重要的活动和技能，它能使媒介更好地适应外部环境并取得可持续发展。可以说，媒介战略管理关系到媒介的兴衰成败，在整个媒介管理体系中有着极为重大的作用和意义：

(1)有助于媒介在时代的竞争中更好地发展。随着传播技术的飞速发展，媒介之间的竞争日益激烈，各种媒介都在充分发挥自身的优势和潜力，以赢得更多的受众。媒介为确保在这场媒介大战中立于不败之地，必须充分认

---

① 邵培仁、陈兵：《媒介战略管理》，复旦大学出版社，2003年版，第3页

识自身的条件和所处的环境,实施正确的策略。

(2)有助于媒介在市场竞争中取得社会效益和经济效益的双丰收。在市场经济大潮中,媒介所具有的独特性质决定了它必须兼顾社会价值和经济价值。

(3)可以促使媒介加强资源的合理配置,优化资源结构,最大限度地利用和发挥各种资源的效能。

二、核心内容

媒介战略管理包括战略环境分析、战略选择、战略实施和战略控制四个阶段。媒介管理层既要分析外部环境中的机会和威胁,也要分析内部环境的优势与劣势。而优势、劣势、机会和威胁正是对媒介管理至关重要的战略因素。

在战略环境分析阶段,媒介要对外部与内部的环境进行分析、评价,从中提取信息。外部环境含有机会和威胁的变量,包括宏观的外部环境和媒介的中观产业环境,它们存在于媒介外部,一般来说单一媒介在短期内无法控制。内部环境含有优势和劣势的变量,它存在于媒介内部,指的是媒介本身所具备的条件,即媒介资源,包括生产经营的各个方面,可分为有形资产和无形资产两种。

通过环境分析,媒介掌握了自己的生存和工作环境,就要在战略选择阶段对媒介战略进行制定、评价和选择。有这样几个问题要注意:首先,必须明确自己的主营业务,明确自己与其他同类或非同类媒介比较而言所具有的优势,在保持自己的主营业务和优势的同时,再去谋求与此有关的适合本媒介发展的其他经营领域。其次,拟定几个最基本的媒介战略方案。对各项方案进行战略分析,最终选出一套最佳方案。再次,要有权威的战略评价标准和明确的媒介战略评价方法。

当选定最终的战略方案之后,就要实施这一方案。这一阶段必须考虑许多方面的因素,包括资源在各媒介部门之间的分配,确保有与这一战略方案相配合的组织结构,充分发挥媒介领导的作用以确保实现战略所必要的活动能有效地进行,并保证媒介文化与战略的匹配等。

媒介战略管理过程的最后一个环节关系到媒介能否最终顺利实施战略，达到预定的战略目标，因此也是十分重要的。这一阶段的主要工作是对正在实施的媒介战略进行监督调控，制定一个效益标准，将执行的情况与预期作比较，发现偏差及时纠正或制定权变计划。

从理论上讲，媒介战略管理包括上述四个阶段，但是，在实际的操作过程中，这些阶段的工作并不能完全区分开，其划分是比较模糊的，因为媒介的活动是具有连续性的，新的战略往往是对原有战略的调整和补充，完全抛开原有战略而从头开始的媒介战略管理是不常见的。

第二节　媒介战略环境分析

我国古代著名的军事战略家孙武曾经说过：知己知彼，百战不殆。在媒介战略环境中，知彼就是了解外部环境，包括宏观外部环境和中观的产业环境；知己就是了解内部条件。媒介战略管理是否能取得有效成果，在很大程度上取决于战略人员对媒介外部环境的评价是否准确、对媒介内部条件的分析是否完整、透彻以及对媒介的战略目标的确定是否明确。

一、宏观外部环境

媒介的宏观外部环境主要包括政治法律环境、经济环境、社会文化环境、技术环境等。

(一)政治法律环境

媒介战略的政治法律环境指对媒介经营活动具有实际或潜在影响的政治制度、体制、政治形势、方针政策、法律法规等方面。

媒介具有强烈的意识形态色彩，和政治有着千丝万缕的联系，担负着政府的宣传工具的职能，因此，政府对媒介的控制比较严格，有些政策会直接影响媒介的活动，甚至政府会直接主导传媒变革的潮流。如20世纪80年代以来，西方新闻媒体的变革有一个共同的特点，就是政府主导或促进变革，政府或议会的一系列法规政策催生了西方国家媒介私营化的兴起。①媒介要发展,首先要清楚政策导向。政治环境主要包括这些因素:媒介所在国家和地区的政局稳定情况、基本政策以及这些政策的连续性和稳定性对媒介投资的影响。

随着社会的发展和改革,政府对媒介的控制已经从主要依靠行政手段向法律手段过渡。对媒介有影响的法律包括一般性的法律规范,如宪法、税法等,和针对媒介的各种管理条例,如《广播电视管理条例》;对媒介有影响的机构包括司法执法机构,如直接或间接与媒介有较密切关系的行政执法机构和政府宣传机构等。这些法律法规和机构一方面对媒介的行为有着种种限制,但另一方面,它们也保护了媒介正当的权利和合理的竞争。

(二)经济环境

媒介的经济环境,主要包括媒介所在国家或地区的经济发展水平、经济结构和消费者收入支出状况等方面。处于产业市场竞争中的媒介,在制定战略时,必须考察经济因素。经济环境因素对媒介的影响是决定性的,发展态势良好的媒介所处的经济环境往往非常发达。

需考察的内容主要包括:经济环境如社会经济结构、经济发达程度、经济体制与经济政策、居民收入支出状况等;衡量经济运行状况的指标包括国民经济运行状态、通货膨胀率、汇率、利率等。②

中国的经济环境被普遍看好。国际传媒巨头们认为:中国是世界上最后一块没有被开发的传媒娱乐市场。面对中国传媒这块蛋糕的诱惑,他们纷纷摩拳擦掌,想方设法地进入中国的媒介市场。

(三)社会文化环境

社会文化环境是指一个国家和地区的社会结构、民族特征、文化传统、宗教信仰、教育程度、生活方式等,它综合反映人类物质文明和精神文明的发展水平。

每一个社会都有自己的核心价值观,而且常常具有高度的持续性,这正是一个民族的凝聚力所在。而经济结构的变化也导致了社会文化的变迁:人们的生活方式和

---

① 李良荣:《西方新闻媒体变革20年》,中国新闻研究中心,2002年8月23日
② 陶志峰:《媒介战略管理——方向性的把握》,湖南人民出版社,2003年版,第6页

思想观念正在逐渐改变,更加追逐流行的脚步,对工作和休闲有了新的认识,更加注重生活的品质;由于生活水平的提高,社会结构也日趋复杂,产生了庞大的老年人市场,与此同时又有主导社会消费潮流的中青年群体。社会教育水平的高低与媒介产品的消费又有一定关系。一般地说,受教育程度高的受众对新闻、纪录片、社会问题访谈类节目较感兴趣,而受教育程度低的受众比较乐于接受各种娱乐性节目、肥皂剧等。

总而言之,社会复杂的现状给媒介提供了无限的市场消费需求,同时,又带来很大的压力,媒介要尽力满足不同消费者的各种需求。

(四)技术环境

技术环境即媒介所处的社会环境中的技术要素及与该要素直接相关的各种社会现象的集合。技术环境大体包括社会科技水平、社会科技力量、国家科技体制、国家科技政策和立法等要素。[1]社会科技水平是构成媒介技术环境的首要因素,而国家科技体制、政策和立法则对其有着推动或制约作用。

人类社会的每一次重大进步都离不开重大的科技革命。媒介尤其是媒介的发展在很大程度上受到科学技术方面因素的影响。世界范围内高新技术特别是数字技术、信息技术、网络技术等的迅猛发展,正在给媒介带来革命性的变化。现代通讯技术的发展,不但使通讯方式更加多种多样,而且提高了媒介的产品质量和传播效率。卫星直播使广播电视更加普及,规模更加扩大,也使各媒介之间的竞争更为激烈。

(五)国际环境

国际环境包括政治、经济、文化和市场等各个方面的因素。国际环境对媒介的影响是显而易见的,主要有两方面:

国际媒介竞争的影响。西方发达国家的媒介产业已形成庞大的产业规模。进入20世纪90年代以来,世界媒介行业发生了一系列重大变化,主要表现一是以大媒介

[1] 陶志峰:《媒介战略管理——方向性的把握》,湖南人民出版社,2003年版,第10页

集团的集中垄断为代表的媒介工业的全球化市场扩张加剧,二是整个媒介行业特别是广播电视业,商业化和市场化程度不断提高。西方媒介集团已经在向我国的传媒业渗透。中国加入WTO,一方面,广播电视网并不开放,内地广播电视业不会受到很大打击,而且还会增加许多交流;另一方面,国家在广电行业对外政策上的部分放松也将给内地广电带来巨大的冲击,从长远来看,一旦境外电子媒介大规模进入,以我国广播电视业的现状是无法抵御这种渗透的。所以,21世纪中国广播电视业将面临自它诞生以来最严峻的考验。

境外媒介管理体制的影响。不管是战略高度的管理如产业化、集团化管理、多元化经营,还是操作层面的管理如广播电视覆盖网状结构,以至到具体节目的设计和管理运作,都将影响我国媒介的发展。

二、中观产业环境

竞争战略的权威迈克尔·波特(Michael Porter)认为,公司最关心产业内的竞争程度。产业的潜在进入者、替代品的威胁、购买者、供应商、产业竞争者"这些力量的合成最终决定了一个产业的赢利潜力,就是资本投入的长期回报。"[1]对于媒介产业来说,同样适用这种分析产业竞争的五要素经典方法进行分析。

(1)潜在进入者的威胁:媒介产业具有较高的投资回报,这会吸引很多潜在加入者。进入者将会威胁到现有媒介的市场特别是广告市场份额。分析潜在进入者的目的就是为了找到阻止新媒介进入的方法。潜在进入者是否会真的采取行动入侵媒介产业,进入屏障是一个决定性因素。它包括政府政策形成的进入壁垒、媒介自身生存发展所需的经济规模、现有的媒介市场格局等。

(2)来自替代品的威胁:替代品受到受众时间、金钱等成本因素与从媒介产品获得的满足的性价比的影响,当一种媒介产品的这种性价比低于替代品的性价比时,人们就转向购买替代品。[1]这种替代既存在于不同媒介形态之间,也存在于同类媒介产品之间。四大传统媒介各自

[1] 转引自[美]J·戴维·亨格,托马斯·L·惠伦:《战略管理精要》,王毅,应瑛译,电子工业出版社,2002年版,第40页

的优势使得它们能够在竞争中共生,而且受众在选择时并不具有排他性,但是,各种媒介之间对市场份额的竞争依然十分激烈,甚至事关生死存亡。来自替代品的压力主要体现在:媒介自身产品的差异性、替代品的赢利能力、受众的忠诚度等。

(3)来自受众和广告商的压力:媒介产业商品特殊的二重性决定了其购买者包括受众和广告商两部分。随着受众地位的一步步提高,其主动选择权利和需求欲望越来越多,因此对媒介的要求也越来越高,需要更丰富的信息、更高质量的节目、更加到位的服务,媒介要想继续或更多地获得受众的注意力,就必须尽力地满足受众各方面的需求。对于广告商来说,一方面选择其投放广告的媒介越来越多,另一方面,如果广告商购买量比较大,其砍价的余地就会很大,会造成媒介的被动。

(4)来自供应商的压力:媒介的供应商主要包括信息的提供者和媒介外购节目的制作者。他们对媒介形成的压力主要是要求提高信息或节目的价格、增加片酬等。与广告商对媒介的压力相似,供应商威胁性的大小也取决于其讨价还价的能力和提供产品的差异性,比如独家新闻的提供者就会具有更高的讨价还价资格。

(5)各媒介之间的竞争:媒介竞争主要还是对受众和广告商的争夺。与其他媒介形态不同的是,由于广播电视在时间上的线性安排使其在同一时段内具有排他性,广告也具有相对固定的时间,广播电视媒介要想获得更高的收益,就必须增加单位时间广告收入。增加广告收入就要有良好的受众收听收视情况,受众在同一时间只能选择一种媒介产品,因此广播电视媒介之间的竞争相对来说更加激烈。不过国家对广播电视行业设置的较高的进入壁垒又在一定程度上使得广播电视媒介市场相对稳定。

① 陶志峰:《媒介战略管理——方向性的把握》,湖南人民出版社,2003年版,第60页

三、微观内部环境

媒介参与市场竞争必须具备的内部条件就是媒介企业的资源,以及对资源的有效利用能力。因此,分析媒介的内部环境,就要分析媒介的内部资源和资源利用情况。媒介资源可以分为两类:有形资源和无形资源。有形资源主要是物质资源和财力资源。媒介的无形资源种类很多,主要包括:人力资源、节目资源、管理组织资源和企业文化。

媒介的物质资源包括办公场所、传播设备、节目制作设备、下属或控股公司的厂房等固定资产,以及它们的使用年限和运行状态等。财力资源包括现金、债权、股权、融资渠道和手段等,财务管理实际上是通过对资金的有效组织和合理运用使之增值的过程。有形资源是媒介组织参与市场竞争的硬件构成。

人力资源包括媒介领导者、管理者,传播业务人才如记者、主持人,工程技术人员如摄像、化妆,生产营销策划创意人员如市场总监、策划,以及相关人员如后勤等等。有效的人力资源管理将为传媒组织创造持续的竞争优势。湖南电广传媒集团总裁魏文彬曾坦称:"没有人才,一切都是空的。"[1]因此,媒介要高度重视人力资源的管理,营造一个平等竞争、优胜劣汰的人才成长环境,建立激励机制,促使全体人员进入自我发挥的最佳状态;同时要有有效的约束机制,制定严格的规章制度,做到责权利分明。

媒介的信息资源包括新闻信息资源和其他节目资源。这是媒介的特殊资源,也是媒介赖以存在的基础。节目资源已经成为广播电视业争相利用、开发的一个资源。目前广播电视节目资源总的来说相当丰富,但是在资源的充分运用上还存在着不少问题,比如对同一信息资源在许多角度尚有待挖掘,其他节目数量多但雷同也多、质量不高、节目的交易无序等等,所以,要进一步优化配置和充分利用丰富的节目资源。广播电视节目资源的载体主要是频率、频道和时间。

---

[1] 转引自章平:《战略传媒——分析框架与经典案例》,复旦大学出版社,2004年版,第95页

媒介的管理组织资源包括媒介的结构形态、各部门之间的沟通协调效率、管理能力、采购渠道、销售网络以及品牌形象。媒介的一切活动都是人的活动，都是组织的活动，组织是进行有效管理的手段。通过对组织的分析可以发现制约媒介长远发展的问题，从而改善组织工作，建立合理的组织结构，形成组织内良好的人际关系，并且努力塑造良好的组织形象，极大地促进媒介的发展。

媒介企业文化指媒介所具有的价值观、运营理念，以及在社会公众、受众、政府及其他利益相关者中的形象和声誉等，包括物质文化、制度文化和精神文化三个层面。良好的企业文化是企业战略管理成功与否的关键因素之一。媒介更是有着自己独特的企业文化。优秀的媒介文化一方面对媒介全体员工起到导向、制约和凝聚的作用，另一方面通过大众传播树立良好的公众形象并产生巨大的社会效益。凤凰卫视企业规模并不大，却能凝聚如此众多的优秀电视节目主持人和记者为了工作不顾一切，这靠的是一种信念，一种精神力量，是凤凰卫视以职业事业化、凝聚力、创新意识、危机意识为特征的企业文化。[1]

无形资产是现代企业生存和发展的一种宝贵资源。在当今的竞争中，传媒组织无形资产的重要性越来越突出，往往是传媒组织获得竞争优势的重要来源。

第三节　媒介战略选择

一、使命与目标

在分析了媒介的外部环境和内部资源的基础上，要制定媒介战略，先要建立媒介组织的整体方针——总体的使命和目标。只有在有了目标之后，才能制定战略然后实施。媒介使命是对媒介组织总任务的描述，一般没有具体的数量特征和时间限定，而战略目标则是具体指明在实现媒介使命的过程中一段时间内所需实现的结果，它是在明确媒介使命的基础上的一种更加深入细化、切实可行的计划。

媒介使命是指媒介组织在社会进步和经济发展中

---

[1] 高建强：《媒介战略管理案例分析》，华夏出版社，2004年版，第63页

所应担当的角色和承担的责任,并区别于其他类型的企业或传媒组织。①一般来说,媒介的使命包括两方面的内容,即媒介运营哲学和媒介经营宗旨。

媒介运营哲学是对媒介本质性的认识,包括媒介组织的基本价值观、内部成员共同认可的行为准则和信仰等在内的管理哲学。媒介组织运营哲学一经形成,就会在相当长时期内保持相对稳定,并对传媒组织的运营活动发挥指导作用。英国广播公司(BBC)自成立以来一直奉行的使命和宗旨是教育和引导观众。80多年来,BBC恪守的运营原则是独立、客观、准确和公正。作为全球唯一的、由国家设立的广播机构,BBC在20世纪40年代,尤其是第二次世界大战期间的杰出报道,获得了几近不朽的声誉。②

经营宗旨是对媒介组织现在和将来的业务活动范围的规定以及应成为什么性质的组织。媒介组织经营宗旨的确定,应以受众需求为基础。管理学大师彼得·德鲁克在其名著《管理:任务、责任和实践》一书中认为,企业的宗旨只有一个,就是如何创造顾客。凤凰卫视中文台将全球华人作为目标观众,以其独特的"东西南北大融合"(东方文化与西方文化、港台文化与内地文化)的理念取得了成功。③文广新闻传媒集团总裁黎瑞刚把集团的新定位描述为:一个媒体与娱乐集团,一个致力于内容产品开发、生产、播出、发行,以及多种娱乐产业运营的产业机构,并为此制定了"媒体+娱乐"的新型战略。④但是,媒介的经营宗旨不像运营哲学那样具有恒久性,而应该进行定期的分析,随着外在环境和内在条件的变化,其经营宗旨要做出相应的调整。

媒介使命的表述要在充分认识媒介外在环境和内在条件的基础上进行,要能体现出个性和特色,还要考虑媒介发展的长远性。另外,还要注意避免两种倾向。一是使命过于狭隘,这势必会束缚传媒组织的经营思路,丧失许多发展的机会,如阳光卫视定位于历史和文化,突出文化特色,就因为经营思路过于狭窄而没有取得预期的效果,如今也在增加娱乐性节目。另一种是使命过于空泛,

① 陶志峰:《媒介战略管理——方向性的把握》,湖南人民出版社,2003年版,第110~111页
② 参考案例《BBC的两难选择:在坚守使命与迎合观众中排徊》,辛平:《战略传媒——分析框架与经典案例》,复旦大学出版社,2004年版,第122页
③ 彭吉象:《关于电视专业化频道营销策略的几点思考》,《传媒观察》,2003年6月24日
④ 蔡颖,张志安:《文广传媒的战略转型》,新华传媒工场,2004年4月27日

则对媒介组织的经营没有实际意义,反而有可能导致迷失方向。

媒介战略目标有以下几项基本内容:

(1)赢利能力。可用利润、投资收益率等来表示。默多克从不讳言新闻集团的战略目标是利润的最大化。

(2)市场目标。各种媒介都在努力扩大市场占有率。具体的衡量标准即收听率、收视率。

(3)固定资产。包括财力物力资源,可分别用资本结构、现金流量、运营资本和固定费用、媒介产品生产能力等来表示。

(4)人力资源。可用人员流动率、缺勤率以及培训情况、人员职称情况的变化等来表示。

(5)社会责任。媒介还负有宣传、教育、引导的责任。

媒介战略目标的制定要符合一定的原则:

(1)全局性原则。战略目标必须突出那些关系到媒介生存与发展的重大、全局性的问题,而不应是局部的或次要的问题。

(2)可行性原则。战略目标的制定既不能过高也不能过低,要确保经过一定的努力可以实现。

(3)量化原则。定量化可使目标具有可衡量性,便于检查和评价其实现程度。

(4)稳定性原则。战略目标一旦制定和落实,就要保持相对稳定,而不能朝令夕改,频繁变更。当然,如果经营环境发生重大变化,可做出适当调整。

二、战略设计

通过对媒介的战略环境的分析,以及在此基础上制定媒介的使命和目标,媒介目前所处的位置就比较清楚,此时就要对媒介进行战略选择,也就是要明确媒介的发展方向。媒介战略包括三种:成长战略、稳定战略和收缩战略。

(一)成长战略

从产业化的观点来看,媒介也应"追求利润的最大化"。采用成长战略的媒介一般应该是整个媒介产业中经济效益比较好,增长速度比较快,比较有潜力的组织。它们一般倾向于获得比媒介行业平均利润多的利润,并积极开发新的媒介市场和媒介产品,这是一种积极主动的战略。成长战略包括集中式成长和多元化成长以及媒介合并、并购、战略联盟。

1.集中式成长

又称一体化战略,涉及的是传媒组织产业链范围的界定问题。也就是考虑哪些业务应实行"自制",哪些应进行"外包"。当通过市场不能很好地解决买卖双方互惠合作的情况下,传媒组织就要考虑对这一业务进行内部整合。当市场能够更好地解决买卖双方互惠合作的情况下,此时传媒组织的优先方案是通过市场交易来获得更高收益。①两种情况分别是纵向一体化和横向一体化。

媒介的纵向一体化战略指媒介组织将媒介信息产品的生产与相关原材料供应或者信息产品的生产与打入市场进行链接整合的战略形式。新闻集团1997年年度报告中写道:"作为世界上最垂直一体化的媒体公司,我们得以在好莱坞生产电影,在世界各地生产电视节目,并通过福克斯电视网在美国、STAR在亚洲、BskyB在英国传播。"②纵向一体化战略有利于确保供给、需求的稳定性,提高运营效率、实现规模经济效益,同时也能够提高产业进入壁垒。但是,也会带来一些问题,比如会增加管理的难度、投入资本过多、缺乏竞争等。

横向一体化战略指媒介为了扩大规模、降低生产播出成本、巩固媒介的市场占有率、提升现有的竞争优势和影响力,与相关媒介行业进行联合的一种战略,主要是通过收购相关行业组织、横向联合等手段,打造规模性经济或试图进入新的收听收视市场。横向一体化有利于实现规模效应,减少竞争对手,比较容易地使生产能力得到扩张,但是,联合之后的媒体在管理方面很难协调,政府出于防止垄断的考虑也会有诸多法规限制。

2.多元化成长战略

指媒介不仅提供电子信息产品,而且提供与这些产

① 辛平:《战略传媒——分析框架与经典案例》,复旦大学出版社,2004年版,第203页
② 辛平:《战略传媒——分析框架与经典案例》,复旦大学出版社,2004年版,第203页

品相关或无关的业务,也就是相关多元化或者无关多元化。

相关多元化可以充分利用媒介的独特优势,包括生产技术、原材料、生产设备,同时又能在多种产品中分散经营风险。目前迪斯尼的全部收入中,老本行电影加上电视只占30%左右,而主题公园的收入已经占了20%,剩下的50%则全部来自品牌产品销售。2000年,迪斯尼特许经营的收入就达10亿美元,全球有4 000多家特许经营商,商品从电视、杂志到动画、网络,从几美分的普通橡皮到2万美元的高级手表应有尽有。[①]目前全国广播电视媒介组织纷纷组建集团,从节目开发、内容制作、网络传播等产业链涉及广播、电视、电影、报刊、出版、广告等各个领域,进行媒介整合。这有利于应对国际传媒的激烈竞争,也是科技和经济发展的需要,但是,由于规模庞大,很难兼顾各个方面,比如美国在线与时代华纳合并,把内容和传播方式方面的优势结合起来,但效果并不理想。对于我国的媒介来说,集团化存在着更多的问题,还有许多方面的关系需要理清。

无关多元化通过向不同行业的渗透,可以分散媒介的经营风险,同时获得多方的收入,这种多元化经营主要是通过合并、收购和合资经营实现的。目前媒介已经涉足了许多不同的行业,如房地产、旅游、餐饮,甚至还有天然气、墓地。但是,媒介在选择介入行业时一定要注意跟媒介组织自身特点的结合,不能盲目,以免出现"捡了芝麻,丢了西瓜"的被动局面。

(二)稳定战略

稳定战略即在战略方向上没有重大改变,继续维持当前的活动。稳定战略适用于前期经营相当成功,而预测战略环境没有较大变化的媒介。从某种意义上说,稳定战略能给媒介一个较好的休整期,可以积聚更多今后的发展做好充分的准备。这种战略在短期内运用非常有效,但是当媒介的外部环境发生重大变化时,战略目标、外部环

[①] 王季、张鹏:《案例剖析:一个人的帝国——迪斯尼盛表》,《IT经理世界》,2002年6月10日

境和内部条件三者之间就会失去平衡,使媒介组织陷入被动,而且这种战略很容易减弱风险意识,降低媒介对风险的敏感性和适应性。

(三)收缩战略

收缩战略是指媒介从目前的战略经营领域和基础水平收缩和撤退,且偏离战略起点较大的一种经营战略。与成长战略和稳定战略相比,这是一种消极的发展战略,不过一般媒介运用这种战略都是暂时的、短期的,是一种以退为进的战略。但是这种战略不能盲目使用,否则有可能引起员工情绪低落,还会使媒介陷入被动经营的状态,使媒介生存更加困难。

三、最佳战略选择

要决定媒介到底是实行成长战略还是收缩战略或者是稳定战略决策时,其前提是必须进行战略分析。国际上广泛应用的战略选择方法是 SWOT 分析法,SWOT 分析由 Strengths(优势)、Weakness(劣势)、Opportunities(机会)、Threats(威胁)四个英语单词的首字母组合而成,即综合考虑外部环境的机遇与威胁以及媒介组织所拥有的优势与劣势。其中优劣势的分析主要着眼于企业自身的实力及其与竞争对手的比较,而机会和威胁分析将注意力放在外部环境的变化及对企业的可能影响上,但是,外部环境的同一变化对不同的企业带来的机会和威胁是不同的,所以要把两者完美地结合起来。我们在第二节对媒介战略环境的分析即是对 SWOT 分析法的具体运用。分析之后媒介就要制定这样的战略,既能够充分发挥和利用自己的优势和机会,同时又能尽量避免劣势和威胁(如图 6-1)。

第六章 媒介战略管理

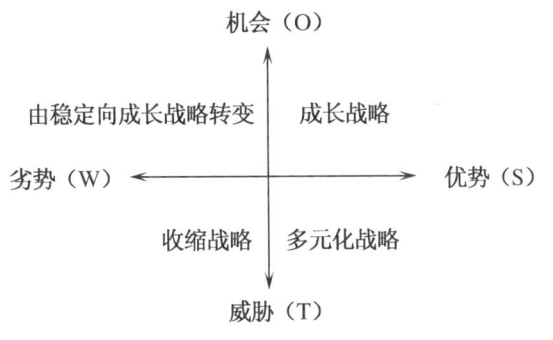

```
              机会（O）
                ↑
   由稳定向成长战略转变 │  成长战略
                │
  劣势（W）←────┼────→ 优势（S）
                │
         收缩战略│多元化战略
                ↓
              威胁（T）
```

图 6-1 SWOT 战略选择图

战略评价方法除了 SWOT 分析法外，还有经验曲线法、波士顿矩阵法、GE 矩阵法等。

在找到所有潜在方案并且对其正反面都分析和评价过之后，最终要选择一个来实施。那么如何确定最佳方案，其标准是什么呢？选择标准有很多，比如是否符合党和政府的政策，是否与环境保持一致，是否和媒介企业的资源相匹配，是否能以最小的风险得到最大的收益等，但总的来说，最重要的、综合的评价标准还在于应对 SWOT 分析中的特定战略因素的能力，即能够最好地利用环境机会与公司优势、避开环境威胁与公司劣势的战略才是最佳的战略。另外，最佳战略还应具备用最少的资源、最低的副作用达到既定目标的能力。

媒介战略选择从设计战略方案到进行分析评价进而最终选定最优方案需要一个过程，这是一种曲折、复杂、微妙、具有特性的智力活动过程。选择战略时决策者往往会有意无意地在机会和系统中实验，在具体和抽象之间反反复复，而不是例行公事地通过决策层达成一致意见就能够获得，其间会有许多不同意见，甚至会有矛盾冲突。影响媒介战略决策的因素主要有：

媒介过去实施的战略。过去实施的战略往往是新战略决定过程的起点。"一个组织当前的业绩越强大，战略动大手术的必要性就越小，而当前的业绩和市场地位越低，就越应该审查当前的战略"。[1]

媒介对外部环境的依赖性。媒介本身对外部环境就有很强的依赖性，对于个体来说，外界环境在媒介发展中的作用越是显著，媒介对它们的依赖程度越高，媒介选择

---

[1] [美]汤姆森：《战略管理：概念和案例》，段盛华、王智慧主译，北京大学出版社，2000年版，第112页

战略的灵活性就越低。当媒介面临一个变化程度很大的市场时,它的战略选择需要考虑的因素就越多。当然,对环境的看法是一个主观性问题,不同的决策者对同一环境的认识也会有所不同。

媒介管理者的判断、决策能力和对待风险的态度。一个经营成功的媒介,通常都有一个决策能力强、眼光准的领导。而管理者对待风险的态度会影响到决策倾向于风险较大、收益也较大的战略,还是风险较小、比较稳妥而收益并不很高的战略。

对决策时间要求的紧迫程度。如果时间十分紧迫,决策者往往难以对战略作全面的分析,可能倾向于消极地对待环境或媒介内部的变化。但是如果决策准备时间过长,不仅会造成资源的浪费,而且如果在决策的过程中环境或自身条件又发生了变化,则这种决策将变得没有价值。

第四节　媒介战略实施

媒介战略方案的最终选定,标志着媒介战略已经正式形成,可以付诸实施了。媒介战略实施是指为实现媒介战略方案而必须进行的行动和抉择的总和。再完美的媒介战略在实施之前也只是虚的东西,战略实施是关系到媒介战略能否成功的重要环节。一个好的战略方案可能会因为糟糕的战略实施而带来灾难。战略制定和战略实施是紧密相连的,而不是截然分开。媒介在战略实施的过程中,会面临内外环境的变化或者许多没有预测到的问题,由此而反过来对战略进行修改。

一、前期分析

在开始实施过程前,应该明确一些问题,做一些前期分析。比如:明确由谁来进行战略实施,明确战略实施人员应怎样进行战略实施。

由哪些人参与战略实施,取决于媒介的组织结构。不过战略实施者是要比战略制定者更加多样化的一群人。不只是领导,相关的各个层次的人员都要参与到战略实施中,有自己的意见和看法并消化到具体的实践中,这对战略实施的成功非常重要。这就要求管理者要把战略制定的具体情况,包括使命、目标、战略和政策的变化等,清晰地传达到所有的战略实施层面,员工对战略一知半解将使战略的实施无法顺利进行。

要使战略变得切实可行并使员工明确自己的职责和任务,就要制定详细的战略计划和规程。媒介的战略计划是指将战略方针、目标、环境因素和内在条件等各种因素融为一体的过程,并用来指导媒介在一定时间内合理分配有限资源,以期达到目标的具体管理活动。战略计划应包括:对媒介战略的总体说明、媒介的分阶段性目标、媒介的行动计划、媒介的资源配置、媒介的组织协调和媒介的应变计划。

二、战略资源的配置

资源配置是战略实施的重要内容。在媒介的战略实施过程中,必须对所属资源进行优化配置,只有这样才能充分保证战略目标的实现。媒介的战略资源是指媒介用于战略行动及计划推行的人力、物力、财力等资源的总和。对其的分配是指按照战略资源配置的原则方案,对媒介所属战略资源进行的具体分配。有效的资源配置不仅有助于媒介战略的顺利实施,而且有利于增强媒介的竞争优势。虽然媒介企业的无形资产对媒介的生存和发展有着特殊的重要意义,但是在战略资源配置方面,除人力资源外都很难把握,而有形资源都可以用价值形态来衡量,因此,媒介的战略资源分配一般也分为人力资源分配和资金分配两种。

人力资源的分配一般有三个内容:为各个战略岗位分配人才,特别是对关键岗位的关键人物的选择;为战略实施建立人才及技能的储备,不断增加新鲜血液,保持必要的活力,这包括对原有人才的培训和对新的人才的招聘两种方式;在战略实施过程中,注意整个队伍的综合力量搭配和权衡。

媒介企业通常以预算的方法来分配各资金资源。预

算就是通过财务指标或数量指标来显示企业目标,经常用到的预算方式有:

零基预算。即一切从零开始的预算。它完全排除上一年度预算的影响而独立编制,将一切经营活动都从彻底的成本—效益分析开始,其目的是防止预算无效。

规划预算。它是按照项目而非按各职能部门来分配资源。规划预算通常与项目规划同步,因而其跨度较长,这样就可以直接考察一个项目对资源的要求及应用效果。

产品生命周期预算。当媒介产品处于不同生命周期时,对资金有着不同的需求,而且各阶段的资金需求往往也使用于不同的费用项目。按产品生命周期预算就是根据不同阶段的特征来编制各项资金的支出和使用计划。

在资金分配上应遵循两项原则:

一是根据各单位、各项目对整个战略的重要性来设置资金分配的优先权,以实现资源的有偿高效利用;

二是努力开发资金分配在各战略单位的潜在协同功能。[1]

三、组织的战略调整

哈佛大学教授钱德勒(Alfred Chandler)通过对一些美国大公司的研究,得出结论:结构追随战略,战略首先对环境的变化做出反应,尔后组织结构才在战略的推动下对环境变化做出反应。这揭示出了组织结构与战略需要相匹配的重要性,企业战略、组织结构和外部环境需要紧密结合。[2]因此,媒介不能仅仅从现有的组织结构角度去设计战略,还应该在根据外部环境的要求制定好战略之后,再根据新的战略对原来的组织结构进行调整,以适应新的媒介战略,使战略的实施得到组织的保证。

(一)组织结构调整

(1)正确分析媒介当前组织结构的优势和劣势,并据此设计开发出能适应新战略需求的组织结构模式;

(2)对媒介的层次进行详细而不复杂的划分,对各层次的责权利关系进行明确,具备适合的管理方法及确保

---

[1] 陶志峰:《媒介战略管理——方向性的把握》,湖南人民出版社,2003年版,第314页

[2] [美]J.戴维·亨格,托马斯·L.惠伦:《战略管理精要》,王毅、点莱译,电子工业出版社,2002年版,第138页

战略实施顺利进行的实力;

(3)为媒介组织结构中的关键战略岗位选择最合适的人才,保证战略的顺利实施。

(二)前期准备工作

(1)明确战略实施的关键活动。媒介应该从错综复杂的活动中,如制度建设、人员培训、市场开发等方面,找出对战略实施起重大作用的活动。

(2)把战略实施活动划分为若干单元。这样一个个活动的单元实际上就组成了组织结构调整的基本框架,在客观上保证了战略的首要地位。

(3)明确各战略活动单元的责、权、利。媒介战略管理者应全面权衡集权与分权的利弊,从而做出适当的选择,给每个战略实施单元授予适度的决策权力,责成其制定符合整个战略的单元战略并负责贯彻执行。

(4)协调各战略实施活动单元的战略关系。这种协调可以是通过整个组织权利等级层次的方式实现,也可以是在实施整体战略的过程中吸收各战略实施活动单元共同参加,让其在实施过程中相互了解,相互沟通,从而充分发挥和协调各方的作用。[1]

为了有效地实施战略,必须根据战略的特点、要求、环境、技术和媒介规模等要素的特点来选择相应的组织结构类型。一般来说,采用类似战略的媒介倾向于采用相似的组织结构。

四、领导的作用

战略的制定和实施是媒介管理人员,尤其是高层领导人的重要职责。战略的实施效果在很大程度上取决于领导者的素质和能力。媒介战略并非是什么样的领导者都能推行,它向领导者提出了更高的要求。它要求战略管理的领导者要机智果断、勇于创新、知识广博、富有远见、经验丰富,同时有独特的管理魅力。领导者必然是战略家,他要比一般的管理人员站得高、看得远,有精力、有条件运用自己的知识、经验和技能为媒介制定出创新的战

---

[1] 陶志峰:《媒介战略管理——方向性的把握》,湖南人民出版社,2003年版,第328页

略并积极有效地实施战略。战略管理还要求领导人要真正统领全局，领导和激励全体员工为实现媒介的战略目标而努力。不同的媒介领导者根据自身特点在战略实施过程中的角色也不同，有的是设计者，有的是协调者，有的是指导者，有的是评价者，有的则是理性的行动者。

媒介战略需要核心领导人来推行，但核心领导人并非万能的，他同样需要他人的支持和协助。迪斯尼CEO埃斯纳是一个优秀的战略家，他以其惊人的能力建立起了真正的迪斯尼帝国，是拯救迪斯尼的英雄，但其独断专行又使迪斯尼走上了帝国的末路，本人也四面树敌，面临退位。所以，即使有再优秀的核心领导人，也需要一个能够相互配合、相互协作的领导班子来发挥群体功能，群策群力，保证战略的顺利实施。

新的战略领导班子可以通过调整现存的领导班子或者招聘新人两种途径来组建，前者由于熟悉内部情况、成员相互了解而利于工作的开展，后者则利于更大范围选拔人才，并激发人员活力。当然，大部分情况下，是两种途径同时进行，既可以提拔媒介内部的一般管理人才，又可以招聘一些既懂新闻传播又懂媒介经营的人才，两种人才共同组成新的战略领导班子，发挥各自的优势。

在战略实施的过程中，要保证领导人员的积极性，适当地对其进行激励，使其对长期目标、战略计划和创业精神有足够的重视。激励的形式一般可分为物质和非物质的，物质的如增加工资、发放奖金等，非物质的如表扬、晋级等精神奖励。当然，奖励程度要和战略活动的绩效挂钩。

五、媒介文化

赫塞尔宾与戈德斯密斯（Hesselbein & Goldsmith）在《未来的组织》一书中写道：一个战略可以与文化一致，也可以不一致。当它们一致的时候，文化成为战略实施中的一条有价值的途径；当它们不一致的时候，实施战略通常要困难得多。①所以说，在媒介战略实施的过程中，媒介文化起着重要作用，它既可能会推动战略的发展，又可能

① 转引自邵培仁、陈兵：《媒介战略管理》，复旦大学出版社，2003年版，第138页

对战略的执行起到阻碍作用。媒介文化只有充分体现对媒介战略的全面支持和推动作用，才能确保它对媒介绩效的提升功能，起到应有的作用。所以，在战略实施之前，通常要对当前的媒介文化构成要素进行再分析，看是否和新的战略相匹配，必要时要加以调整，以适应新的战略。

在战略管理中，媒介处理新战略与文化之间的关系有四种可能情况（如图6-2）。

```
              组织要素的变化（多）
                    ↑
                    |
    重新制定战略    |    与战略衔接
                    |
  ──────────────────┼──────────────────→
    （低）          |    潜在的一致性（高）
                    |
   围绕文化进行管理 |   增加两者的协同性
                    |
                  （少）
```

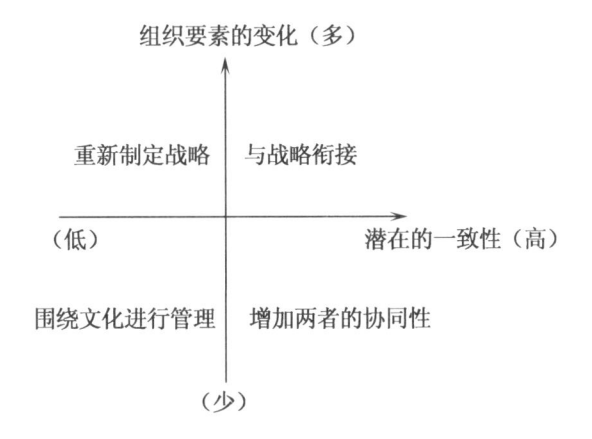

图6-2 调整战略与媒介文化的关系

处于第一象限的媒介要实施一种新战略时，重要的组织要素如组织结构、媒介经营、管理者的任命会发生很大的变化，但这些变化大多与媒介目前的文化有潜在的一致性。这往往是效益比较好、处于有利地位的媒介，它既可以推行具有重大变化的新战略，又可以得到原有的媒介文化的推动。在这种情况下，媒介要注意：一是主要的变化必须与媒介使命一致，使员工相信战略变化是为了更好地完成使命；二是要充分发挥已饱受媒介文化熏陶的内部现有人员的作用；三是新的媒介激励系统要与原有的奖励行为保持一致；四是要特别关注与当前媒介文化不一致的变化，不能破坏现有的行为准则。

处于第二象限的媒介，由于新战略需要组织要素的重大变化，但是这些变化又与目前的媒介文化很不一致，所以要实施的话会遇到很大的困难。在这种情况下,媒介就要考虑是否有必要推行这个新战略,如果没有必要,则要考虑重新制定战略。

处于第三象限的媒介,新战略需要的变化不多,但也多与目前文化不一致。因此,如果媒介要改变的因素与媒介文化密切相关时,最好围绕文化进行管理,即在不影响总体的媒介文化的前提下,用不同的文化管理实现媒介所期望的某些战略变化。

处于第四象限的媒介,新战略需要的变化少,而且又与目前的媒介文化相一致,在这样的情况下,媒介应注意两个问题:一是要利用目前的有利条件来巩固和加强媒介文化;二是利用目前战略的相对稳定性,根据媒介文化的需要来解决一些媒介经营问题。

第五节　媒介战略控制

一、概述

媒介的外部战略环境和内部条件在不断变化,但媒介战略在一定时期是相对稳定的,这会导致战略实施结果与其预定目标之间出现一定的差距。因此,媒介在战略实施过程中需要进行有效的控制,以保证战略目标得以实现。所谓媒介战略控制是指媒介组织有关人员对战略实施进程进行监督,及时纠正偏差,确保战略有效实施并使战略实施结果基本符合预期目标的一个动态过程。

战略控制的基本原则有:

战略重点原则。战略评价和控制的对象太多就会造成混乱,所以只应该控制关键因素,重点是实现媒介战略的目标,应树立面向长远未来的观念。

适时控制原则。为保证能有时间采取相应的修正行动,战略控制必须适时进行,否则会造成问题的堆积。

一致性原则。即必须要有与战略相适应的执行计划、资源分配、组织、领导和媒介文化。

经济原则。过分理想化的战略控制方案会使成本大大提高,所以,经济合理的战略控制才是最适合的战略控制方案。

例外原则。例外的因素、不确定情况下的因素往往会对战略实施造成障碍,所以要对例外事件格外重视。

预警原则。媒介战略控制系统需要有"早期预警系统",以告知媒介管理者在战略实施中存在的潜在问题或偏差,使之及早警觉,提前纠正偏差。

二、控制类型与过程

战略控制主要有四种类型,即回避控制问题、具体活动控制、绩效控制和人力控制。①

(一)回避控制

在许多情况下,媒介管理人员可以采取一些适当的手段,避免不合适的情况发生,从而达到避免控制的目的。具体的手段有:

高效自动化。媒介本来就是高技术行业,计算机等高效自动化手段通常可以按照媒介预定目标恰当地工作,保持工作的稳定性,减少人为控制,使控制得到改善。

集中管理。就是把各个管理层的权力集中到少数高层媒介管理者手中,从而避免分层控制造成的混乱和矛盾。

风险共担。就是说媒介可以将内部的一些风险与某些组织共担,比如与保险公司签订协议等。

转移或放弃。对于某些难以控制的媒介经营活动,媒介管理者要考虑采取转移或部分放弃甚至完全放弃该经营活动,从而将潜在的风险转移。

(二)对具体活动的控制

这是保证媒介员工能够按照媒介的预期进行活动的一种控制手段,常见的具体做法有三种:

行为限制:可制定员工行为规范或利用行政管理上的控制。

实行工作责任制:给出媒介允许的行为界限,让员工按照一定的规章制度工作;经常检查员工在实际工作中

---

① 甘华鸣主编:《经营战略》,中国国际广播出版社,2002年版,第178页

的行为,并根据所定的奖惩标准对职工行为进行奖励或惩罚。

事前审查:指员工工作完成前所作的审查,可以纠正潜在的有害行为。

(三)绩效控制

以媒介工作的成效为中心,通过绩效责任制来达到有效的控制。绩效控制系统一般要求有预期的绩效范围,根据绩效范围衡量社会效益和经济效益,根据效益情况对那些实现效益的人员给以奖励,对没有完成绩效的人给以惩罚。这种控制系统只有在职工充分认识到了它的好处时才会发挥最大的效应。

(四)人力控制

通过员工培训、改善工作分配来提高员工素质,发挥更大作用;通过加强上下级的沟通来增加内部凝聚力和协作能力。另外,还要通过提高员工积极性、提高待遇等来防止人才的流失。

媒介战略控制是一个动态的过程,这个过程表现为四个环节,即制定效益标准、监测环境、评价实际效益、反馈纠偏。这四个方面的活动有机互动地结合在一起,构成了一个比较完整的媒介战略控制过程。

制定效益标准。战略控制的第一个步骤就是根据战略目标和计划制定出应当实现的战略效益,并制定效益标准。这需要先评价出计划中能够成功的关键因素,以此来作为效益标准。媒介常用的衡量标准有收听收视率、投资收益率、市场占有率、成本、生产率等。

监测环境。媒介的效益标准是根据预期的战略目标制定的,但在具体的实施过程中,媒介的外部环境和内部条件又会发生一些变化,所以,这个阶段的主要任务就是监测环境的变化,判断和衡量有无实现效益标准的条件。一旦发现环境变化的信号,就要制订计划采取反应措施。当然,这种环境变化信号宜及早发现,而且对环境的监测也是贯穿整个战略实施过程的。

评价实际效益。在这个步骤里,媒介要将战略实施的实际结果与评价标准相比较,找出两者之间的差距,并尽量分析出形成差距的原因,看是否是在实际环境变化所允许的范围内。当然,评价实际效益时不但要与评价标准相比较,还要将自己的业绩同同类媒介相比较,以更加清醒地认识自己的优势与劣势。

反馈纠偏。评审之后,媒介应采取相应的措施。媒介一旦判断出外部环境的机会或威胁可能会对媒介造成影响,就要采取相应的纠正或补救措施。如果实际效益与效益标准出现很大偏差,就更应该及时采取纠正措施了。

三、控制方法

在媒介战略控制系统中有多种控制方法。从控制的时间来说,可分为事前控制、事后控制和过程控制;按照战略控制的着重点不同,可分为间接控制和直接控制;按照控制内容,重要的有财务控制、预算控制、审计控制。[1]

(一)事前控制、事后控制、过程控制

事前控制是指在战略实施之前,预测战略实施效果,并将其与既定的标准进行比较,发现可能的偏差,从而提前采取纠偏措施。因此,媒介管理者必须对预测因素进行分析和研究,主要因素有资金投入、外部环境和内部条件的变化、早期成果因素。

事后控制即在媒介战略实施之后,将战略活动的结果与控制标准相比较,从而明确战略控制的程序和标准,把日常的控制工作交给职能部门去做,定期将结果向高层领导汇报,然后由领导者决定是否采取纠偏行动。

过程控制即媒介高层领导者要控制媒介战略实施中关键性的过程或全过程,随时采取控制措施,纠正实施中产生的偏差,引导媒介按战略方向前进。这种控制方式主要是对关键性的战略措施进行随时控制。

---

[1] 邵培仁、陈兵:《媒介战略管理》,复旦大学出版社,2003年版,第311~317页

(二)间接控制和直接控制

间接控制是指依据媒介的目标计划,考核战略实施结果,然后追查造成偏差的原因及责任,再去纠正。由于间接控制是一种事后控制,即偏差发生之后才进行控制,所以控制成本大,效果不是很理想,而且造成偏差的原因复杂多样,对于不确定的因素或由于媒介实施人员的知识、能力的缺乏所造成的偏差,间接控制也无能为力。

直接控制则着重于培养媒介战略管理人员,通过选择、培训、完善评价与考核办法等等,来提高战略人员的素质,使之能够更加准确地实施战略,减少造成偏差的机会,从而使战略实施顺利进行、战略控制更加有效。

(三)财务控制、预算控制、审计控制

财务控制是指媒介对各种资金的运用进行计划、组织、协调、监督和分析等一系列管理工作的总称。财务控制贯穿于媒介战略实施的全过程,从中可以看到媒介战略管理的综合情况。媒介的财务控制包括三个方面:资金成本控制,指媒介筹措运用各种资金所付出的代价,不同性质和类型的资金,其成本和风险不同,媒介在筹措运用资金时要尽量合理安排,尽量降低使用成本和财务风险。资金结构控制,指在媒介筹集的资金中,利用股票或利润留存的方式和利用债券或借款方式所占的比例,债券筹资利息率一般低于支付股东的利息,媒介要使自身情况调整到最佳的资本结构。投资风险控制,媒介的多元化发展趋势使它们纷纷将资金投向新产品、新市场、其他的产业、股票等,以期获得更大的收益,但要注意对投资风险的控制。

预算是目前使用最为广泛的一种控制方法。它是一种用财务指标或数量指标表示的有关预期成果或要求的文件。预算的制定一方面基本上确定了如何在媒介内部各单位之间分配资源,另一方面对各种资源的使用也是一种控制。预算编制以后,媒介的财务或会计部门应该保有各项开支纪录,定期做出报表,表明预算、实际支出以

及两者之间的差额。报表送达特定的负责人手中,负责人分析偏差的原因并采取相应的纠错行动。

  审计是指对媒介的经济活动和有关项目进行审议评价并将结果告知有关方面的过程。从事审计的可以是两类人:一类是独立的审计人员或注册会计师,他们提供有偿服务,检查委托人的财务报表。另一类是媒介内的审计人员,他们主要评估战略方针是否被正确执行并保护媒介的资产,此外还经常评价媒介内各部门的经营效率和控制系统的效率。

第七章 节目主持人管理

为什么要加强节目主持人的管理？在媒体管理的诸多工作当中，为什么要特地对主持人的管理单独进行讨论呢？

首先，加强节目主持人的管理是主持人岗位的特殊性决定的。

主持人是广播电视媒体创作团队的重要组成部分，是广播电视机构中各类人力资源中最重要的资源之一，是广播电视传媒的形象代表和品牌代表。2006年11月，我们调查得知，在相当多的广播电台，从业者中绝大多数是主持人。比如海峡之声电台文艺频道共有12人，其中主持人11人；福建电台交通频率共有25人，其中主持人21人，其他各地的情况也大体相似。由此可见，主持人就是相关战略的主体实施者。在电视媒体当中，主持人占从业者的比例虽然不是最大的，但是所发挥的作用却是任何一个工种所无法比拟的。主持人在整个媒体的战略实施过程当中被管理好、使用好，对整个媒体发展战略最终实现将起到巨大的，甚至是决定性的作用。

播音主持工作传达的是党、政府和人民的声音，这种声音的传达已经形成了"喉舌"的定式。因此，加强节目主持人的管理也是广播电视媒体完成党的宣传任务，维护媒体形象的需要。广播电视最直观的形象就是播音员、主持人，就是播音主持工作。广播电视各个工种中，没有比播音主持工作更第一线的了。播音员、主持人是广播电台、电视台的直接代表者，受众听到看到的是播音员、主持人，广播电视媒体的兴衰荣辱都是通过播音员主持人的播音主持工作体现出来的。特别是对于正处于社会转型期的当代中国来说，广播电视节目主持人更成为在公共空间中具有广泛影响力的公众人物，而且这种影响力随着广播电视事业的发展和主持人队伍的成长壮大正在日益彰显。

其次，加强节目主持人的管理是广播电视媒体深化改革和生存发展的需要。

对于广播电视媒体来说，做好主持人的选拔、培养和使用工作，全面提高主持人的素养和技能，全面提高主持人队伍的管理水平,是一项非常重要的工作。提高管理水平不仅能提高媒体的经济效益、社会效益,更成为媒体树立品牌,扩大传媒影响力的有力举措。越来越多的业内人士认识到, 主持人必将成为广播电视一个重要的市场增长点。《新闻战线》杂志曾刊登一则信息,介绍美国地方电视台聘请新闻顾问为电视台"看病"、"下药"。顾问普里莫强调播音员主持人的作用时说,"每个因素相加等于10的话,那么主持人占其中的 8 个因素,其余总共等于 2。这就是付高薪给主持人的奥秘所在"。[1]

再次,加强节目主持人的管理是广播电视主持人个人事业发展的需要。

近年来,随着我国改革开放的不断深入,随着广播电视技术的飞速发展,媒体传播理念、运作理念的进步,以及媒体产业化、市场化的深入发展,我国广播电视行业也发生了很大变化,主持人队伍也出现了一些新情况,新问题,这些问题亟待引起有关部门和媒体的高度重视,否则将会严重影响和阻碍主持人的发展。

因此,改进和改革主持人管理,提高管理水平,已经被提到议事日程上来。

第一节 节目主持人管理的本质和原则

一、节目主持人管理的本质

管理的实质就是用人。管理者的核心就是吸引人、用好人、开发人、留住人。人才竞争的实质是人才制度的竞争,是人力资源开发和管理科学水平的竞争。可以说,中国当前面临的最大问题可能是人力资源管理问题,企业面临的最大挑战可能是如何用科学的人力资源管理制度来确保人力资本增值的问题。

节目主持人的管理,就是对主持人的选拔、培养、经营、维护进行有计划的、科学的控制和管理,即培养、塑造具有一定理论素养和专业素养、为广大人民群众所喜爱、在广大观众中具有一定号召力和影响力的节目主持人的

---

[1] 转引自王永亮、王永前:《外国媒体的受众意识》,www.zijin.net

过程。其目标是调动起主持人的积极性,并使主持人作为人力资本不断保值、增值,并能持续为媒介创造价值,进而形成良好的宣传效果。

现代人力资源管理改革是一种利益关系的调整,因此要调整好市场主体的利益关系,改革才能顺利进行。由于受长期的行政事业单位管理模式影响,中国的广播电视管理体制是高度计划的管理体制,特别是人事管理。因此,从计划体制下的人事管理转变到符合现代企业制度的先进的人力资源管理,既要破除不合时宜的旧观念,又要树立合乎形势的新理念。

在新闻资源的趋同化越来越明显的今天,媒体之间依靠什么进行竞争?除了新闻资源的整合与运用、特色栏目的设置、好的节目样式之外,打造名牌主持人已经成为媒介制胜的"核心竞争力"。从媒介管理的角度讲,主持人的管理不仅涉及媒体的人力资源,更要深入到媒体的整个宣传和经营管理当中去,将主持人纳入产品的核心价值中。

我国广播电视媒体"事业单位、企业管理"的特性,要求在主持人的管理问题上,政治理论和业务发展要"两手抓、两手都要硬"。主持人是一个职业,但作为党的宣传机构的一名工作人员,其工作内容不仅代表个人,更代表媒体甚至政府的形象。因此,不能忽视其理论素质和思想素质的管理。另一方面,主持人要形成影响力,要吸引受众,就要个性化发展,在业务上形成自己的风格。

广播电视媒体的竞争已经日趋激烈,面对数百个电视频道上千个电视节目,受众已有更多的选择。如何提高电视的收视率,已经不再是源于电视设备的先进与否,也不在于是中央或地方电视台的级别或规模的影响,它依赖于良好的节目创意和杰出的思想,即员工队伍的素质和水平状况。

二、主持人管理的理念更新

(一)确立主持人"社会化"的理念

人才社会化配置是市场经济发展的必然趋势。随着市场经济的发展，人事制度改革的不断深入，人才的地区、部门和单位所有制逐渐被取消，人才从原来的单位中解放出来，成为社会共同财富。人才可以在全社会范围内自由、合理、有序地流动；哪里能实现最大价值，人才就最终流向哪里。同时，节目制作社会化也决定了主持人的社会化配置。媒介市场的发展，使节目制作开始走向社会化，其必然结果是节目主持人也随之步上了社会化和市场化的道路。媒介要以新的思维和方式，尽快掌握在市场经济和全球化竞争中经营人才资本的能力。在这一过程中，要平衡好人才使用与人才流动的关系，要形成主持人的竞争机制，充分发挥现有人才的作用，留住人、用好人。同时，也要树立"大人才观"，鼓励流动。与此同时，要善于从社会方方面面挖掘主持人才，树立"不求所有，但求所用"的新观念，不断充实和更新主持人队伍。

(二)确立人才配置"市场化"的理念

人才资源市场化配置，就是通过市场实现人才与用人单位优化组合，促进人才效益的最大化，解放和发展生产力。媒体可以吸引各方人才，个人可以自由择业，单位和个人都有了选择的机会。不少媒体每年都开出了优厚的待遇在全国范围招聘主持人，就是对人才市场化的一种渴求。

(三)确立人才"身价"的理念

人才既然进入市场，就要尊重价值规律，体现人才的价格。人才的价值包括两个方面：一是初始价值；二是附加价值(价值的再发现)。所谓初始价值，就是相当于一个刚毕业的大学生，到单位后按同一标准领取的工资。所谓附加价值，就是以后随着他在工作岗位上不断发挥作用，不断取得业绩，而为其增加的工资，即价值的再发现。目前人才的附加价值体现得还不够充分。对人才有"价"认识不深，缺乏有效办法，是阻碍人才管理走向市场化的要害之一。当前体现主持人人才的特殊价值和地位，需要在增加人才附加价值上下功夫，以业绩论功过，根据创造的价值和做出的业绩给予奖励，做到一流人才，一流业绩，一流报酬。对在关键岗位上承担重任的主持人,要提高他们的收入水平,对业绩突出的要给予重奖,或提前晋职晋级。只有这样,才能把人才引得来、稳得住,使人才发挥出最大积极性、创造性。

(四)确立主持人资本化理念

主持人的价值可以用资本来量化。比如凤凰卫视的杨锦麟,他曾经是一个自由撰稿人,在香港《信报》上发表一些文章,有一些知名度。但是他做了《有报天天读》以后,立刻有了很高的知名度,这个节目 2004 年的广告已经达到 5 600 万。当然不能说这全是他的价值,因为他的节目还有其他人的劳动在里面,但至少是明星价值的一种表现。当然,主持人作为资产很难讲是属于无形资产还是有形资产。他可以是一种特殊的有形资产,因为有形资产的概念是看得见、摸得着的,他是一个人,并不是一种理念、一种文化,不能说是无形的。但是他又不是一个像固定资产一样的有形资产。从经济学的研究来看,人力资本投资是效益最佳的投资,是得到回报最好的投资。因此,有效开发人力资源,使其转变为人力资本是电视媒体实现持续发展的保证。

当前,媒体的产业化发展已进入关键阶段,人才建设方面却投入太少,这将制约媒体产业化的整体推进。应把人才资本引进和开发与技术资本、资金资本的引进和开发,进行捆绑式投入,走出"宁可花几千万、几百万购买装备,却不愿花几万元用于人才培养"的误区。尽管越来越多的人在实践中开始意识到,在好的主持人身上加大投资有时候比在节目上投资更省力、更便捷、更有效,因为一期期节目是单体的,而主持人是一贯的,对主持人的投资是一种长线投资,但实践中真正在主持人身上集中力量、下大功夫的实例还不多。因此,对于人力资本特征显著的播音员、主持人人才的管理,还要加强和加深人力资本观念,率先围绕人力资本展开人才引进、培养开发和无形资产的经营。

(五)确立用人机制竞争的理念

人才竞争的本质,是选人用人制度竞争,看谁的选人用人制度更有优越性,更能凝聚人、激励人,更能整合和盘活人才资源,更能发挥人的聪明才智,对优秀人才具有吸纳和聚积功能。有了好的制度,没有人才也能吸引来人才,反之,有了人才,也会很快流失。在用人制度上,除了解决工作生活条件,更应该强调为主持人提供发展机会;从机制上调动人才的积极性、创造性。媒体增强人才竞争力,必须加快人事制度改革步伐,采取更加灵活的政策和机制,敢于突破传统模式,在盘活现有人才存量、用好现有人才的同时,筑巢引凤,吸引更多优秀人才。在媒体发展的今天,主持人的作用越是突出,对主持人的争夺越是激烈,媒体越是要加快主持人人事制度和人才机制的管理创新,拥有竞争力的机制培养和获取有竞争力的主持人,再以主持人的竞争力提升媒体自身的竞争力。

三、主持人管理的原则

(一)统一化原则

由于机构膨胀,队伍庞大,特别是在频道专业化的进程中,各频道、各部门、各栏目的分立倾向客观存在,在播音员、主持人管理中出现政出多门、责权不清、配置混乱、资源浪费的状况不足为怪。统一化原则就是要建立统一的管理模式、准入制度、调配平台和监评网络。

在管理模式上,中央电视台采取了一个"领导小组"加一个"专家委员会"的办法,委员会发表专业意见,小组最后决策。北京电台采取的是"管委会"的办法,由总编辑亲自担任"管委会"的主任,明确以台编委会为决策机构,以播音部为实施行业管理的职能部门。上海文广新闻传媒集团成立了东方之星公司,把主持人和演员、歌星一起纳入了统一经营,统一的准入制度包含两方面内容:其一是岗位标准,其二是申报和批准的程序。目前,我国已经推出了播音员、主持人持证上岗,这就为主持人设置了一个准入的门槛。除此之外,各媒体机构在选用主持人的时候,统一把关也是必要的。制定统一的准入制度,在一定范围内实现公开、公平、公正,这既是体现机会均等,更重要的是保证水准。

播音员、主持人持证上岗是从宏观角度进行准入管理,在媒体的操作层面,更要注重统一管理统一运营。确立统一的培养、调配、包装平台应该是一种积极管理,是对播音员、主持人的主动经营。如2005年春节期间,中央电视台新闻频道播出了春节特别节目《故事会》,调用新闻频道内不同栏目的七位主持人轮番主持,使节目呈现出了不同的样态,不同的主持人,不同的语言风格,不同味道的故事。这就需要频道内进行统一的调配。与此同时我们也看到了管理的局限性,即如果有来自更多频道、更多类型的主持人参与节目制作的话,这档节目一定会更加丰富多彩。制定准入制度和确立调配平台是对过程的管理,而建构统一的监评网络,对播音员、主持人的工作进行全面的监督和评估,则是对结果的管理。

(二)品牌化原则

品牌化原则就是要打造节目主持人的个人品牌,就是通过打造名主持人来打造媒体品牌的过程,就是要将主持人纳入媒介产品——"节目"的核心价值的过程。作为核心价值,它具有价值性、不可模仿性、持久性、可转移性。主持人成为节目有机组成部分,是节目独特的资源,每个主持人就是一个品牌,这一品牌就对一定的受众群体具有号召力和影响力。

每个省级电视台一般都会有上百位节目主持人,但是,很少出现名主持。究其原因,主要有两点,一是我国媒体党和政府喉舌的定位,一度造成用政策控制个人的出名程度。计划经济时代有种观点认为,媒体作为党和国家的宣传工具,怎么能为个人名利服务呢?二是主持人往往都被符号化和模式化。主持人只是被作为节目的一个符号,按照一定的模式表达一些差不多的东西。虽然主持人天天在电视里出现,但是观众知道的只是主持人符号化的外表而已,观众肯定不会对平面化的符号感兴趣。观众感兴趣的是那些特别的、有故事的人。名牌主持人为媒体带来的效益是明显的,他可以强化媒体对观众的吸引力和影响力,可以有效地降低节目的制作风险,可以使节目在较短时间里成长起来,成为名牌节目。

(三)市场化原则

主持人资源是媒体产业发展中的稀缺性资源,为了实现主持人资源的有效配置,必须引入市场机制,发展和完善主持人人才市场,确立主持人的市场主体地位,建立主持人市场价格机制,制定相应的法律保障,成立市场中介组织,从而通过价格机制和市场交易的途径,在有序流动中,实现主持人资源的最优化配置。主持人的市场化包含两层意思。一是主持人的流动要实现市场化。二是要在市场当中,在个人价值实现上,取得公平公正的待遇。

广播电视传媒"事业单位,企业管理"的特殊性,造成了主持人既有事业单位管理,又有市场配置的混合特性。结果造成了同工不同酬,一样工作两样待遇的现象。比如,广电总局规定,在岗播音员、主持人不准参加广告和影视剧的拍摄,不准参加商业演出,不准客串其他台节目。这一规定在电视台正式播音员、主持人中得到了认真执行,但在外聘播音员、主持人中几乎形同虚设。对播音员、主持人应该分类管理:新闻播音员、主持人应遵守上述规定,对其他类型的播音员主持人应取消禁令,让电视台自有的播音员、主持人同社会上的播音员、主持人能够面对市场,在同一个平台竞争,否则,电视台的播音员、主持人队伍就只能萎缩。2002年,曹颖离开中央电视台实施个人突围就是一个例证。作为中央电视台的"当家花旦",曹颖并不是中央电视台的正式职工,她利用"临时工"的身份,非常密集地拍摄电视剧,主持、影、视、歌,甚至广告全面开花。面对在事业巅峰的曹颖,央视要求她正式加盟,也就意味着要么选择主持要么选择演戏。无奈之下,曹颖只得选择了离开自己喜爱的主持岗位。而在湖南卫视,李湘到处演出、拍剧集、拍广告,但未受到任何限制。其实,在不影响主持工作的前提下,主持人全面发展不仅是主持人个人事业的成功,对保持节目的收视率也有一定的贡献,这是个双赢的过程。

电视台自有播音员、主持人同社会上的播音员、主持人在薪酬上的差距越来越大。应当研究和试行"年薪制"等薪酬制度,以求同社会、同市场接轨。再者,播音员、主持人"零成本跳槽"现象已不再是新鲜事,研究和试行"签约制"也应当加快步伐。

走向市场是主持人事业不断发展、不断提高的重要保障。当然,放开并不意味着放弃管理,比如,上海文广新闻传媒集团就在尝试用经纪公司的方式实施管理,既包括项目审查,又包括经营洽谈,这既是对播音员、主持人的锻炼和推广,又可以形成一个新的经营模式,补充经费不足。

第二节 节目主持人管理的有效举措

2004年8月1日起,在各广播电视节目制作、播出机构从事广播电视编辑记者、播音员、主持人工作的人员必须通过资格认定,取得相应的执业证书方能上岗。这是国家广电总局为规范广播电视播音员、主持人执业资格管理,提高从业人员素质,加强广播电视队伍建设而实施的又一有效举措。

一、我国广播电视节目主持人逐步纳入规范化管理

广播电视是党和政府的喉舌,是重要的思想文化阵地。广播电视节目主持人的形象、气质、言谈、举止有着极其广泛的社会影响和不可低估的示范效应,直接关系到广播电视宣传舆论导向。广播电视行政部门一直高度重视主持人队伍的建设和管理。一方面,节目主持人作为广大广播电视从业人员的一分子,要遵守各项广播电视管理规定;另一方面,由于主持人工作性质的特殊性,为了提高从业人员的素质,提高准入门槛,规范从业行为,国家还专门针对播音员、主持人出台了一些规定。

1995年，原广电部就出台了《广播电影电视部关于广播电台、电视台外借播音员节目主持人的暂行规定》，规定播音员、节目主持人参加外单位的节目主持、录音、配音工作，一律由单位统一组织和管理，个人不得私自联系外借事宜；外借广播电台、电视台播音员、节目主持人不准从事盈利性活动的主持，不准从事歌厅、舞厅、酒吧和私人庆典活动的主持，不准做广告等。1997年，出台了《播音员主持人上岗暂行规定》，规定了普通话播音员、主持人的基本条件，资格的考核与取得以及资格管理。2000年，出台了《关于进一步加强播音员、主持人管理有关问题的通知》，要求建立健全播音员、主持人业务管理机构，加强对播音主持专业的岗位管理，完善播音员、主持人考核办法，重视播音主持人才的选拔和培养，加强播音主持理论建设，关心播音员、主持人的工作和生活。2001年12月，出台了总局10号令《播音员主持人持证上岗规定》，对县级以上广播电视播出机构专职普通话播音员、主持人员资格取得的基本条件、程序和资格管理作了相应规定。2004年6月，发布国家广电总局第26号令《广播电视编辑记者、播音员主持人资格管理暂行规定》，这是在总结上述有关规定的基础上制定的。26号令的出台，一个很重要的原因就是为了贯彻行政许可法和推进依法行政。行政许可法规定，提供公众服务并且直接关系公共利益的职业、行业，需要确定具备特殊信誉、特殊条件或者特殊技能等资格、资质的事项，可以设定行政许可；2004年6月29日，国务院发布了第412号令《国务院对确需保留的行政审批项目设定行政许可的决定》，其中规定由广电总局实施广播电视新闻采编、播音员、主持人资格认定许可项目。为保证许可项目依法、公开、公平、公正实施，按照行政许可法的要求，在26号令中比较全面地规定了播音员、主持人的资格考试、执业注册、权利与义务，明确规定了许可的条件、程序、期限等。

二、《广播电视编辑记者、播音员主持人资格管理暂行规定》的主要内容

《广播电视编辑记者、播音员主持人资格管理暂行规定》(以下简称26号令)共分五章三十条。明确规定：在依法设立的广播电视节目制作、播出机构连续从事采访、编辑、播音主持工作一年以上的人员，必须通过全国统一的广播电视编辑记者、播音员主持人资格考试，取得相应的资格考试合格证，并通过所在单位向省级广播电视行政部门申请注册，取得由国家广电总局统一制作核发的中华人民共和国广播电视编辑记者证或中华人民共和国播音员主持人证，方能上岗。这两个证书是广播电视编辑记者、播音员主持人的唯一执业凭证，在全国范围内有效，有效期为两年。未获得执业资格人员应当在持有相关执业证书的人员指导下从事实习等辅助性工作。广播电视编辑记者与播音员主持人资格考试原则上在每年上半年举行一次。资格考试实行全国统一大纲、统一命题、统一组织、统一标准制度。考试时间在受理报名前三个月向社会公告。凡是遵纪守法、坚持党的基本路线和方针政策、具有完全民事行为能力，具备大专以上学历人员(含高校应届毕业生)均可报名参加考试。已经在广播电视播出机构工作并取得记者证或播音员主持人上岗资格证书的人员，符合规定条件的，无须参加考试，本人提出申请后，可通过审核认定取得中华人民共和国广播电视编辑记者证或中华人民共和国播音员主持人证。26号令对播音员主持人的权利和义务也做出了明确规定。广播电视播音员主持人在执业活动中享有以下这些权利：(一) 以所在的制作、播出机构的名义从事广播电视节目采访编辑或播音主持工作，制作、播出机构应当提供完成工作所必需的物质条件；(二) 人身安全、人格尊严依法不受侵犯；(三) 参加继续教育和业务培训；(四) 指导实习人员从事采访编辑、播音主持工作；(五) 依法享有的其他权利。同时在执业活动中应当履行以下义务：(一) 遵守法律、法规、规章；(二) 尊重公民、法人和其他组织的合法权益；(三)

坚持正确的舆论导向;(四)恪守职业道德,坚持客观、真实、公正的原则;(五)严守工作纪律,服从所在机构的管理,认真履行岗位职责;(六)努力钻研业务,更新知识,不断提高政策理论水平和专业素养;(七)树立良好的公众形象和健康向上的精神风貌;(八)依法应当履行的其他义务。参加继续教育和培训,既是权利,又是义务,这是播音员、主持人不断提高业务水平的需要。特别引人关注的是26号令对主持人的道德提出了要求,职业道德、品行、声誉成为主持人上岗不可或缺的三大要素。广播电视是社会主义精神文明建设和先进文化传播的重要阵地,主持人作为公众人物,其一言一行对公众具有比普通群众大得多的辐射面和影响力,不少主持人还是青少年学习模仿的对象。很难想象,一个品行不端、丑闻缠身的主持人能具有良好的公信力,能有利于观众接受先进文化。因此,对主持人的道德方面提出一些基本要求,是其特定工作岗位的必然要求。26号令规定,因故意犯罪受过刑事处罚的和受过党纪政纪开除处分的,不能报名参加考试;违反职业纪律、违背职业道德,造成恶劣影响和品行不端、声誉较差的,注册机关不予办理注册手续,制作、播出机构应将责任人调离广播电视播音主持岗位;并规定广播电视播音员主持人在执业活动中应当履行树立良好的公众形象和健康向上的精神风貌等义务。播音员主持人持证上岗,代表着在宏观的主持人管理层面,已经开始走向规范化。26号令规定涉及的内容比较全面,涵盖了资格考试、证书发放、执业注册、从业权利义务等整个环节;另外,制度设计更加科学合理,将资格取得区分为资格考试和执业注册,符合执业资格管理的惯例,有利于实际工作中的监督管理,有利于促进播音员、主持人队伍素质不断提高。整体上看,程序清楚,要求明确,具有较强的可操作性。

三、国家对主持人素质、道德进行监管

2004年4月,国家广电总局发布《广播影视加强和改进未成年人思想道德建设的实施方案》,提出广播影视

要坚持使用标准普通话和规范的汉字，帮助引导未成年人学习掌握和规范使用标准普通话。广播影视节目要提倡语言美，倡导文明用语、规范用语，净化语言文字环境，不能使用粗话脏话；除特殊需要外，节目主持人必须使用普通话，不要以追求时尚为由，在普通话中夹杂外文，不要模仿港台语的表达方式和发音。这种要求是符合法律法规精神，也是为了纠正当前一些广播影视节目、主持人在语言文字运用方面存在的随意、不正确、不规范的现象。同时，实施方案强调要加强节目主持人队伍建设，提高主持人的综合素质。要坚决纠正节目主持人低俗媚俗现象。要求广播影视节目主持人在着装、发型、语言以及整体风格上，应该充分考虑全社会特别是未成年人的欣赏习惯、审美情趣，切实做到高雅、端庄、稳重、大方，不能因过分突出个人风格、个人品味而标新立异、哗众取宠，不能为追求所谓的"轰动效应"而迎合低级趣味。提出主持人不宜穿着过分暴露和样式怪异的服装；避免佩戴带有明显不良含义标识图案的服饰。主持人的发型不宜古怪夸张，不宜将头发染成五颜六色；不要模仿不雅的主持风格，也不要一味追求不符合广大观众特别是未成年人审美情趣的极端个性化的主持方式，更不要为迎合少数观众的猎奇心理、畸形心态而极尽夸张怪诞的言行与表情。可以说，这正是根据近年来节目主持中出现的一些不良倾向而提出的要求，有较强的针对性。

  2004年12月，为了加强队伍建设倡导良好的职业精神和职业道德，规范广播电视播音员主持人的职业行为，广电总局发布《中国广播电视播音员主持人职业道德准则》，准则共分责任、品格、形象、语言、廉洁和附则六个部分，对播音员主持人的职业行为作了详细的规范。准则着重强调广播电视播音员主持人作为有广泛社会影响的公众人物，应时刻保持谦虚谨慎，自觉追求德艺双馨；在工作和生活中保持良好的仪表和文明举止，自尊自爱，通过严格约束日常行为，树立良好形象，维护媒体公信力；规范使用语言文字，维护祖国语言文字的纯洁。准则还规定，播音员主持人不得将自己的名字、声音、形象用于任何带有商业目的的文章、图片及音像制品中。

这是我国首部播音员主持人的职业道德准则，内容详细、具体，进一步加强了对播音员主持人的管理。

第三节　节目主持人管理的新探索

一、主持人的人力资源管理——职业生涯规划

在建立和完善主持人市场配置与实行主持人人力资本运作的同时，媒体还应就主持人的日常管理和战略管理建立科学、规范、有效的主持人人力资源开发和管理系统。为了与媒体产业化发展和媒体人事制度改革相适应，主持人的管理也应当从传统的人事管理及时地转向现代人力资源管理与开发，只有这样才能与主持人配置的市场化和主持人人力资本的运作相配合。下面就主持人职业所表现出的明显的阶段性，讨论一下主持人职业生涯及主持人职业管理问题。

所谓职业生涯，也叫做职业发展，就是一个人从参加工作开始的一生中，以心理开发、生理开发、智力开发、技能开发、伦理开发等潜能开发为基础，以工作内容的确定和变化、工作业绩的评价、工资待遇、职称职务的变动为标志，以满足需求为目标的工作经历和内心体验的经历。职业生涯管理或职业管理则有个人和企业两个层次。对企业来说，职业管理就是为了不断增长员工的满意度，促进其成长和发展并使其能与企业的发展和需要统一起来，而制订计划并使其实现，以实现双赢的过程。职业管理是现代人力资源管理区别于传统人事管理的主要区别，是"以人为本"的思想在管理活动中的主要体现。

毋庸置疑，21世纪之初，中国广播电视主持人职业生涯陡显波澜，媒体和主持人个人对主持人职业生涯的忧虑也到了空前的境况。大量出现的主持人跳槽现象，就说明这一趋势愈演愈烈。依据中国广播电视主持人的具体情况，主持人职业管理可以针对主持人职业生涯的五个阶段来展开。

(一)前期

这是主持人人才进入业内之前的阶段,约三年左右。媒体这时要善于根据媒体市场的需要,引导主持人专业培养的方式,协调数量,通过一系列有效途径发现主持人潜在人才。

(二)尝试期

这是主持人职业生涯的探索和选择阶段,是一个开端时期。主持人大多从零开始,老老实实当学生,如饥似渴学知识,风风火火干工作。因为节目主持是一项创造性很强的工作,知识必须十分灵活地透过复杂的传播环节展示给受众,主持人常常是喜悦、焦虑夹杂着阵痛。媒体则应加强培训投入,鼓励主持人在"干"中学,恰当地给予激励和批评。

(三)成长期

这是主持人职业生涯的二次选择与攀登阶段。主持人此时基本适应了职业环境,媒体也开始授予比较重要的任务,然而在羽翼渐丰、雏鹰展翅的时期,常常会遭遇职业陷阱,或是误入与职业性不吻合的区域,或是成为媒体利益的牺牲品。媒体此时应加强与主持人的信任关系,适时走明星策略,同时可以在主持人的流动中优化主持人队伍。

(四)拓展期

这是主持人职业生涯的延展与超越阶段。主持人在业务成熟的基础上,开始实现自我,并寻求新的发展空间,但后起之秀蓬勃而起,竞争压力不言而喻。主持人的进退、转换成为人们关注的焦点。媒体要严格把握此阶段究竟属于下滑期还是黄金期。但不论如何,此时都是一个可以开发主持人"无形资产",收获媒体对主持人的人力投资的时期。

(五)动荡期

动荡期可以发生在成长期、拓展期甚至尝试期初期。主持人开始走出台内栏目,走向台外、城外,甚至国外。这种新的选择对主持人充满诱惑,拓展期的主持人会有很大的冲动,尝试期的主持人也会产生非分之想。这个阶段时间可以是几个月,可以是七八年,主持人都希望在实现流动中自我增值。媒体就应及时平息主持人的思想波动,安排有序可行的流动机制,最大限度地缩短动荡期,减少主持人资源的浪费和内耗。

二、主持人的人力资源的运营——"主持人中心制"

(一)"主持人中心制"的由来

"主持人中心制"是相对于编辑中心制、制作人中心制而言的。通常来讲,"主持人中心制"是指主持人对整个节目负责,不仅要参与组织节目,而且对节目有决定权。在主持人周围必须有一个精干的制作群体,作为智囊团帮助主持人完成节目生产进程中的各项工作。"主持人中心制"的出现与新闻深度报道、新闻直播密切相关,最早出现在美国。1968年,哥伦比亚广播公司(CBS)创办以调查性报道为主的电视新闻杂志《60分钟》,沃尔特·克朗凯特担任主持人,由于具有在报纸和通讯社工作的经历,克朗凯特对重大新闻事件的把握能力和对重要新闻场合的控制能力极为出色,他要求的"编辑主管"的职务和实际权力得到上司的支持。自克朗凯特开始,晚间新闻的播音员成为"新闻主持人",他们对新闻报道选题和制作过程的参与程度和决策作用越来越大,这就是"主持人中心制"。"主持人中心制"出现在新闻杂志性节目并非偶然,这是由其播出内容与方式的特殊性决定的。美国广播电视新闻节目,首播多数均为直播,主持人在直播过程中播报新闻,连线一线记者询问新闻现场情况(或者切入记者现场报道)。在体现快的同时还要表现出深的一面,节目要对今天或最近发生的新闻事实进行深度报道、背景报道、分析报道,这样保证了每天的新闻既有普遍的新闻信息的传达,又有重点新闻信息的深度加工,形成和引导了舆论与公民的议程。这样的新闻杂志节目体现了电台、电视台的综合能力,它要求主持人表现出丰富的知识积累、快速的反应能力、准确的价值判断能力、良好的人际沟通能力,同时有权进行节目内容的取舍。这些能力,一方面需要主持人自身的积累,同时,更需要一个团队对其加以"包装"、"补血",围绕其开展各种幕后工作,为打造日臻完善的直播新闻节目服务。

在国内,播音员主持人在各类新闻节目中的作用却不尽相同,差别很大。独立主持人独立承担整个节目采、编、播各个环节的工作,几乎是节目的唯一制作人,如敬一丹主持的《一丹话题》;单一主持人"主要或只从事话筒前的再创作——播音工作",如目前大多数的新闻播音员;参与型主持人"参与节目的采、编、播、控各个环节的工作",主持人与编辑是平等合作的关系;主导型主持人,是节目的指导者和领导人,"实际上是个在话筒前或荧屏前露面的主编",如中央电视台的毕福剑,曾经主持《东视广角》的姜澜等。

近年来,内地一些电视台开始推出以主持人为中心的新闻节目,"主持人中心制"初露端倪。如中央电视台的《实话实说》(崔永元主持时期)、《面对面》(王志主持)、《中国周刊》(白岩松主持)、《高端访问》(水均益主持)、上海东方卫视的《东方夜谭》(刘仪伟主持)。

(二)"主持人中心制"的实质及特点

主持人中心制的实质就是主持人摆脱了符号化和模式化,主持人个人成为节目的内容独特要素,进入了媒介产品"节目"的核心价值,成为主持人节目的组成的核心要素。这是节目人格化的表现。麦克卢汉说"媒介即信息",对于成熟的个性化的主持人节目而言,"节目即主持人,主持人即节目。"节目主持人成为广播电视节目中不可复制的独特的内容元素。主持人不再是节目的一个包装,不再仅仅是节目内容的传达者和传播者,而是作为节目内容之一。比如说,崔永元主持《实话实说》,崔永元已经成为节目风格的代表,一旦换人主持之后虽然这个节目名称没有变,但是,节目的风格,节目所吸引的受众已经发生了很大的变化。于是有人便将之戏称为崔永元版《实话实说》、和晶版《实话实说》、阿忆版《实话实说》。广播电视的本位是节目,而对于主持人节目来说,节目的本位就是主持人。广播电视节目的种类有很多,并不是每种节目都适用"主持人中心制",主持人中心制主要是应用于主持人节目。而且,这种中心制应该是"主持人内容中心制"而不是"主持人行政中心制"。一些媒体管理者认为,实行主持人中心制,就是让主持人担任制作人或者部主任,让他们拥有行政管理权力。实际上,一旦主持人负担过多的行政管理事务,部门的吃喝拉撒无所不管,"主持人中心制"就变得形同虚设,主持人无力全身心投入节目当中。对于这一点,中央台主持人白岩松就有深刻的体会。2001年,白岩松在《时空连线》做制片人兼主持人,结果是从制定员工工资单到协调同事关系都要操心,牵扯了很多精力。后来,他不得不辞去了制片人的职务,用更多时间来做节目。主持人中心制绝不是只是让主持人当制片人,真正的主持人中心制应该是掌握节目方向的灵魂,而不是行政的管理者。

"主持人中心制"所具有的优势是非常明显的,主要表现在以下三个方面。

"主持人中心制"有利于直播节目的顺利安全播出。新闻直播越来越成为常态,特别是对于广播节目来讲,事中控制至关重要,直播中需要主持人有对节目的处置权,随时根据情况调整播出内容。

"主持人中心制"有利于打造节目品牌。主持人是节目的代言人,也是媒体的代言人,其素质的高低直接影响着节目的质量,影响着听众对电台的信任度。在国外,成功的电视节目往往长期由一位资深的主持人主持。比如沃尔特·克朗凯特、丹·拉瑟主持《晚间新闻》和麦克·华莱士主持《60分钟》都有数十年的时间。著名的脱口秀主持人奥普拉以她的名字命名的谈话节目更是长盛不衰。

"主持人中心制"有利于解决节目组权力分散、决策冲突的情况,有利于团队建设。建立"主持人中心制",主持人是节目的把关人,围绕这一核心确立直播过程中单一的决策者,主持人成为实际上的节目主编,对节目的处置,对编辑、记者的调度是职责范围之内的事情。"主持人中心制"可以很好地解决权力分散造成的多头管理、多头决策的问题,避免节目运行中主持人"事事参与、事事请示"的矛盾,从而有利于营造节目组和谐有序的工作环境,团队更富于效率和战斗力。

三、主持人的绩效管理的尝试——平衡计分卡

目前我国的广播电视媒体中所使用的管理机制,一方面大多关注的是过往的绩效评价,也即"滞后指标",它只能提供以往经营或工作的结果,而不能有效预测未来的绩效。同时,这样的指标也往往只反映外部评价的结果,而不能显示内部运作是否有效。另一方面,现今的主持人管理机制往往相对单一,比方说只看重节目收听收视率,或者只看重广告投放量,而对其他方面关注则较少。

国内有些学者已经开始探讨将国际流行的管理工具引入主持人的管理。比如平衡计分卡。平衡计分卡是一套相对全面的管理系统,它包括了主持人管理领域的方方面面,例如对于宣传宗旨、媒体定位的有效贯彻,对于受众的占有率指标、广告投放量、节目运作具体流程,以及主持人个人生涯规划与媒体战略的统一等等。从长远的角度以及在媒体战略实现的高度来看,以平衡计分卡来对主持人进行全方位的管理和培养具有一定的可行性。

(一)何谓平衡计分卡

平衡计分卡(The Balance Scorecard,简称 BSC)是由美国哈佛商学院的领导力开发课程教授罗伯特·卡普兰和复兴全球战略集团创始人兼总裁大卫·诺顿对在绩效测评方面处于领先地位的 12 家公司进行为期一年的研究后,发明的一种绩效管理模式,后来在实践中扩展为一

种战略管理工具。它诞生于1993年,目前,它已经是世界上最流行的管理工具之一。世界500强企业中约70%正在实施平衡计分卡系统,世界最大的300家银行中约有200家也正在使用平衡计分卡,而且其应用领域正在逐步扩大到越来越多的政府机构、非盈利机构和社会团体等。

平衡计分卡是把企业或组织的使命和战略转化为一套全方位的运作目标和绩效指标,其最大的特点在于"平衡",它从四个角度:财务、客户、流程和学习成长来帮助管理层对所有具有战略重要性的领域做全方位的思考,它不仅考量已取得的绩效,同时也关注未来的发展。它是一个核心的战略执行工具,将企业或组织的远景、使命和战略转化为具体可执行的指标和行动;它也是一种先进的绩效衡量工具,通过可量化的指标对员工绩效进行衡量,确保战略执行;同时它还是一种有效的沟通工具。它的核心目标在于组织战略的有效贯彻。

(二) 平衡计分卡运用于主持人管理的具体维度设计

平衡计分卡在具体运作过程中往往针对的是一个部门,或一个工种,最终指标分解才细化到个人。对平衡计分卡进行的具体维度设计针对的是主持人整体,而非个体的管理。主持人是以节目作为产品为受众服务的,所以平衡计分卡用于主持人管理应以客户(受众)角度为中心,侧重学习成长角度进行设计。具体的设计指标包括:

客户角度:以客户为核心设计平衡计分卡应包括五个方面的内容,即市场占有率、客户的获得、客户的保持、客户满意度以及客户获利能力。这五个方面应该说包括了主持人管理在受众方面应予要求的所有内容。在这当中,受众获利能力应当是最终追求的目标,也是五个方面当中的超前指标,能够对未来发展产生关键作用。主持人管理领域的受众角度的具体指标设计应当包括:市场份额、受众满意度、受众忠诚度、平均受众保持期、受众数量、受众流失率、受众保持率、受众获得率、目标受众花费的时间、品牌认知度、收视频率、受众获利性等。这些指标大多是围绕节目展开的，这是因为主持人为受众奉献的核心产品就是节目。这里的主持人仅指真正处于节目核心位置的主持人，那些只是以主持人面目出现的播音员或报幕员不在此列。另外，受众角度对于主持人的管理内容既包括过往绩效的评价，同时也要求主持人自觉关注未来发展。以上任何一个指标都既是主持人工作的成绩评定，也是主持人在节目运作过程中必须时刻加以关注的。例如主持人应当努力在节目中为受众传递受众最想知道和最想感受到的有效信息，应当努力使节目常做常新，保持受众的收听率，同时不断提升节目质量，以吸引更多的新受众等等。

学习成长角度：主持人要有契合媒体发展的知识结构，要能够将掌握的知识转化成为媒体的知识，从而形成最终的核心竞争力。把主持人作为一个整体加以考量，平衡计分卡在学习成长角度有很多关注指标：参与学术组织主持人人数、平均服务年限、高学历主持人百分比、具有多种技能主持人数量、主持人提出建议数、主持人满意度、主持人增加值、激励指标、激励一致性、工作环境质量、健康促进、内部沟通评级、受培训时间、第三人传授、能力覆盖比率、个人目标实现、生涯规划、绩效评估的及时完成等。平衡计分卡对于学习成长角度关注的指标相当庞杂，不仅仅关注主持人知识结构等方面，还从更广的范围(如健康、工作环境等)和更深远的角度(如生涯规划、目标实现等) 对主持人的成长与媒体战略保持一致加以考量。在这样的背景下，主持人的学习成长就纳入了媒体成长的统一架构当中。

"财务"角度：平衡计分卡的财务维度实际上观照的是如何满足股东需求这一根本性的问题。之所以加引号是因为在广播电视行业中这一点就应当是如何满足或完成党和政府的喉舌这一根本任务，同时保证国有资产的保值增值，而并非企业中的财务收支指标。这方面的具体指标应当包括:媒体定位的认识和把握、宣传方向的认识和把握、宣传口径的认识和把握、盈利能力、广告投放量、增值服务收益等。实际上,主持人管理领域中的"财务"角度指标关注的是社会效益和经济效益的同步增长。主持人工作过程当中,既通过节目产品为广大民众提供健康的精神食粮,也为媒体产生相应的经济收益。可以说,这个指标是目前媒体在主持人管理中采用较多的内容,而且也是主持人管理中相当重要的部分。

内部流程角度:内部流程角度关注的是组织内部运作方面的内容,其目的是保证整体工作有序进行,通俗地讲,它就是一整套内部的规章制度。就媒体而言,我们所熟知的审稿制度、节目录制时间制度、直播制度等都属于此列。目前各台对于主持人在工作流程中的内部管理有着相对完整的规定,但是还要考虑一些指标,比如:节目平均费用、研发费用、创新比例、对受众要求的反应时间、缺陷率、服务承诺、计划的正确性、新节目推出时间、超前用户的识别、其他媒体正面宣传的数量等。内部流程管理所涉及的内容不仅仅是按时审稿、按时直播等细节,它也包括了媒体内部成本核算、资金流向等方面对于主持人的保证和倾斜,还包括工作计划、主持人创新等着眼于未来发展的指标。平衡计分卡对于主持人管理的全面性由此可见一斑。

以上阐述了在主持人管理领域使用的平衡计分卡的基本维度设计,其中所列的指标往往是大的方面,都需要进一步细化才具备可操作性。而且平衡计分卡最终是以分值作指标,以图表的形式出现的,这里只是做一个简要介绍。目前已经有开发相对成熟的 e-BSC 计算机执行系统,只需要确定具体指标便可用于操作。需要说明的是,现在广播电视的分众化设计越来越细致,各频率频道的媒体定位越来越清晰,所以在主持人管理方面的以上指标当中很多已经具备较细的基本定位,可以使用这个系统为主持人管理服务。

四、主持人品牌的打造——"明星主持人"

随着入世后媒介市场的逐渐开放,中国电视业全面竞争的时代已经来临。中国电视媒体开始从生产时代向营销时代迈进。由此,电视也全面进入了品牌时代。在这种情况下,塑造名牌主持人,进行电视品牌经营已经成为提升媒体形象、增强竞争力的重大策略。品牌新闻类节目意味着高收视率、高回报率和高品质的媒体形象,它不仅是电视台的立台之本,更是参与市场竞争的最有效的武器。明星电视节目主持人是品牌栏目的重要组成部分,其作用举足轻重。而明星电视节目主持人本身就具有巨大的品牌价值,更可以成为一个电视台的标志,通过明星电视节目主持人的知名度打造新的品牌栏目也已成为不少电视台的经营之道。1996年成立的凤凰卫视,仅用了八年时间便成长为中国最具影响力的媒体之一,有不少成功经验值得借鉴。其中重要一条就是明星主持策略。凤凰卫视行政总裁刘长乐说,凤凰的一个重要策略就是大力树立名牌主持人,"我们不怕他们出名,我们就是要全力让主持人出名。这是树立凤凰品牌的重要策略,也是凤凰开拓市场的重要策略。"凤凰卫视成立之初就致力于打造自己的明星主持人品牌。这些品牌与观众结下了深厚联系,主持人就是凤凰的"名片",是观众认同凤凰的直接对象。吴小莉、陈鲁豫、许戈辉、刘海若、谢亚芳、曾子墨、闾丘露薇、陈晓楠、孟广美、李辉等元老,以及后来的一批新锐群星,从吴小莉被朱总理点名之后,不断地被推出,被包装,逐渐走红,在如今华语电视并不狭小的范围内,凤凰卫视主持人的风头达到了巅峰。可以说,凤凰卫视的品牌效应,很大程度上是靠"明星效应"支撑起来的。对于明星电视节目主持人的品牌塑造众说纷纭,要探寻明星电视节目主持人的品牌塑造之路,首先必须了解明星电视节目主持人的品牌特征,唯此才能对症下药,有的放矢。

(一)明星电视节目主持人的品牌概说

何谓品牌?在商业领域对品牌这一概念的阐述有很

多,比如符号说、手段说、关系说等。美国市场营销协会的定义就是符号说的权威定义:"作为一种市场概念,品牌是指打算用来识别一个或一群卖主的货物或劳务的名称、名词、符号、象征或设计,或其组合,并打算用来区别一个或一群卖主和其竞争者。"事实上,透过外在的名称、包装、形式符号等因素,从本质上讲,品牌是一种关系,而不是一种声明。"品牌化"的关系是一种特殊类型的关系——只有两个人相信他们的价值体系存在直接联系时,这种信任的关系才会出现。所以,在讨论个人品牌的树立时,我们更倾向于采用关系说:品牌是买主或潜在的买主所拥有的一种印象或情感,描述了与某组织做生意或者消费其产品或服务时的一种相关体验。将品牌的概念放在节目主持人的角度去考虑,即电视节目主持人品牌是电视观众对电视节目主持人所持有的一种印象或情感,描述了主持人与电视观众建立传者和受者的传受关系时的全部体验。每个节目主持人都拥有一个品牌,并通过其在节目中的活动表现出来。主持人的品牌形象就是存在于观众头脑中的印象。在不断收看这位主持人的电视节目的过程中,这种印象就会演化并加深,品牌关系就会形成。主持人品牌取得成功和失败的关键因素,都取决于关系的深度和广度。品牌化的关系是一种特殊的关系——在某种程度上说,是最忠诚的一种关系。

(二)明星电视节目主持人的品牌内涵

明星电视节目主持人的品牌研究是品牌学研究的一部分。从不同角度透视,品牌有不同的类型。可以按所有者、品牌用途、属性、影响范围、影响力来划分。在社会领域中,品牌由不同个体创造,自然也就有不同的所有者。在经济领域有:制造商品牌、经销商品牌、零售商品牌、服务业品牌。在社会领域有:经济品牌、政府品牌、单位品牌、个人品牌。而主持人品牌应该属于单位品牌和个人品牌相结合的产物。它既属于主持人个人所有,又有单位参与整个创建过程,有时单位参与甚至成为主导。节目主持人的品牌具有一定的共性和个性。节目主持人品牌作为个人品牌，其唯一性是指每个主持人所创建的品牌不同，所具有的形象、内涵都有很大差别，但是，作为一项职业，主持人品牌的创立又势必会有相同的途径以及有其强烈的共同特征。我们所要研究的就是这些共性的特征。节目主持人品牌具有文化和商业双重属性。这是因为品牌一旦形成，它的价值和内涵首先是人文因素的，是个人的成长，个人形象的完善，以及个人与社会环境建立起和谐稳定的关系。但是，同时主持人品牌又有商业属性，因为，它能直接为媒体赢得众多消费者（观众），带来巨大的利润。品牌资产需要个人与媒体共同投资，当然，受益也是双方的。主持人品牌是主持人在观众心目中的印象，是在不断的观看电视节目过程中通过认知、体验、信任，进而形成感情，从而产生的一种期待。这种期待源于主持人能为观众提供多少观众看重的价值。比如，当观众收看崔永元主持的《实话实说》节目的时候，会有一种印象：这是一个看起来比较轻松而又有一定内涵的节目，主持人崔永元是一个很幽默的人。并由此产生了一种期待，希望在下次节目中再次看到主持人崔永元让人捧腹大笑的幽默场面。幽默只是观众对崔永元的一种印象，而不是指他的哪一句话，哪一个动作，或者哪一期节目。品牌关系的核心是感情因素。当人们想到"品牌"时，首先在大脑中反映的是什么呢？颜色？形状？价格？或许是，或许不是。其实，在更多的时候很可能想到的是：是否信任它们，喜欢它们，是否记得它们。同样，提起某个主持人，观众首先反映出的可能是他（她）的相貌、声音、性格，但是更多可能是是否见过他（她），喜欢或者不喜欢。在生活中和在工作中是一样的，最有价值和影响力的关系往往是正面感情占主导地位的那些关系。真正优秀的品牌能够激起人们巨大的感情波澜，拥有影响观众的真正的力量。现在有些电视台为了提高收视率，采用了一些具有"审丑价值"的主持人，固然这样的主持人能为节目带来笑声，但是这些主持人很难产生影响观众的力量。品牌只有在恰当环境中，才能体现出其自身的价值。这首先是指节目环境，第二是指受众环境。主持人只有在适当的节目中才能体现其自身价值。就像北京大学是名牌学府,但是对于一个只有3岁的孩子,到这里来学习显然是不合适的,因为他需要的是幼儿园而不是大学。节目主持人的环境就是节目。崔永元是优秀的主持人,但是要把他放到《新闻联播》或者《东方时空》里,他可能就根本不能称为主持人了。另外,明星主持人的定位,就带有分众化的含义,主持人品牌只能期望去吸引属于自己的目标观众群。价值观的多维化,人生观的多元化,审美观的复杂化,决定着主持人大众情人的时代已经过去了,现在已经进入到了一个分众化的时代。主持人品牌不要试图去吸引每个观众。节目主持人的品牌一旦形成就会具有继续存在下去的惯性。主持人的品牌反映的是在电视观众头脑中的印象或情感。从这一角度讲,印象就是现实。一旦品牌树立,主持人本人如何往往反而不是最重要,重要的是电视观众会怎样看、怎样想。

  主持人的品牌就像商品的品牌一样,基于电视观众头脑中的印象和情感存在。这种印象或情感一旦确定下来,就会形成存在下去的巨大惯性,这种惯性使主持人和受众之间的关系具有弹性。当观众打开电视时,观众会不自觉地收看某一主持人的节目。当某一期节目,主持人表现失常没有做好时,主持人的个人品牌,会帮助观众提升对主持人的信心,把这次节目看成是疏忽或失常,而不会从此转换频道,收看其他主持人的同类节目。而当主持人的表现超出了观众的期望,品牌关系就会变得更加牢固和持久。在这种情形之下,真正起作用的是观众做出的价值判断,它将会对主持人的行为起放大作用,同时能够深化和加强已有的品牌关系。节目主持人建立起个人品牌不是一蹴而就的事。品牌的力量是在一次次的节目中,反复凸现给观众的印象。个人品牌是品牌学研究中重要的一个分支。随着社会主义市场经济的不断完善,不论是在工作上还是生活上,越来越多的人开始为自己打上品牌的烙印,树立起个人品牌,形成自己在职场上无法复制的独特优势。把商业领域的品牌研究引入明星电视节目主持人研究，开拓了节目主持人研究的新领域，同时也为电视节目主持人的自我成长、自我培育提供一个新的视野和途径。

挑战与机遇同在，危机和希望共存。虽然目前我国的节目主持人的管理面临着严峻的考验，存在诸多的问题，但其管理机制已经形成，并在实践中不断完善，而且还出现了一系列的管理方法上的创新，这些都使我们有信心、有理由相信：中国节目主持人的管理必将"守得云开见月明"！

第八章 媒介集团化管理

媒介集团已经成为世界信息化革命的主力军。据统计,全球50家大型媒介集团占据了当今世界上95%的媒介产业市场。自20世纪90年代中期以来,美国、西欧各国纷纷修改媒介法和电信法,推动媒介产业与电信产业的重组融合,全球范围内的媒介集团购并、重组风起云涌。1996年,时代华纳(Time Warner)以460亿美元的价格将TBS包括CNN并入时代华纳通信公司,从而产生了一家销售额达230亿美元的巨型媒介集团。1999年,维亚康姆(Viacom)以460亿美元购入美国三大电视网之一的美国哥伦比亚广播公司(CBS),生成了一家年销售额近230亿美元的公司。仅仅几个月之后,2000年1月,美国在线(AOL)与时代华纳宣布合并,成为历史上最大的收购案。合并后新公司美国在线时代华纳公司的资产总值达到3 500亿美元,业务范围包括通过各种传播渠道向全世界提供信息、娱乐和通信服务。[1]

随着经济全球化趋势的不断加强,传媒产业已成为未来经济发展的一个制高点。顺应世界媒介集团化发展的潮流,应对国外媒介集团的挑战,参与国际新闻信息领域的激烈竞争,从而做大做强中国传媒产业是中国组建大型媒介集团的战略背景。经过二十多年的蓬勃发展,我国传媒业调整发展战略,以恢宏的气势做大做强,拉开了组建媒介集团战略的序幕。

1996年5月29日,广州日报报业集团的建立,标志着我国媒介产业开始步入媒介集团化阶段。2000年,我国第一家省级广播电视集团——湖南广播电视集团成立,这在我国广播电视发展史上具有重要的历史意义。2002年1月25日,首家期刊集团——家庭期刊集团在广州诞生,标志着我国期刊业开始走向规模竞争。据统计,截至2005年,由中央宣传部及中央政府传媒管理部门批准的媒介集团就达到88家,其中报业集团41家,广电集团18家,电影集团6家,出版集团14家,发行集团8家,加上上述地方政府自行组建的媒介集团,我国媒介集团至少达到120家以上,实现了对所在行政区域市场的分割与垄断。[2]

---

[1] 史坦国际:《中国传媒资本市场运营》,南方日报出版社,2003年版,第127页
[2] 凌承业,赵丽新:《我国行政主导的媒介产业集团化现象与问题的研究》,《经济与管理研究》,2006年第6期

面对挑战与机遇,中国媒介集团发展不仅是量的规模扩张,更应追求质的飞跃提升。集团是市场竞争日趋激烈的产物,是社会化大生产新的组织形式。中国传媒业应通过优化整合、规模竞争,走集约化、市场化经营管理之路。因此,按照现代企业集团化管理的要求,我国媒介集团化的管理方式、经营理念、资源配置、组织方式等亟需得到革新和完善。

第一节 媒介集团化管理的思路与策略

一、媒介集团化的概念

如今,媒介集团已经成为国际传媒领域的活跃力量,成为我国国民经济的重要支柱。媒介集团是以一个或若干个媒介为核心,通过协作、联合、兼并等方式,把具有生产技术经济联系的各个独立的法人单位,以资产联结和契约合同为纽带而建立起来的一种大规模、多种形式、多层次结构的企业法人联合的组织形态。

媒介集团化,指的是媒介由于业务发展、市场扩张或出于竞争的需要,通过新建、资产兼并、股权运作或相关协议等方式,由单一经营方式向群体经营方式转化的过程。中国媒介的集团化也是一个动态的发展过程。在这个过程中,传媒业的组织方式、经营方式、管理方式和资源配置方式逐步进行着适应市场经济环境和产业特点的调整,强化了中国传媒业的经济功能和服务功能,提升了中国传媒业与境外传媒业抗争的能力。①

现代企业制度的基本特征是:产权清晰、责权明确、政企分开、管理科学。对于媒介集团而言,即使拥有明晰的产权属性与制度设计,但如果管理混乱、战略不明、绩效低下、组织矛盾重重,也很难适应现代传媒业复杂而多变的竞争环境和受众需求。因此媒介集团的现代化和科学规范化管理已经成为现代媒介的迫切需要。媒介集团化管理的要义就是在市场经济的背景下,媒介要在市场

① 冉华、梅明丽:《中国传媒集团化发展的历史检讨》,《江西社会科学》,2005年第5期

中求得生存和发展，必须以集团化的形式运用一系列管理方法和手段，实现资源优化配置和竞争力提升，形成有法人、有产权、多功能的规模化经营方式。

二、媒介集团化管理的思路与策略

南方报业传媒集团前董事长范以锦认为，报业集团化发展有几个阶段，分别是机关报报办集团的初级阶段，报业集团集团办报的中级阶段，传媒集团报刊产业化战略运营的高级阶段。推动报业集团化从初级阶段向高级阶段发展，集团就必须为所属媒体的成长和发展创造更大价值。[1]随着媒介集团化的不断发展，媒介集团化的优势已经不断显现。为了在日益激烈的竞争环境中求得生存，获取更大的发展空间，媒介产业的发展必须强强联合，走规模经济递增的道路。

(一)规模经济

媒介集团化的优势之一是实现规模经济。著名经济学家N.格里高利·曼昆(N. Gregory Mankiw)认为，经济组织达到一定规模后，可使"边际成本"下降而"边际成本收益"递增，从而形成规模经济。对于传媒业而言，以价值创造为核心，通过集团化可以更好打造和适度延伸一体化的配套产业价值链，在媒介产品创意、制作、营销、传输、接收和广告等多项价值活动中，发挥集团的整体优势和议价能力，降低产业价值链价值活动的交易成本，提高业务的集中度。

以媒介集团的广告经营为例，由于媒介集团是跨媒体、跨地域和跨行业的产物，集团可以对广告主进行捆绑销售，吸引广告主在集团内的各个媒体组合投放广告，形成一定的垄断性和排他性，这对于广告主而言可以买到更便宜的广告时间，对于媒介集团来说，可以获得更多的广告收入。此外，由于媒介集团拥有多家子媒体，因而比分散的独立经营更具比较优势，减少创意、采编、印刷、传输和经营等过程中的各种交易成本，提高媒介集团内部价值链的一体化程度。

[1] 范以锦：《为子媒体的成长发展创造更大价值》，《青年记者》，2006年第2期，第8页

(二)成本领先

1991年诺贝尔经济学奖获得者、新制度经济学家科斯(Coase,R.H.,1976),第一次提出了交易成本理论(A Transaction Cost Theory of Politics)。通过交易成本(Transaction Cost),科斯系统解释了企业的性质以及企业的规模问题,他认为这是企业和市场的边界问题。市场通过价格机制,通过谈判、讨价还价来决定交易,这样就涉及交易成本;而企业通过企业内部的行政命令配置资源,无须交易。故交易成本的多寡决定了企业和市场的边界。①在改革开放的时代背景下,媒介集团化不仅是媒介自身发展规律的必然要求,也是市场机制运作的必然结果。德国记协主席赫尔曼·麦恩指出媒介集团化的成本优势体现于:"一是降低生产成本;二是节约管理成本,可以均摊市场开发、促销费用;三是能够更便宜地刊登广告;四是分担风险"。②

根据管理学大师迈克尔·波特(Michael E. Poter)的成本领先战略理论,媒介的集团化通过产业价值链共享整合,可以有效地降低广电、报刊等媒体的市场运营成本,提高竞争力,从而为其实现价值的进一步增值。南方报业传媒集团原董事长范以锦也曾经谈到报业集团化对降低成本的作用:"这两年新闻纸的价格一直在上升,有一些媒体增加发行赢得了更多的广告投放,但是到年终一算,大家的努力最后都是为造纸厂'打工',广告增收刚好填补纸价上涨带来的成本增加。报业集团、媒介集团的专业是制作和运营媒体,自己开办一个纸厂是不明智的,但是能延伸参股新闻纸企业,制约纸张价格或者通过战略联盟影响纸张价格,都将为媒体带来实质性的利益。"③

(三)资源整合

在我国媒介集团化之前,传媒环境呈现出山头林立和重复建设的状况。由于传媒业体制的条块分割,我国媒介普遍数量多、规模小,节目同质化严重,经营结构单一。据统计,2005年国内四大媒介的总量为:报纸2 137种、广播频率1 933个、电视频道2 058套、杂志约8 000家。(见图8-1)我国现有电视台的总数比英国、美国、德国、

---

① 参考 Coase, R.H.,1937:"The Nature of the Firm". *Economic* (November), pp.390-391
② 曹鹏,《中国报业集团发展研究》,新华出版社,1999年版,第80页
③ 范以锦:《为了媒体的成长发展创造更大价值》,《青年记者》,2006年第2期

法国和日本等 11 个国家电视台的总和还多。两相对比,不得不承认,我国媒介数量过于庞大,单一媒介实力弱小,有限的资源得不到优化的配置。

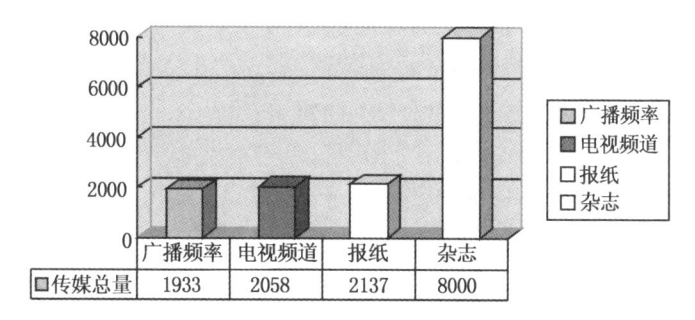

传媒总量	广播频率	电视频道	报纸	杂志
	1933	2058	2137	8000

资料来源:作者整理

图 8-1 2005 年四大传媒总量图

我国媒介之间存在着严重的过度竞争现象,浪费了大量的媒介资源。面对当今国际传媒行业竞争规则的根本性改变,单一媒介、单一品牌、单一地域的媒介格局已经受到越来越大的挑战,迫切需要媒介集团的组建与资源整合。通过媒介集团化管理,可以起到对媒介资本及其他媒介资源在一个更高层次上进行合理配置,克服过度竞争、媒介资源浪费等现象。

(四)效率提升

在媒介集团的组织效率上,目前我国大部分媒介集团采用的是一种近似直线职能型的组织结构模式。表面上看,这种组织结构科学合理,但它存在着许多缺陷与弊端,主要表现在:一是部分组织单元定位不清,管理层级不明确。例如目前我国媒介集团都设置了总经理办公室及公共事务部等组织单元,但它们没有一个明确的工作目标和工作任务,因而也就没有相应的工作职责和职权。二是总部的部门设置未能充分体现专业化和制衡原则。尽管总部一般设置许多职能部门,但这些职能部门没有很好地体现专业化。缺少必要的制衡机构,特别是像财务部门,并没有在组织结构中设置专门的财务检查监管机构。三是职能部门职责分工不清以及错位,并有职责缺失现象。从总部的职能部门看,多个部门之间存在职责分工不清、错位的问题。四是部门权责利不统一,现行组织分权程度较低,决策权高度集中,层级越低,授权越不充分。在一定程度上挫伤了部门工作的积极性。五是组织标准化程度不高,现有业务流程和工作标准还需进行完善。集团现行的组织沟通渠道不通畅,内部信息透明度存在较为突出的问题,同时,层次越低的职员其内部沟通存在的障碍越为明显。①

在媒介集团资金运用效率上,我国媒介集团的效率不高是个不争的事实。突出表现在:一是由于基本以行政手段而非资本手段来组建媒介集团,造成集团内部各成员媒体仍存在势力范围的划分,较难实现资金的集中管理、统一调配,难以发挥大集团大资金的规模化优势。二是集团尚未确定合理的投资回报率(Rate of Return on Investment),建立科学的成本核算体系(Cost Accounting System)。无法确保资本金的安全与完整,以及资本的盈利、增值,完成集团下达的投资回报指标。三是集团没有建立严格的预算控制体系(Budgetary Control System),对生产经营各个环节没有严格实施预算编制、执行、分析和考核,没有严格限制无预算资金支出和减少资金占用,从而不能保证偿还到期银行贷款。

陈正荣在谈到媒介集团化的现状时指出,从目前已经成立的集团看,基本上是几家媒介叠加在一起。集团负责人头衔多了几个,党委书记、台长、管委会主任集于一身。从资产规模来看,确实是大了,但从内部来看,多数集团存在机构重复设置、人浮于事、效率不高、责任主体不清等问题。②这些问题一方面是由于原先的计划经济体制造成的,另一方面,媒介集团化之后,管理战略与制度的跟进不到位也是一个重要原因。媒介集团化管理的价值之一,就是通过组织、文化、制度等方面的创新与整合,实现高效运营。

(五)更大规模资源配置

媒介集团化除了可以实现规模经济、成本领先、资源整合和效率提升等价值之外,还可以实现资源更大规模配置。由于各类资源的重组整合,使得媒介集团能够有实力去做单一媒体有心却无力做的工作,从而推动媒介集

---

① 向志强:《给媒介集团组织结构开个"处方"》,《和讯》,2006年第8期
② 陈正荣:《集团之后广电体制向何处去》,《中国新闻传播学评论》,2007年第1期

团在深度和广度上实现跨越式发展。

以南方报业传媒集团为例。集团的前身是南方日报报业集团，是我国首家由省级党委机关报组建的报业集团，于1998年5月18日正式挂牌运作。2005年7月18日，南方日报报业集团更名为南方报业传媒集团。南方日报报业集团成立之后，由于拥有集团强大的资源与影响力作为后盾，通过改版、印务、发行等流程的改造与建设，大幅提高了集团的产品与渠道竞争力。据统计，2001年12月28日，新印务中心全面投产，南方报业的印力进入国际先进行列。2002年3月4日起，《南方都市报》全面改版，日均发行量达115万份。2003年8月6日，《南方日报》二度改版，增设投资、IT、旅游、汽车、健康、成才六大专业周刊，进一步强化政经媒体的特色，培育有效目标市场。2003年11月25日，南方日报深圳发行中心成立。2004年9月27日，代表目前国内同行业最先进水平的、占地320亩的南方报业传媒产业基地正式落户南海。[①]此外，南方报业传媒集团提出了"媒体多品牌战略"，首先是培育出品牌报纸，以品牌报纸为龙头，将能捆绑经营的报纸进行归类，形成了自己的三个子报系列：南方周末报系、南方都市报报系、21世纪报系。先后创办的媒体包括：《名牌》、《新京报》、南方报业网、《南方人物周刊》、《21世纪商业评论》、《南都周刊》等。在形成品牌和报系的过程中，南方报业传媒集团采取"龙生龙，凤生凤"的媒体多品牌滚动发展路径，以集团资源为依托、优质品牌为龙头的报系来孵化新的品牌。

需要指出的是，虽然媒介集团化存在上述诸多"利好"，但集团化主要应凭借资本的力量与市场这只"无形的手"来推动实现，而非过去的行政手段。如果缺乏产权和资本联结，媒介的集团化往往只表现为数量的简单增加和规模的低效扩张，与理想的"1+1>2"的规模经济效应相差甚远。

三、媒介集团化管理的职能

中国媒介集团的经营管理已经进入公司治理阶段。媒介集团的特点也随之发生了许多改变，集中表现在：一

[①] 南方报业传媒集团主页,http://www.nanfangdaily.com.cn

是媒介管理战略的全局性和综合性;二是媒介组织结构的多元化和多层次;三是媒介集团内部以资产联结和契约纽带为主;四是媒介集团管理的集权与分权相统一;五是集团内部存在一个实力雄厚和能起主导作用的核心。

随着媒介集团管理进入公司治理阶段,逐渐由粗放管理转向集约管理、精益化管理,在更高层次上追求管理结构的优化和管理质量的提升。这一转变不仅增强了媒介集团的市场意识、竞争意识、产业意识、管理意识,而且也给媒介集团化管理职能带来了诸多的变革和创新。

媒介集团化管理是一个全新的管理理念,不等于简单的媒介集团的管理,也不等于媒介的集团管理。它要求以集团化的眼光审视媒介的发展战略与管理流程,强调管理全程中的战略性、全局性、高效性与安全性。媒介集团化管理的基本职能包括[①]:

1.计划

计划就是对未来行为所做的安排。计划是管理的首要职能。首先,计划从明确目标着手为实现组织目标提供了保障。其次,计划还通过优化资源配置保证组织目标的实现。最后,计划通过规划、政策、程序等的制定保证组织目标的实现。

2.决策

决策就是针对预期目标,在一定条件的约束下,从诸多方案中选择一个方案,并付诸实施。决策在管理各职能中占有重要地位,贯穿管理的全过程。

3.组织

组织是管理的一项重要职能,其主要内容是:根据组织目标,在任务分工的基础上设置组织部门;根据各部门的任务性质和管理要求,确定各部门的工作标准、职权、职责;制定各部门之间的关系及联系方式和规范,等等。

4.人事

人事是指组织根据任务需要,通过选拔、培训、开发等活动为组织各部门、各岗位配备合适人选的活动。

① 《管理和管理学》,http://www.zstvu.com/jszx/index.htm

5.领导

组织目标的顺利实现,还需要有权威的领导者,指导人们的行为,沟通信息,增强相互理解,激励每个成员自觉地为实现组织目标共同努力。管理的领导职能是一门艺术,它贯彻在整个管理活动中。

6.激励

激励是人的需要和动机得到强化的心理状态,其作用在于激发和调动人的积极性,从而使人们以最大的热情投入到工作中去。

7.控制

为了保证目标及为此而制定的计划得以实现,就需要控制职能。控制的实质就是使实践活动符合于计划。

8.协调

协调就是正确处理组织内外各种关系,为组织正常运转创造良好的条件和环境,促进组织目标的实现。

第二节 媒介集团化管理的设计与运作

媒介集团化管理是一个复杂和长时的系统工程,需要整合各方面的力量,采用多种管理手段,通过不懈的努力逐步实现。媒介集团化管理研究的思路和角度不一而足,各有其可取之处。我们认为,媒介集团化管理的设计与运作主要包括:集团战略管理、集团组织优化、集团制度创新、集团财务管理、集团资源整合。(见图8-2)

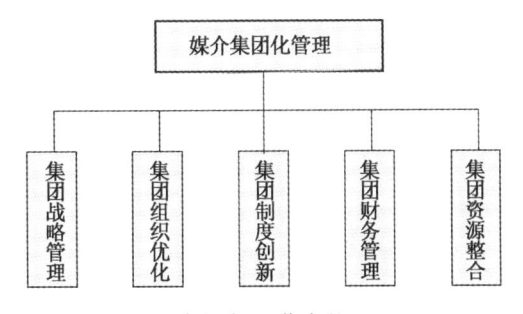

资料来源:作者整理

图8-2 媒介集团化管理结构图

一、实施集团化战略管理,实现集团的战略转型

媒介集团超大规模、多元化产业经营,较之以前,更需要对整个集团的长远发展目标、媒体的定位、发展模式、资源整合与配置等,做出科学的规划与设计,这就必须高度重视企业的发展战略,因此,引入战略管理对于当今我国传媒集团的发展具有重大意义。[1]战略是指为达到所定目标以及为达到此目标的一系列途径和手段构成的计划和策略总体,是制定具体战术的方向指导。古人云,"谋定而后动",纵览西方媒介集团的发展历史,一个远见的战略规划对于自身发展可以起到巨大的推动作用和产生深远的影响。维亚康姆集团(Viacom)的前身是由雷石东领导的一家规模不大的有线电视公司,经过数十年的发展,维亚康姆已经成长为全球领先的媒介集团,年总收入为200多亿美元,全球员工达12万多。《财富》杂志将维亚康姆公司的股票列为21世纪前十年中最值得购买的十大股票之一。广为业界熟知的"内容为王"的战略,正是维亚康姆集团发展壮大的"法宝"之一。维亚康姆总裁雷石东宣称,"对于一家传媒公司来说,最重要的是内容。即使拥有世界上最漂亮的影院,可如果你没有一部热门电影,你的一切努力将白费。观众们看的不是电视机,而是电视机里的内容。这是一个真正成长型行业。"

媒介集团化战略管理是指媒介组织根据有关的内部和外部环境,制定媒介生存和发展的战略目标,并对实现目标的途径和手段进行总体谋划和具体实施并进行有效控制的动态管理过程。[2]从这一定义出发,可以发现媒介集团化战略管理具有全局性、长远性、指导性、抗争性和相对稳定性等特点。媒介集团的战略管理是从宏观层面统揽全局,分析媒介环境,制定集团的战略定位、发展方向、运营重点与目标导向。

在过去的计划经济体制下,由于机制不活与人才管理等方面原因,我国的媒介大都关注安全编播、节目质量与有序运营,定位基本限于舆论导向单位和节目播出机构,很少从战略层面对媒介进行通盘考量和长远规划。但是,面对外部日益激烈的竞争环境与内部经营管理优化

---

[1] 钟叙昭、李远杰:《传媒集团的战略管理》,《当代传播》,2004年第3期
[2] 邵培仁、陈兵:《媒介战略管理》,复旦大学出版社,2003年版,第3页

整合的要求，战略管理越来越多地被运用到媒介集团化管理之中。战略管理包括环境分析、战略选择、战略实施和战略控制四个阶段，基本涵盖了媒介集团化战略管理的整个实施过程。

(一)环境分析

彼得·德鲁克(Peter F. Drucker)曾指出，"企业的目的，只有一个定义说得通：创造顾客。"[①]最终而言，企业竞争的最终目的就是为给顾客创造价值而去创造和获取顾客。媒介集团发展战略，应基于全面、系统和仔细的调研分析和深入讨论才能形成，环境分析一般可分为外部战略环境分析和内部战略环境分析。对于外部战略环境分析，媒介集团应充分把握调研政治环境、经济环境、社会环境、科技环境以及竞争环境。对于竞争环境的分析，管理学大师迈克尔·波特给媒介集团的战略环境分析提供了一个很有价值的思路。他认为，企业的竞争法则可以用五种竞争力来具体分析，这五种竞争力包括：新加入者的威胁、客户的议价能力、替代品或服务的威胁、供货商的议价能力及既有竞争者。这五种竞争力不仅是企业竞争力的来源，也可作为媒介外部环境分析的评估坐标。对于内部综合条件分析，媒介集团应从集团资源和产品入手，评估资源和产品与集团战略的匹配状况，解决集团资源配置管理、市场细分、产品定位等基本问题。

(二)战略选择

战略选择攸关媒介集团的发展方向，反映的是战略选择者的高超智慧与勇气。根据企业发展生命周期理论，媒介集团具体可选择的战略包括：基本战略(Generic Strategy)；成长战略Ⅰ(Development Strategy Ⅰ)，即核心能力企业内扩张；成长战略Ⅱ(Development Strategy Ⅱ)，即核心能力企业外扩张；防御战略(Defensive Strategy)。(见表8-1)影响媒介集团战略选择的因素包括：内外环境分析、过去战略决策、未来市场预期、战略制定者的能力与水平、战略选择时限等。在选择集团管理战略之前，必须采用适当的战略评估工具，评估上述因素对

[①] 彼得·德鲁克：《管理实践》，工人出版社，1989年版，第44页

于战略制定的关联程度。常用的评估工具包括:SWOT 分析、经验曲线法、波士顿矩阵法、GE 矩阵法等。

表 8-1 媒介集团可选择的各种战略类型[1]

分类	战略		定义
基本战略	成本领先		企业强调以低单位成本价格为用户提供标准化产品,目标是成为其产业链中的低成本生产厂商
	特色优势		企业力求在顾客广泛重视的一些方面在产业内独树一帜。它选择许多客户重视的一种或多种特质,并赋予其独特的地位以满足顾客的要求
	目标聚集		企业选择产业内一种或一组细分市场,量体裁衣,为之服务而不是为其他细分市场服务
成长战略Ⅰ:核心能力企业内扩张	一体化战略	前向一体化	企业获分销商或零售商的所有权或加强对他们的控制
		后向一体化	企业获得供应商的所有权或加强对他们的控制
		横向一体化	企业获得生产同类产品的竞争对手所有权或加强对它们的控制
	多元化战略	同心多元化	企业增加新的、但与原有业务相关的产品与服务
		横向多元化	企业向现有顾客提供新的、与原有业务不相关的产品或服务
		混合多元化	企业增加新的、与原有业务不相关的产品或服务
	加强型战略	市场渗透	企业通过加强营销,提高现有产品或服务在市场中的份额
		市场开发	企业将现有产品或服务打入新的区域市场
		产品开发	企业通过改进或改变产品或服务而提高销售
成长战略Ⅱ:核心能力企业外扩张	战略联盟		企业与其他企业在研究开发、生产运作、市场销售等方面进行合作,以相互利用对方资源
	虚拟运作		企业通过合同、股权、优先权、信贷帮助、技术支持等方式同其他企业建立较为稳定的关系,从而企业价值活动集中于自己优势方面,而将非专长方面外包
	出售核心产品		企业将价值活动集中于自己少数优势方面,产出产品或服务,并将产品或服务通过市场交易出售给其他生产者进一步生产加工
防御战略	收缩战略		通过减少成本和资产对企业进行重组,以加强企业基本的和独特的竞争力
	剥离战略		企业出售分部、分公司或任一部分,以使企业摆脱那些不盈利、需要太多资金或与公司主营不一致的业务
	清算战略		企业为实现其有形资产价值而将公司资产全部或分块出售

[1] 参见周三多:《管理学原理与方法》,复旦大学出版社,2003 年版,第 320 页

以凤凰卫视传媒集团为例。由于目前在海外的华人华侨有5 000多万,分布在140多个国家和地区,形成了一个庞大的媒介消费群体。加上中国经济持续高速发展,国力增强,给华人媒介的发展奠定了坚实基础。凤凰卫视便是在这样的认识层面上,提出了"开创新视野,拓展新文化"的战略构思,确立了"面向全球的华语媒体"的战略定位,以"拉近全球华人距离,弘扬中华民族传统文化为己任。"最终,成就了凤凰卫视传媒集团的快速成长壮大。

(三)战略实施

在选择了集团战略之后,接下来便是具体的战略实施。媒介集团的战略管理具有相对稳定性的特点。如果说环境分析和战略选择是在战斗之前的运筹帷幄、战备动员,那么战略实施就是真刀真枪的战斗了,而胜败则在很大程度上取决于战斗的过程。在如今各种管理概念层出不穷的时代,持之以恒地执行集团业已确定的战略是十分重要的。对于媒介集团化战略管理的成效,战略为王、执行制胜。媒介集团战略实施是一个复杂的系统工程,应统一领导、统一指挥,健全组织结构和管理制度、强化对员工的激励、加强职能管理和日常管理与创新企业文化建设。

(四)战略控制

战略实施之后并非就可以毕其功于一役,科学技术日新月异的发展和媒介环境的不断变化发展,以及媒介集团战略实施中的实际情况都导致媒介集团的战略不是始终一成不变,需要根据实际情况进行评估和调整。在评估和调整之前,媒介集团首先应确立一套评估战略成果的标准,建立对战略实施过程进行跟踪与分析的信息系统,以确保战略控制的科学、合理。常用的媒介集团战略控制包括:避免型控制、事前控制、事中控制和事后控制,应将财务、预算、审计与组织等控制手段综合运用。

二、优化集团化组织设计,实现集团统一高效运营

媒介集团的组织既是管理的主体,又是管理的客体,

是集团组织框架的核心。因此，集团组织架构的优化设计是媒介集团化管理的重要一环。美国通用电器集团(GE)原总裁杰克·韦尔奇(Jack Welch)曾指出，"跨国公司必须有一个可以指挥得动手脚的大脑"。这是对跨国公司的要求，也是对大型媒介集团化管理的要求。媒介集团需要根据集团的实际与特点，对自己的组织架构作适当的设计。组织优化设计的内容包括[①]：

1.确定组织设计的基本方针和原则

这就是要根据计划的任务、目标及外部环境和内部条件，确定设计的基本思路。媒介具体组织优化设计的原则包括：统一指挥原则、精简高效原则、控制幅度原则、权责对等原则、柔性经济原则。

2.设计组织结构的框架

这是指承担各项管理职能和业务的各个管理层次、部门、岗位及其职责。它是组织设计的主体工作。可以有按照职能设计组织的部门，按照区域设计组织的部门，按照行业和产品设计组织的部门，按照服务对象设计组织的部门，以及按照特定组织的重要性设计组织的不同部门。

3.设计管理幅度和管理层次

这是要根据各个部门不同的任务，划分管理权力，是上下管理层次之间、左右管理部门之间的协调方式和控制手段。

4.设计管理规范

确定各项管理业务的工作程序、工资标准和管理人员应采用的管理方法等，并使之成为各管理层次、部门和人员的行为规范。

5.设计职能分析和职能

这是组织职能设计主要包括的任务。这对组织的结构构成具有基础性的意义。

6.设计各类运行制度

如绩效评价和考核制度、激励制度、人员补充和培训制度等。

[①] 严三九、张苑琛、周喆：《广播电视经营与管理》，上海外语教育出版社，2006年版，第54页

7.人员配备和训练管理

这是人员各司其职,各就各位的准备工作。

媒介集团的组织设计与自身所处的环境、目标战略、技术、规模与生命周期相联系,直接制约着组织分配资源的效率、组织活动的效果,影响着组织目标的实现。目前,我国媒介集团组织架构设计优化的趋势是:精简化、多样化、模糊化、扁平化、整合化。在电视行业中具体表现在,电视频道由部门中心制逐渐转变为频道中心制,再慢慢向频道公司制转变。当然,鉴于我国当前媒介发展的水平,虽然已有像东方卫视这样为数不多的媒介或多或少地采用了频道公司制,但在普遍意义上,频道公司制的推广普及还需一段较长的时间。

媒介集团的组织结构没有定式,需要根据不断变化的市场环境和自身发展作出合理的调整或改变。西方学者威廉姆森根据钱德勒的考证将企业组织内部管理的组织形态分为U型(一元结构)、H型(控股结构)和M型(事业部结构)三种基本类型。[①]对于媒介集团而言,目前比较多地倾向于采用M型事业部制结构的组织结构,来缩减管理层次、降低运营成本,以及实现高效敏捷的管理。

(一)U型组织结构

产生于现代企业发展早期阶段的U型结构,是现代企业最为基本的组织结构,其特点是管理层级的集中控制。U型结构具体可分为三种形式:一是直线结构(Line Structure)。直线结构的组织形式是沿着指挥链进行各种作业,每个人只向一个上级负责,必须绝对地服从这个上级的命令。二是职能结构(Functional Structure)。职能结构是按职能实行专业分工的管理办法来取代直线结构的全能式管理。下级既要服从上级主管人员的指挥,也要听从上级各职能部门的指挥。三是直线职能制(Line and Function System)。直线职能制结构形式保证了直线统一指挥,充分发挥专业职能机构的作用。从企业组织的管理形态来看,直线职能是U型组织的最为理想的管理架构,因此被广泛采用。

[①] 徐平:《M型控股公司组织结构的设计》,《中国管理传播》,2006年第7期

(二) H 型组织结构

H 型结构即控股企业结构,它严格讲起来并不是一个企业的组织结构形态,而是企业集团的组织形式。H 型企业持有子公司或分公司部分或全部股份,各子公司具有独立的法人资格,是相对独立的利润中心。控股企业依据其所从事活动的内容,可分为纯粹控股企业(Pure Holding Company) 和混合控股企业 (Mixed Holding Company)。纯粹控股企业是指,其目的只掌握子企业的股份,支配被控股子公司的重大决策和生产经营活动,而本身不直接从事生产经营活动的企业。混合控股企业指既从事股权控制,又从事某种实际业务经营的企业。H 型结构中包含了 U 型结构,构成控股企业的子公司往往是 U 型结构。

(三) M 型组织结构

M 型结构亦称事业部制或多部门结构,有时也称为产品部式结构或战略经营单位。这种结构可以针对单个产品、服务、产品组合、主要工程或项目、地理分布、商务或利润中心来组织事业部。实行事业部制的企业,可以按职能机构的设置层次和事业部取得职能部门支持性服务的方式划分为三种类型:一是产品事业部结构(Product Division Structure):集团设置研究与开发(R&D)、设计、采购、销售等职能部门,事业部主要从事生产,集团有关职能部门为其提供所需要的支持性服务。二是多事业部结构(Multi-Division Structure):集团下设多个事业部,各个事业部都设立自己的职能部门,进行科研、设计、采购、销售等支持性服务。各个事业部生产自己设计的产品,自行采购和自行销售。三是矩阵式结构(Matrix Structure):是职能部门化和产品部门化两种形式相融合的一种管理形式,通过使用双重权威、信息以及报告关系和网络把职能设计和产品设计结合起来,同时实现纵向与横向联系。

M 型控股企业组织结构(见图8-3)由三个互相关联的层次组成,由董事会和经理班子组成的总部是公司的

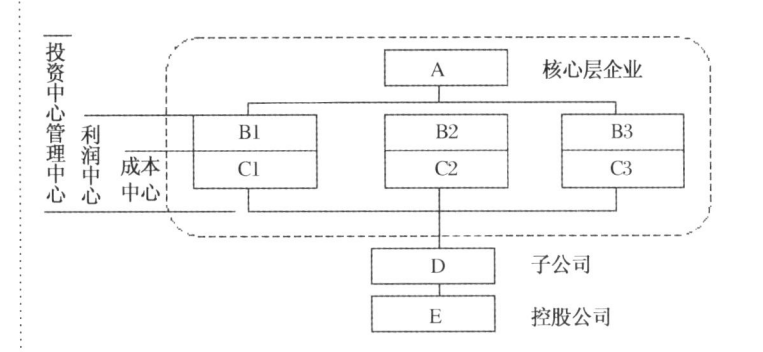

最高决策层,这是 M 型公司的核心。它既不同于 H 型结构那样从事子公司的直接管理,也不同于 U 型结构那样基本上是一个空壳。它的主要职能:一是战略研究,向下游各公司输出战略与规划;二是交易协调,目的是最大限度地达到资源和战略的协同。第二个层次由职能部门和支持、服务部门组成。其中计划部门是公司战略研究的执行部门。财务部负责全公司的资金筹措、运用和税务安排,子公司财务只是一个相对独立的核算单位。第三个层次是围绕公司的主导或核心业务的互相依存又互相独立的子公司。子公司不是完整意义的利润中心,更不是投资中心,它本质上是一个在统一经营战略下承担某种产品或提供某种服务的生产或经营的单位。子公司负责人是受集团委托管理这部分资产或业务的代理人,更多的时候是直接由上级单位派驻下来,他直接对上级负责,而不是该公司自身利益的代表。

图 8-3 M 型事业部制媒介集团组织结构图[①]

由于 M 型事业部制组织结构集权程度较高,突出整体协调功能。随着科学技术和媒介环境的变化,媒介集团的组织结构已经从 U 型(一元结构)或 H 型(控股结构)逐渐地向 M 型(事业部结构)转变,它也成为目前国际上特别是欧美国家大型媒介集团组织形态的主流形式。M 型控股公司组织结构模式的优点:一是实现了集权和分权的适度结合,既调动了各事业部发展的积极性,又能通过统一协调与管理,有效制定和实施集团公司整体发展战略,做到上下联动,互相有效配合,反应速度更加敏捷;

二是日常经营决策交付各事业部、职能部门进行,与长期的战略性决策分离,这使得高层领导可以从繁重的日常事务中解脱出来,有更多的时间、精力进行协调、评价和作出重大决策。M型模式的缺点是:管理层次增加,协调和信息传递困难加大,从而一定程度上增加了内部交易费用。

以上海文新集团(SMG)为例,在成立之初,基本上是按照一个播出机构的管理模式来运行,建立了一些行政性的职能部门:办公室、总编室、财务部,有一系列专业的电视频道和频率。这种模式也称为"扁平化的管理"。集团领导面对的是几十个媒体单位,包括经营公司和职能部门,这种管理架构是当时集团整合的过渡产物。

在集团实行矩阵式管理之后,新的组织结构打破了各媒体单位各成体系的格局,按照资源种类和在产业链所处位置,成立大中心制,不同资源分属不同中心,如:新闻、娱乐、新媒体、版权出售等。(见图8-4)

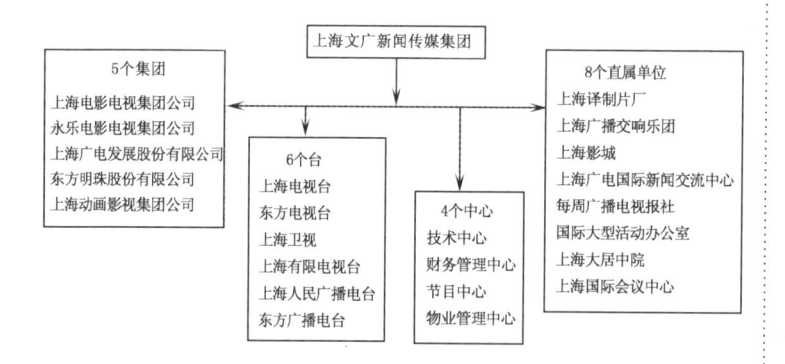

```
上海文广新闻传媒集团
                │
    ┌───────────┼───────────┐
5个集团                    8个直属单位
上海电影电视集团公司        上海译制片厂
永乐电影电视集团公司        上海广播交响乐团
上海广电发展股份有限公司    上海影城
东方明珠股份有限公司        上海广电国际新闻交流中心
上海动画影视集团公司        每周广播电视报社
                            国际大型活动办公室
        6个台                上海大居中院
        上海电视台            上海国际会议中心
        东方电视台
        上海卫视
        上海有限电视台
        上海人民广播电台
        东方广播电台

        4个中心
        技术中心
        财务管理中心
        节目中心
        物业管理中心
```

资料来源:作者整理

图8-4 上海文广新闻传媒集团组织结构图

上海文广新闻传媒集团的横向管理部门包括人力资源部、资产管理部、广告经营中心、对外事务部等。在纵向上,旗下品牌"第一财经"开办了《第一财经》日报,联合道琼斯开发了指数产品,逐步发展成跨媒体的财经信息提供商;哈哈频道整合了从电视播出到杂志出版,到儿童剧、舞台剧的演出,一直到少年儿童培训这些演艺产业资源,形成少儿产业群;在新媒体领域,也迅速完成了横跨手机、电脑、电视终端的业务布局。东方卫视因为是集团唯一能在全国落地的传统电视频道,所以单独列为事业部序列。

三、推进集团化制度创新,为经营管理提供有力保障

随着中国传媒业改革的不断深入,传统事业体制下的运行机制和工作流程已远远不能适应媒介集团的发展。因此,创新媒介集团的制度,是当前媒介集团化管理的迫切需要。[1]推进集团制度创新,是我国媒介集团优化内部管理、走向市场竞争和迎接国际传媒巨头挑战的必由之路。正如黎瑞刚所言,"任何改革的关键在于体制机制的创新。国企改革的难点在此,国有媒体改革的难点更在于此。"[2]

创新通常被分为技术创新(Technical Innovation)和制度创新(Institutional Innovation)。技术创新是指应用新知识、新技术和新工艺,采用新的生产方式和管理模式。媒介集团制度创新的内容包括：产权制度创新、经营制度创新和管理制度创新,以及组织创新。在目前的制度创新中,涉及体制深层次环节的一些矛盾和问题仍然不同程度地存在,机制创新的步伐仍显滞后。

为此,媒介集团只有持续深入地推进集团制度创新,才能为集团化经营管理提供有力保障。首先,制度创新要结合我国国情与制度背景进行改革,既要坚持党的领导,又要建立与国际接轨的,以"产权清晰、责权明确、政企分开、管理科学"为基本特征的现代企业制度。其次,媒介集团体制创新应打破原有的组织链条,按照现代企业组织创新理论,重新建构现代组织体制。具体做法是：遵循事业部制集团组织架构的变革趋势,削减中间管理层。让市场原则进入到集团内部,构造内部资源市场化使用的运行机制,各经营主体之间的业务关系,应由原来单纯的行政机制的被动执行型管理,转为平等的买卖、服务、契约关系。集团的各个子媒体应进行差异化定位,避免内部恶性竞争,创造和谐的工作关系和良性的竞争环境。

---
[1] 孙雪蕾：《深化改革 创新体制》,《人民论坛》,2005 年 05 期
[2] 张志安：《整合传媒资源 图谋娱乐产业》,http://column.bokee.com/67928.html,2005.3.

以在制度创新上走在前列的上海文广新闻传媒集团为例,在文化单位试点改革的政策鼓励下,制度创新集中体现在集团对旗下品牌进行的公司化试点改革。根据战略目标与现实情况,上海文广新闻传媒集团选择"第一财经"、"China Young"和"东方卫视"作为公司化改革的试点。

　　"第一财经"背后是上海第一财经传媒有限公司;"China Young"频道启用公司化机制,依附的公司名称叫做"上海时尚文化传媒公司";2003 年 7 月 24 日,上海东方卫视传媒有限公司以 6 666 万元的注册资本挂牌成立。虽然都是上海文广新闻传媒集团的全资子公司,三家试点改革的电视频道却拥有广告经营、人事聘用、节目采购等方面的独立自主权。截至 2004 年 1 月,在上海文广的 11 个电视频道中,已有 4 个频道开始或尝试公司化运作,包括东方卫视、第一财经、生活时尚和体育频道。东方卫视实行总经理负责制,下设独立营运中心、新闻中心、总编室和节目中心,负责公司运营、节目营销、广告招标。这种公司化的改制,已经打破传统电视台的事业单位管理架构。[①]

　　实践证明,公司化改制的试点已经让上海文广新闻传媒集团初尝甜头。据统计,"第一财经"2003 年上半年广告收入约 700 万元,实行全成本独立核算后,下半年广告额增至 3 000 多万;"China Young"通过提升品牌价值和增加节目供应,广告收入也快速上升,2003 年实现广告收入超过 8 000 万,2004 年首次超过 1 亿;改版才半年的东方卫视 2003 年广告收入约 6 000~7 000 万,2004 年窜升到了 1.5 亿。[②]

四、改善集团化财务管理,建立现代媒介集团财务管理制度

　　在市场经济条件下,媒介集团的管理与一般企业管理不同之处在于,维系核心企业与集团其他企业联系的,主要是以产权为纽带、以财务为核心。财务管理在任何一

[①] 程洁:《东方卫视,在整合矛盾中发展》,《视听界》,2004 年第 2 期
[②] 张志安:《整合传媒资源 图谋娱乐产业》,http://column.bokee.com/67928.html,2005.3.

个跨国媒介集团中都处于不可替代的重要位置。对于一个拥有几十个甚至上百个子公司的媒介集团而言，每天会有大量涉及采编、广告、发行、投资等方面的现金流，无论是媒介集团的日常运营和管理，还是资本运作、公司上市、企业并购等重要项目的推进，都离不开财务的支持。如果没有完善和科学的财务管理系统(Financial Management System)，正常的运营肯定将受到致命的影响。

广州日报报业集团成立后，按照责、权、利相结合的原则，以资本为纽带来处理集团与系列报刊和系列公司的关系。财务管理方面，由集团财务管理部门制定出统一的财务监管制度，成员单位的财务负责人由集团统一派出，实行由集团财务部门和所在机构的双重管理。广州日报报业集团的各直属报、刊社及经营性公司和单位均是独立核算、自负盈亏的法人，责、权、利相对统一，各成员单位享有充分的财务自主权，集团通过拟定"经营目标"对其绩效进行考核。

而跨国媒介集团在这一点上表现得更为明显。以新闻集团为例，集团总裁默多克对于庞大集团的控制有他的独到之处——财务控制。无论集团旗下有多少附属公司，股权关系多么复杂，新闻业务多么庞大，只要将公司的现金流控制在手，那么集团化的管理将会简单许多。新闻集团有两个总部：一个在悉尼，是新闻集团在澳大利亚上市公司的总部；另一个在纽约，是对全世界业务进行管理的总部。无论在哪儿，财务部门始终是总部的最主要组成部分，首席财务官始终是公司少数最高管理层成员之一。无论默多克身在何方，新闻集团在全世界的几个核心公司的财务总监会及时地在每周四上午，把当地汇总的财务报表传真给他。拿到财务报表后，他会很快地看几个大报、大台的业绩。如果某个地方出了问题，他会拿起电话不管时差立即跟当地的负责人联系。不管在世界的哪个角落，通过传真机收财务报表是他管理新闻集团的生命线,这个习惯默多克永远都不会改变。①

现代媒介集团财务管理制度是现代企业制度的重要组成部分,财务管理水平的高低直接影响着媒介集团的日常经营。为了建立现代媒介集团财务管理制度,媒介集团财务管理应由粗放型尽快向集约型转变。

(一)合理确定投资回报率,建立科学的成本核算体系

集团合理确定投资回报率,不但要确保资本金的安全和完整,还必须做到盈利、增值,完成集团公司下达的投资回报指标。集团应科学核算经营成本,建立统一的会计制度,着力降低实物损耗和提高设备利用率,减少不必要的运营成本,真正实现少投入多产出,提高集团的盈利水平和质量。

(二)建立严格的预算控制体系

预算控制是发挥规划和控制职能的经典模式。建立全面预算管理制度,以现金流量为重点,对生产经营各个环节实施预算编制、执行、分析和考核,可以严格限制无预算资金支出,最大限度减少资金占用,保证偿还到期银行贷款。集团要建立严格的组织程序,确保预算目标的实现,当预算确实需要时,必须按照程序进行调整。集团公司要将预算指标的完成与业绩考核和奖惩制度挂钩,以确保预算的严肃性。

(三)在准确的市场调研基础上实行差异化定位

在从节目创意策划到制作发行的整个过程中,充分了解受众,满足受众,随时根据形势的变化灵活调整自己的产品与行销策略,才能进一步降低生产媒介产品的财务风险。差异化定位的实质就是将资源集中配置于最适合的地方,确保资源发挥最大的效用,更好地实现集团的战略目标与价值增值。

---

① 张志安:《传媒巨头的企业文化和财务管理》,《新闻记者》,2003年第5期

(四)加强内部审计制度与风险控制体系建设

结合集团实际,开展对集团各成员企业财务收支的合法合规审计,开展对离任领导的任期经济责任审计等专项审计。制定对外投资、担保、借贷等行为的管理办法及规定,对投资、担保、借贷的立项、认证、审批、效益跟踪、责任追究等方面做出详细规定,建立专家认证制度,设立对外投资项目专家论证组,对投资等经济项目的经济和技术可行性进行论证。对内实行逐级审批制度,根据项目金额确定单位,对外投资审批小组、联席会议三级制度。

(五)重点加强对广告、发行、印刷等部门的财务管理

具体从资源价格、资金运转、产品需求和市场规律、生产力要素配置、生产专业化协作等方面着力加强常规性的财务管理与业绩评价监控。

五、加强集团化资源整合,实现集团优化配置与战略协同

2000年1月,美国在线与时代华纳宣布合并组建世界最大的跨媒体集团,人们纷纷惊羡地称之为传媒业的"超级航母"。就在美国在线和时代华纳合并不到三个月之时,随着网络经济泡沫的破灭,美国在线的股票一路狂跌,随之而来公司出现了巨额亏损和假账丑闻,美国在线-时代华纳开始陷入泥潭,2003年董事会决定将美国在线从公司名称中去除,重新起用时代华纳的公司名称。美国在线-时代华纳从令人称羡的"美满婚姻"演变为公认的"最为失败的合并范例"。表面上看,原因在于互联网陷入低潮导致其股价下跌。究其根源,资源整合(Resource Integration)不力是合并案失败最重要的原因。

在2005中国传播论坛上,中国人民大学教授喻国明指出:"整合力就是未来传媒业的核心竞争力"[1]。资源整合是媒介集团是否能将"捆绑的小舢板"改造成为"航空母舰"的核心因素,也是媒介集团发挥集团规模优势、提

---

[1] 喻国明,《整合力竞争 未来传媒竞争的制高点》,《传媒》,2005年第8期

升核心竞争力的重要途径。

媒介集团资源整合是对资源的重新合理配置与使用。媒介产业化的运作要求进一步明确和强化媒介资源配置的目标,即以正确的舆论导向为前导,以市场需求为准则,重新整合配置媒体现有资源,解放发展生产力,形成最优的服务体系和最佳的传播效果,实现媒体社会效益和经济效益的最大化。根据这一目标,媒介集团资源整合的构成包括:业务资源整合、文化资源整合、人力资源整合和集团资源共享等。

(一)业务资源整合

业务资源整合主要是内容和技术的生产与集成,在媒介"内容为王"和媒介科技属性日益显著的语境下,业务资源整合已被提上了议事日程。业务资源的整合涉及业务重构、组织重构、人事变革和技术更新换代,是一种带有全局性的媒介管理行为,起到"牵一发而动全身"的影响。喻国明指出,原创性内容的生产和集成能力,终端客户的把握将成为未来中国报业竞争的两大媒体。如果在常规发展的竞争之下,我们比拼的是规模和资源的情况下,在这种转型期间,它比拼的是速度,创新力和整合力。①

以上海文广新闻传媒集团的"第一财经"为例,集团资源整合时,力图打破台与台之间的分割状态,以品牌取代地方色彩浓郁的报台名称,以统一的品牌作为依托,实施业务资源的重组。集团将上海电视台财经频道、东方广播电台财经频率合二为一,打造出国内第一家跨媒体、跨地域的财经资讯平台——第一财经,实现了广播与电视在人力资源、信息资源和品牌资源上的整合。在外部业务资源整合方面,"第一财经"与CNBC合作,每周一至周五的上午、下午,各制作一档约5分钟的《中国财经简讯》,这是国内财经新闻首次在国际主流电视网中完整亮相;与韩国CJ家庭购物株式会社合作,制作的电视购物节目已经亮相集团下属的戏剧频道;与维亚康姆共建媒体公

① 喻国明:《中国报业的困境与机遇》,http://www.qianlong.com,2006.02

司,提升集团在青少节目领域的制作和传播实力;与环球唱片合资、由上海文广新闻传媒集团控股的上腾娱乐有限公司,主要从事艺人经纪和艺人管理、组织和执行各种与音乐相关的大型活动、开发新媒体、市场伙伴营销以及策划和推广各类音乐产品以及DVD等。业务资源内部和外部的整合使得上海文广新闻传媒集团焕发出了勃勃生机。

(二)文化资源整合

价值观是企业文化的核心,正确的价值观是塑造良好企业文化的首要战略问题。特别是对于大型媒介集团,文化资源整合更是检验集团凝聚力和战斗力的重要标准。美国在线并购了时代华纳之后,由于双方企业文化的差异性,导致合并后两种企业文化精神并未达到整合融通和促进集团的更好发展,反而却成为双方冲突的因子。文化冲突的类型包括:经营理念的冲突、决策管理的冲突、价值观的冲突、劳动人事的冲突。

媒介集团的文化整合有其特殊性和复杂性,所以媒介集团的文化整合应做到如下几点:一是充分调研集团内部的文化类型与特征。了解集团内部不同文化之间的差异性与一致性,为进一步的整合提供决策依据。二是选择合理的整合模式和程序,制定周密的整合计划。文化整合的核心是企业的价值观和认同感,整合模型应将集团的运营现状、财务状况、法律状况、信息系统、人力资源、客户服务等因素纳入其中。三是建立专门的文化整合机构,充实专职整合队伍。专门的整合机构是文化整合顺利推动、有效实施的保证,专职整合人员全权负责集团的整合,在确保集团化有效组合的基础上,负责对集团员工进行培训,并使集团不同子公司的员工能够互相理解和容纳对方的企业文化精神。专职整合队伍的职责可概括为四个方面:搭建整合机构,推动整合进程,促进企业内外交流,促使整合见效。四是不断巩固和丰富文化整合的内涵。任何一种企业文化都是特定历史的产物,因此文化整合也必须是一个动态的过程。集团应不失时机地巩固落实已提炼定格的文化,使每位成员都能自觉主动地按照企业文化和价值观的标准去行动。之后,应不断丰富、完善和发展企业文化,推动文化整合的持续深入进行。

(三)人力资源整合

"智力产业和信息产业最宝贵的财富不是资金和厂房设备,而是人力资源。"[①]人力资源是集团运营的主动脉,也是发展的核心动力。美国经济学家舒尔茨曾估算:物力投资4.5倍,利润增加3.5倍,而人力投资增加4.5倍,利润将增加17.5倍。美国企业每年在培训上的花费约300亿美元,约占员工平均收入的5%。由此可见人力资源投资在企业经营中的重要性。媒介集团的人力资源是指媒介集团内部有劳动能力人口的综合,是媒介集团组织内员工所拥有的体力、知识和技能以及价值观等精神存量。

集团人力资源整合的具体步骤包括:一是根据对集团现有人力资源的现状评估,制定相适应的人力资源计划。通过工作分析法检查现有人力资源状况,并做出工作说明书和工作规范,预测集团未来的人力资源发展。在对现状和未来做出评估后,制定一套与集团战略目标、环境等相适应的人力资源计划,并进行及时的跟踪、监督和调整。二是集团应拥有人力资源的分配自主权。让管理者根据传播活动规律的需要和媒体运作的实际来确定人员结构、规模,并确定具体的人选,配备一支观念新、手段新、竞争能力强、业务素质高的专业队伍。三是进一步更新用人观念,放宽选人视野,建立健全集团干部选拔任用和监督制约机制,激励有才干、有热情的人才脱颖而出。四是根据媒介全球化的需要,培养和造就一批集团急需的紧缺型媒介人才。媒介集团应倡导建立学习型组织,充分重视培训开发。尊重人的人格,重视人的需求,开发人的潜能,为各类职工提供施展才华的舞台。五是深化内部劳动人事、社会保障和绩效薪酬等三项制度的改革。健全岗位

[①] 白万纲:《中国报业集团的母子公司管控》,AMT,2006.11.14

目标责任制,加强重要岗位从业人员的资质管理。打破平均主义的大锅饭,按照平衡计分卡原理(Balance Score Card),建立岗位绩效薪酬制度,按岗定酬、按任务定酬、按业绩定酬。薪酬体系改革的根本目的在于激励,激励应该成为集团薪酬设计的原则,在薪酬体系设计和改革的过程中应通过绩效工资、分红、员工持股、总奖金、知识工资、灵活的工作日程等形式,充分激发员工的工作热情、信心和自主性,促进员工的自我参与和自我完善,形成一套科学的激励机制(Incentive Mechanism)。

(四)集团资源共享

媒介集团相对于其他单一媒介的比较优势是资源共享和协同效应。媒介集团化后,集团内部资源存在许多的互补性和同质性,如果不同媒介资源之间无法融通共享,那么不仅不利于集团化协调管理和利润最大化,而且将在很大程度上失去媒介集团化的意义。在当今媒介融合(Media Convergence)时代,不同媒介资源只有通过重组配置,才能实现协同效应。媒介集团可共享的资源包括业务资源、节目资源、技术资源、客户资源、人力资源、文化资源等,这些资源不应在单一媒介孤立发挥效用,而需要通过集团的资源共享系统,发挥资源边际效用的最大化。

以文汇新民联合报业集团为例。为了达到"1+1>2"的集团化整合目标,集团对原两报的经管部门实行了大改组,陆续精简了人员,做到人尽其才、物尽其用,减少了浪费,提高了设备利用率。文汇报与新民晚报原有的三家印刷实体,基本上都是在1996年至1998年之间花巨资扩建起来的,由于生产任务不足,导致人力和设备利用效率不高。组建集团实行优势互补后,原来文汇报及其系列报刊的印刷由晚报印务中心来承担,并将文汇报的部分技术骨干充实到力量相对较弱的晚报印刷中心去。同时,对文汇报印务中心进行重组转产,改建成一个书刊和商业印刷的新的实体。这样,不仅盘活了存量资产9 000万元,而且使两报原来在印刷方面的人力、物力资源得到发掘,为开辟新的经济增长点创造了条件。①

  著名管理学者詹姆斯·莫尔斯指出,可持续竞争的唯一优势来自于超过竞争对手的创新能力。在媒介集团化时代,媒介的竞争环境和游戏规则都发生了巨大的变化,面对媒介集团化管理这一全新课题,中国的媒介集团没有固步自封、因循守旧的资本,唯有充分利用集团化的优势,吸收国际媒介集团管理的先进理念与技术并提炼综合,努力创新集团化管理的战略与战术,才能在更广阔的时空里实现媒介集团更快更好的发展。

---

① 赵胼罗:《我国新闻传媒集团特征分析》,《新闻实践》,2001年第3期

第九章 媒介品牌经营

在市场经济不断发展的今天,品牌的竞争日益激烈,品牌成为一种有价值的无形资产,并且这种非物质资产正在创造着越来越多的价值。媒介产业作为一种信息产业,不仅是市场竞争的主体,也是品牌竞争的主体。《今日美国》的资深记者凯文·曼尼在其著作《大媒体潮》中预测,21世纪的媒介品牌将成为激烈的战场,无论是同类媒介品牌之间的竞争,还是新兴媒介品牌对传统媒介品牌资源的争夺,都将会使媒介市场更加不平静。从某种意义上来说,品牌就代表着媒介的市场,进而也可以代表媒介的经济实力。因此,以品牌来建立媒介产品在市场上的地位,树立媒介形象,是十分有效的媒介竞争手段,也是媒介市场战略的重要组成部分。

第一节 媒介的品牌营销

一、媒介的品牌和品牌营销

(一)品牌概述

品牌(brand),源于古挪威语"branders",意为"打上烙印",早期一直用于标识产品,使之易于辨别和确认。[1]工业革命以来,品牌的应用领域和内涵发生了深刻的变化,生产力的不断发展以及物质产品的日益丰富为"品牌"概念的发展提供了真正的强劲动力,许多著名的品牌相继诞生了。到20世纪六七十年代,品牌的概念又成功地扩展到服务领域,除原有形成品牌的物质产品外,一些生产组织也逐渐形成了自己的品牌。

关于品牌的定义,目前学界尚无一个绝对权威、精准的说法。1955年,广告大师大卫·奥格威曾将品牌定义为"一种错综复杂的象征,它是品牌属性、名称、包装、价格、历史、声誉、广告方式的无形总和"。我国学者邵培仁、刘强在1998年则提出"品牌是一种产品区别于另一种产品的名称、标记、符号及其组合运用"。另一位中国学者韩光辉认为"品牌是一个复杂概念。它由品牌名称、品牌认知、品牌标志、品牌色彩、品牌包装以及商标等要素构成。"根

---

[1] 邵培仁、陈兵:《媒介战略管理》,复旦大学出版社,2003年版,第142页

据后面一种解释,商标只是品牌构成诸多方面的一个组成部分,只代表一种经向政府与有关部门注册登记后所形成的工业产权。

尽管上述概念分别是从不同的角度对品牌作出解释的,但是从中仍可以看出它们包含的相同基准,那就是,品牌是一个依据复杂价值体系而形成的概念,它不是产品实物特有的,也不是企业的专有资产,只要有生产组织存在,就有品牌存在。因此,品牌不仅仅是企业和商家追求的目标,同样也是媒介业的发展方向。

媒介业中那些具有较为稳定的品质和鲜明特征、有较强竞争力及核心理念、有较大影响力并广受欢迎的节目、栏目都可以称为媒介业的品牌。这个范围后来又延伸到媒介节目、栏目的经营者、生产者和制作者。

(二)品牌营销

媒介作为一种产业,和其他产业一样,为了在市场竞争中取得优势从而获得良好的效益,也需要导入市场销售理论。媒介营销是整个媒介业系统发展的重要一环,而品牌营销则是当今媒介营销的发展趋势。

媒介营销就是媒介公司为了取得良好的传播效果和经济效益,主动与市场进行沟通宣传;指媒介公司为了扩大对市场的影响力和市场占有率的自我宣传。宣传对象是维持媒介公司运营的支持团体、受众、节目经销商和广告客户。[①]

品牌营销是一个全新的营销理念和游戏规则,它无需大量长远投资,而是将更多的精力投入到品牌竞争中去,实现市场占有率,从而解决生存和发展问题。品牌营销是一个被时间验证了的、行之有效的营销方法。它的核心理念包括:

品牌个性(Brand Personality)。包括品牌命名、包装设计、产品价格、品牌概念、品牌代言人、形象风格、品牌适用对象等。

品牌传播(Brand Communication)。包括广告风格、传播对象、媒体策略、广告活动、公关活动、口碑形象、终端

---
① 贵国飚:《媒介营销——整合传播的观点》,湖南人民出版社,2003年版,第42页

展示等。

品牌销售(Brand Sales)。包括通路策略、人员推销、店员促销、广告促销、事件行销、优惠酬宾等。

品牌管理(Brand Management)。包括队伍建设、营销制度、品牌维护、终端建设、士气激励、渠道管理、经销商管理等。[1]

当然,营销学中这一概念在媒介的实际运作中必须根据实际情况作适当改变,但是面对同样的媒体资源,如何处理和包装,确实体现出一个媒体的功力。许多媒体走的路子都是打造品牌,以形成自身品牌个性为中心,在积极展开宣传、促进销售的同时,加强品牌管理。

二、媒介品牌营销的意义

随着市场经济的发展,全球化浪潮的逼近,媒介产业在发展中出现了全方位的竞争格局,不仅国际竞争变成了品牌之间的竞争,国内媒体在竞争中也开始着重树立自身的品牌。品牌是媒体在受众心目中的固定化和标识化,它是受众在长期观赏经验基础上形成的一种"集体无意识"。[2]品牌具有强烈感染力、吸引力和号召力,以品牌为核心的现代营销手段对媒介产业的发展具有至关重要的意义。

(一) 品牌营销可有效带动收视(听)率,增加广告收入

广告收入是所有媒体的重要经济支柱,是免费电视的几乎全部经济来源,因此它在媒介整体经营发展中的地位不容置疑。随着社会的进步和媒介业的发展,广告业务的竞争也愈加激烈。品牌是一种无形资产,具有品牌价值的频道或栏目便具有一般频道或栏目不可企及的收视(听)率,这种受众忠诚度对广告商的吸引力是不可抗拒的。如央视2005年春节晚会实行"节目招标"。据央视提供的一份广告报价单显示,此次央视春晚前后的广告套装起价为每5秒159万元至233万元,每15秒298万元至438万元;除夕下午的"卡通拜年"广告价格也报出每10秒145万的起价;定于8时和零时的两则报时广告,

---

[1] 张继明:《品牌营销(BM)时代的到来》,全球品牌网
[2] 顿德化:《广电集团核心竞争力打造》,《新闻前哨》2005年第2期

更是分别喊出了480万元和680万元的起价。与上一年相比,此次报价增长了30%以上。①在当今媒体广告经营"以客户为王"的导向大旗下,央视春晚的广告仍呈现"卖方市场"的优势,喊出这样的天价,除了央视国家级媒体的优势外,更重要的原因则在于节目本身的品牌效应——其强大的公信力和社会影响力。品牌响,名气大,受众对其更加关注和偏好,自然也会引起广告商的重视。可见,过去行政所赋予的权威逐步让位于市场、资本的力量;身份或地位的影响力逐步让位于广告客户与受众的实质影响;传统营销方式也逐步让位于品牌营销方式。

(二)品牌营销致力于媒介整体形象的塑造

品牌虽然是一个商业用语,但是却包含着丰富的文化意蕴,它标志着一种超越时空的品位和文化,对塑造媒介的良好形象十分重要。受众对媒介的评价是一个复杂的体系,包括信息的可信性、准确性、时效性、媒介的社会责任感、对受众的态度、员工队伍素质、节目精彩程度等等。这些因素在受众心目中的固定化和标识化,成为受众品牌认知的重要基础。②品牌营销就是要把品牌塑造成一种文化,一种企业文化甚至是民族文化。在形成媒体文化体系的基础上得到受众的关注和好感就容易得多。

因此,可以说品牌位于媒体形象的核心部分,也就是说媒体形象可以解构为媒体市场形象和社会形象。媒体的市场形象主要是指广告主及收费媒体的受众对媒体的印象;媒体的社会形象则是公众看待整个媒体的方式,是基于对媒体自身文化体系认识基础上建立起来的。媒体适当参加公益活动,承担社会责任,具有公信力、权威性,有助于形成良好的品牌形象。虽然媒体形象不能直接导致媒体利润上升,但可以多方面支持营销。可见,二者之间是互相促进,共同消长的。

(三)品牌营销有利于报纸、广播电视频率、频道的专业化、对象化

2003年10月14日,为期两天的"中国首届电视品牌营销与整体包装国际研讨会"在北京召开。③此次研讨

①南京广播电视集团网站 http://www.njbg.com.cn
②邵培仁、陈兵:《媒介战略管理》,复旦大学出版社,2003年版,第144页
③中国CG资讯网 http://www.cgtimes.com.cn

会以"提升频道品牌形象,建立有效盈利模式"为主题,旨在以加强电视品牌经营为突破口,推动整个中国电视媒体进入品牌时代。这是为适应我国广播电视改革,特别是频率频道的专业化、对象化,促进我国电视业的变革与发展的一项重大举措。当前,我国广播电视专业化频率频道刚刚起步,面临着许多具体的问题和困惑。在这种情况下,借鉴国外的成功经验,尤其是引入广播电视品牌营销理念十分紧迫而且势在必行。不仅要注重栏目包装、节目包装,而且要注重频率频道的整体包装。整体包装不是单纯的宣传片制作,而是一种全方位的整合营销。以塑造品牌为核心的包装策略将成为媒介业改革的突破口,引领中国媒介业步入品牌时代。

(四)品牌营销铸造媒体核心竞争力

优胜劣汰是媒体竞争中一条不以人的意志为转移的客观规律。品牌的内在属性是节目赋予的,因此媒体一旦确立了品牌营销的意识,就应该马上投入到内容的生产上。2004年,"内容产业"的概念被提出,主张不要把内容和产业截然分开,内容本身就是产业,内容就是经营的主体,产业离不开内容,它不是游离于内容之外的独立经营。随着媒介的发展,内容生产的巨大吸引力受到各方的关注。内容是联系受众和广告资源的载体,也是媒体市场竞争的重要资源。媒体在市场中的所有经营行为都是以内容资源为基础的,失去了内容资源的竞争性,也就失去了自身的核心竞争力。品牌是建立在高品质内容基础上的,因此,作为一个媒体区别于另一个媒体识别标识的品牌,就成为一个媒体市场号召力和竞争力的集中表现。

(五)品牌营销有利于推进资本运营,扩大市场份额

随着市场经济的发展,媒介业也趋向于市场化运作。为了充分利用品牌的优势,媒体都非常注重利用品牌的辐射效应,将品牌裂变、扩张,以形成规模效应。媒体的规模扩张,必然要求资金投资增长,这就需要充分利用资本市场进行资本运营。品牌的高价值对资本具有极大吸引力,通过品牌经营,吸纳资金,可以盘活媒介的可经营资产。结合媒介的无形资产就可以使媒介整体资产增值,还可以在短期内迅速筹集产业发展所急需的大量资金,使媒介能够以少量资产控制大量的社会资金,以壮大媒体实力,实现资本运营,提高媒体抵抗风险的能力。同时,也可克服媒介产业结构单一,经营空间狭小,经营渠道过于集中的缺陷。

对媒体品牌商业意义的开发,是媒介经营者应予以重视的重要一环。在美国,几乎较大的媒体都有其品牌纪念品市场,利润丰厚。我国知名媒体的一些具有品牌号召力的栏目、主持人也开始采取出版节目光盘、相关书籍等手段,扩大知名度,增加收入。

三、品牌营销战略

媒介品牌的经营和培育需要经营者树立受众至上的意识和深谋远虑的市场战略。媒介品牌的塑造在于对受众及广告主需求的深刻理解和把握,在于媒体和受众的互动和沟通,也就是要建立媒体的广告客户忠诚和受众忠诚。要达到这样的目的,除了从根本上提高节目的质量和水平外,还必须建立品牌的经营意识,确立媒介品牌营销推广战略。

(一) 品牌定位

品牌定位指的是为某个特定品牌寻找在市场中和消费者心中的最佳位置,确定品牌的牢固地位。它是为了让受众能够对本媒介品牌产生有益的认知,进而产生品牌偏好和消费行为。没有一种品牌能够满足所有受众的需要,因而媒体应找出自身的差异性,寻求经营上的突破口。例如,凤凰卫视中文台作为香港唯一的一家用普通话全天 24 小时播出的电视台,已经初步形成"立足两岸三地,向欧美市场发展,覆盖全球华人社区"的频道格局,在亚太地区的收视用户达到 4 750 万。很难想象凤凰卫视诞生的时候在竞争激烈的香港电视市场还是处于明显劣势地位的。1996 年刚开播的凤凰卫视只有一个中文频道,自己制作的节目只有 3 个小时,而且并没有涉及太多时事新闻,公共影响力乏善可陈,节目制作缺乏自己的创新,因此缺少冲击力。为了扭转这种局面,凤凰卫视开始进行了一系列改革。作为一个媒体,只有提供的产品符合受众的需要,才能赢得市场。媒介市场的定位首先要从自身的特点出发,发挥自身的优势。考虑到自己位于东西方文化的交汇处——香港,又具备强于内地媒体的商业化程度和市场操作优势,凤凰卫视形成了自己独特的定位:促进中西方文化交流,内地文化与港台文化相结合,并把中国内地作为经营突破口。据调查显示,中国内地收看凤凰卫视的观众较为年轻,其中以20岁到40岁的比例最高,他们不仅拥有较高的消费能力,而且文化水平也相对较高。[1]因此,凤凰卫视在制作节目时,即以这部分观众的口味为标准,强调节目的新鲜和形式的活泼多样;同时,强化节目的"另类"风格,在节目中加大港台和中华传统文化的分量,这在凤凰卫视来自香港、台湾和内地的主持人身上可以体现出来。通过这样的品牌定位,凤凰卫视在短期内取得了骄人业绩。可见,凤凰卫视通过自身功能定位和目标消费者定位确立了自身品牌。

当今媒介业的竞争,主要体现在品牌的竞争上。看一个媒体竞争力强不强,就要看这个媒体能否拥有自己的品牌产品,诸如品牌专栏、品牌作品、品牌栏目甚至品牌频道等。湖南卫视电视台台长曾凡安认为电视媒体竞争,一是靠品牌,二是靠品牌,三还是靠品牌。

作为中国民营电视节目制作者的成功典型,光线传媒的事件引起了众多媒体和行业内专家的关注,而其中做得最有成效的是利用品牌效应来扩大自身的影响。目前"光线传播"和"e."标识都已经成为国内娱乐传播领域公认的知名品牌。在几年的闯荡中,光线传媒最大的体会就是:娱乐产品是一个品牌购买的行业,娱乐不能是粗放式经营,需要一个强大的对品牌购买认知的支持。做媒体在很大程度上就是做品牌,要有观众的忠诚度,一定要通过做品牌来培养一批忠诚度很高的观众,这样投资回报就会源源不断。做媒体不是一锤子买卖,不是一次性的,它要通过连续性的生产来获得回报,在可持续发展中获

---

[1] 贾国飚:《媒介营销——整合传播的观点》,湖南人民出版社,2003年版,第312页

得盈利。①光线传媒代表中国娱乐界健康文化前进方向的品牌定位还促进了三位一体的终极品牌塑造体系的形成,即明星品牌、节目品牌和相关商品开发品牌。三者互相联系,相互促进,共同诠释光线传媒的文化品牌理念。

(二)品牌形象

媒介品牌定位是实施品牌战略的第一步。以定位为基础,根据受众具体需求来制作符合受众意愿的信息产品是媒介成功的必经之路。充分实施品牌战略,通过现代营销手段来全方位打造自身品牌形象也是重要一环。在管理学中,形象主要是指社会对产品或组织的整体看法或评价。能够充分展示自身个性的台标、宣传片、栏目标识等都对塑造媒介品牌有重要作用。凤凰卫视的台标,一凤一凰,一阴一阳的两个主体像两团燃烧的火,极富动感地共融在一个圈内,凤尾和凰尾突出开放的特点,两个主体旋转飞舞的美态也预示了其不断奋进的精神。在色彩上,大胆运用了橙色,给人以强烈的视觉冲击和耳目一新的感觉,为凤凰卫视赢得了良好的第一印象。光线传媒的"e."也成了娱乐电视媒体权威的象征。这个标志"e."本身并无独到之处,然而光线传媒对它的推广宣传可谓是挖空心思。节目的话筒标、压角标等各种包装上都有"e."露脸,所有能用"e."替代的字眼如"一""娱""意"等全部以"e."标出。公司宗旨"对于电视,我们 e 有不同的做法"也用了"e.",极尽所能地从视觉、听觉上强化了"e."的形象。②

从某种意义上说,主持人也是活台标。一个媒介产品的成功推广,离不开人的因素。广播电视作为视听媒介,它与观众的交流很大程度上依赖于主持人的风格和谈吐,它的优势也往往就在于可以由主持人与受众进行最容易产生效果的人际传播。中央电视台的著名节目主持人李咏、王小丫、水均益、白岩松等,都受到观众广泛好评,其主持的节目也是家喻户晓。主持人知名度得到提升的同时,电视节目的收视率也相应提高,中央电视台娱乐节目的轻松性、时尚性,新闻节目的严肃性、权威性特征

①戎曙光,高建强,张小争:《中国著名媒体经典案例剖析》,新华出版社,2002 年版,第 106 页
②戎曙光,高建强,张小争:《中国著名媒体经典案例剖析》,新华出版社,2002 年版,第 107 页

也进一步得到了强化。

此外,如新加坡传媒电台城市频道的台标宣传语"民生民意,资讯天地",上海动感101频率的宣传音乐等都是体现媒体独特魅力和个性的成功形象包装。

(三)品牌推广

当前媒体的竞争已经进入整合营销时代,必须改变各种营销手段各自为战的弊端,整合各种营销手段和资源,消灭覆盖盲区,形成推广合力。

在媒体品牌推广过程中,很重要的一点就是进行市场细分,然后才能针对不同的类型采取更有针对性的宣传策略,从而使整个营销推广更加有效,同时也可大大减少成本。媒介市场的细分,是根据消费者的需求、购买习惯和心理偏好等因素的明显差异性,将整个媒介市场化分为不同类型的消费者集合的过程。在每一个细分市场的内部,消费者的购买偏好及需求大致相同,也就是说,媒介市场细分的过程就形成一个或几个对本媒体而言同质的市场的过程。①

受众作为媒介消费者,在选择何种媒介传播方式及选择哪些栏目、节目时往往受多种因素的影响,概括起来为文化因素、经济因素和心理因素。根据这些影响因素,受众的媒体选择行为大体可分为三种模式。

一是习惯型。这类受众往往认准一个品牌,而对其他的品牌不关心、不留意。要改变这类受众的习惯是很困难的事情,需要大量的市场工作和投入才能从思想、习惯改变这些受众的思维定式。

二是逻辑型。这类受众注意收集信息,自觉用自己的价值标准去衡量,从而指导自己的媒介选择行为。此类受众一般比较理性,更多关注内容的质量和媒体品牌等。因此,树立高品质品牌形象对影响这类受众作用明显。

三是需求型。受众有某一方面娱乐或获取信息的需求,但还不知如何达到目的。他们会根据接触的信息进行判断,进而收集更多的相关信息,最后决定是否收看或收听。

---

① 贾国飚:《媒介营销——整合传播的观点》,湖南人民出版社,2003年版,第88页

这三种受众中,逻辑型的受众较易改变,所需费用也较少,但是容量不大。习惯型受众市场容量大,但所需的营销费用也较高,所需时间也长。具体营销策略还应根据目标受众的定位具体决定。

(四) 品牌延伸

当前,越来越多的栏目、节目开始注重品牌的塑造和广告宣传,包装也日趋科学规范,品牌的延伸产品也开始进入媒介经营者的视野。广播电视节目因其精神产品的特殊性,其延伸产品主要体现在对节目内容的再度开发利用上。对节目内容进行二次甚至是多次开发利用,既可以为受众和消费者提供更完整、更全面的服务,以加强品牌与他们的关系,提升品牌魅力,又可以建立品牌权威,扩大品牌的影响力和号召力。另外,也可通过开发获得广告以外的新的经济增长点。

利用品牌延伸开发新产品的方式有多种,一是把栏目内容结集出版。《新闻调查》栏目根据当年节目内容出版《调查中国》丛书就是采用这种方法。上海东方广播电台都市792晚间节目《性情中人》也出版了图书《今夜,我们谈性》,并且在上海书城举办了声势浩大的主持人签名售书活动,效果不错。二是把节目的重点内容出版为光碟。一些学习类节目尤其纷纷出版VCD、DVD,将寓教于乐的教学形式继续推广。三是把独家新闻同时提供给其他媒体。这是目前一些品牌栏目的普遍做法,也实现了信息资源的充分利用。四是跨媒体品牌整合。2003年7月7日,我国第一个跨媒体的专业资讯平台《第一财经》正式亮相上海的荧屏、电波,从而实现了广播与电视在人力资源和品牌资源上的整合与共享。①《第一财经》的揭牌标志着广播电视媒体在品牌经营上进入了一个新阶段。2004年11月,《第一财经日报》创刊,它是上海文广新闻传媒集团、广州日报报业集团和北京青年报社三方投资,共享品牌的国内第一家跨媒体、跨地域经营的全国性财经日报。②随着当前媒介集团化趋势的不断加强,类似的跨媒体整合营销方式也越来越常见。

---

①《解放日报》,2003年7月7日
②新浪财经 http://finance.sina.cn

值得强调的是,第三、四种方式既有共同之处也相区别,跨媒体品牌整合战略是在近几年媒介业集团化趋势不断加强的形势下出现的。

第二节 媒介的形象塑造

当前,媒体的竞争已经进入品牌竞争时代。一个媒体的地位和影响取决于它有几个品牌频率、频道等,而品牌频率、频道需要品牌栏目做支撑和保障。品牌就如同媒体的形象,它标志着一种超越时空的品位和文化,对于媒体塑造良好的美誉度和公信力起着举足轻重的作用。只有高品位、高视(听)率的品牌才能拥有较多的受众,进而占有较大的市场份额。强化品牌经营意识,就是从提高节目质量的核心入手,努力构建品牌系列,打造名牌,提高知名度,在竞争中求得发展。

然而,从广义上来说,媒体的形象塑造是一个正在走向全面、重视包装的过程。塑造一个媒体的形象,根本的是要提高节目质量,制作出具有稳定的、较高的播出质量,在社会上享有较高声誉和广泛影响,并且得到权威评审机构认可的栏目。同时也要充分利用现代营销手段,加强节目的包装、频道包装甚至媒体整体形象的宣传。另外,提高媒体从业人员的素质也是塑造媒体形象的重要环节。

一、内容为王

任何一个品牌最终都需要内容来支持和维护。媒介业生产信息产品的质量从根本上决定媒体的命运。为此,栏目作为广播电视业的基本组成单位就成为媒体内容生产中的重中之重。以下我们主要谈谈品牌栏目的打造。

(一)打造品牌栏目的意义

任何一个专业化频道或准专业化频道,虽然播出栏目很多,但是必须全力打造和创立几个品牌栏目。品牌栏目不一定是收视(听)率最高的栏目,但它必须拥有较高而又稳定的受众群。品牌栏目应当具有独特的风格、创新的意识、精良的制作,忠实的观众,以及高知名度、高使用频次和高欣赏指数,具有巨大的社会效益和经济效益。在短时期内收视(听)率高的电视栏目并不一定就是品牌栏目,真正的品牌栏目必须经得起时间的考验,从这个意义上讲,栏目生存时间是检验品牌栏目的重要标准。品牌栏目应当具有较高的认知度和美誉度,如中央电视台的《新闻联播》、《焦点访谈》、《东方时空》、《实话实说》、《生活》、《经济半小时》、《幸运52》、《开心辞典》等。总之,全力打造品牌栏目,以品牌栏目带动整体节目的提高,以品牌栏目提升频率、频道的总体形象,应当是媒体营销的核心。

(二)品牌栏目的个性构建

差异创造竞争价值。激烈的媒体竞争要求媒体必须在同行中找出自己差异化、个性化的东西以占据受众心中的位置。这就要求栏目拥有自己的品牌个性。个性表明的是一种特质,它是竞争的导向;个性也是资产的内涵,因为个性具有许多特征,如气质、性格、情绪,个性常常被描述为有性格特征的形容词。广播电视栏目的个性体现于形式和内容两个方面。从形式上,具有一定特色的节目流程、节目板块、节目主持人或节目风格,也就是具备特色化的品牌形象;从内容上,体现一定的价值观和文化品位,给受众带来不同的感觉、感知或信息、文化,具备概念化的品牌内涵。因此,要构建具有品牌个性的广播电视栏目就要:挖掘个性的发展空间,塑造品牌的核心价值。

个性的发展空间在于内在个性的突出和强调,这是未来品牌塑造的核心,也是竞争的核心。相同的信息或素材,可能因为媒体对品牌内在个性上的认识程度有所差异,对信息处理的方式不同,造成的效果亦不尽相同,品牌的价值核心也就不同。对于不同功能,但相同类型的节目,应该就其个性的某一点进行强化、放大,甚至夸张,以占据这个领域的制高点为目的。

例如某些新闻类的节目,应该彰显其真实、权威、快捷的品牌个性。[①]"用事实说话"的《焦点访谈》就是选择了真实性作为其树立威信、建立品牌个性的突破口,使自身

① 李晓枫:《中国电视品牌节目建设与发展战略研究》,中国广播电视出版社,2003年版,第235页

品牌得到受众认同。《焦点访谈》开播以来,既注重新闻性、时效性,又追求和体现报道的深度和厚重感,以其采访独家、分析精到而成为目前中国电视界影响最大的新闻评论类栏目,先后有多个节目在国内新闻最高奖项评选中获奖。主持人敬一丹、水均益、白岩松等也成为中国广受欢迎的新闻评论型主持人。今天,国家民主政治不断发展,政务不断走向透明化、公开化,舆论环境对真实的关注更为迫切,因此广播电视栏目在"真实"上的个性竞争有更为广阔的发展空间。

又如探索频道(Discovery)自1985年开播以来,一直强调节目制作中的人文关怀,强调人文性和趣味性的结合,制作的每一档节目都独具个性。他们把电影故事片的有关镜头剪辑下来,与纪录片、电脑成像和文字、史实、传说等等融合起来,强调"一切全都围绕故事"和"在故事中传递信息而不是在信息中揭示故事",拍摄了诸如《恐龙纪元》、《木乃伊》等特别系列专辑,在全球145个国家中拥有1亿2千万观众。1997年,探索频道被联合国教科文组织正式授予"人类探索特别贡献奖"。此外,它还成为全球十大知名品牌中唯一一个媒体类产品,与可口可乐、麦当劳等品牌并列。[1]

可见,任何一个品牌节目都应该在尽力打造品牌个性的前提下,强化自身特色,尤其注意强调其中的某一个点或某一个方面,依靠这种方式营造品牌的聚焦点、突破点、爆发点。只要品牌具有独一无二的个性,就能降低市场竞争的压力,降低市场风险,战胜竞争对手。在品牌个性上,要寻求差异化,需要对市场有准确的定位之后,对目标受众进行科学的分析和研究才能实现这一个性空间的转移。当然,这一差异是一种相对的差异。

(三) 品牌栏目的经营策略

"能给产品的初期购买者提供全面的满意"是商品竞争的一个通行法则。史提芬·金购买模式是这样表述的:全新品牌具有在很短时间内达到市场渗透率高峰的能力,之后销售量会快速下降,达到一定程度则会稳定下

---

[1] 彭吉象:《试论电视专业化频道的营销策略》,《现代传播》,2002年第3期

来,而且能持续若干年,稳定期的销售量通常是高峰期的80%,并且不管市场渗透率有多少,其下降指数几乎一样。很多品牌栏目都已经形成比较固定的经营模式,并且这些经营模式也或多或少地具有上述购买模式的某些特征。因此,品牌栏目的经营通常采用以下策略:

(1)品牌推出前,务必进行细致的市场调查、策划设计和组织准备,严格实施精品战略。品牌推出后,在投入期和生长期,要强化形象包装、导视宣传、受众交流与服务等措施,以突出风格和个性,打消陌生感和距离感,最大限度地刺激受众的"购买欲"。对于品牌栏目给予资金、政策方面的倾斜,通过一系列形象宣传,精心打造少量品牌节目,使之成为频道的"招牌"。

(2)利用名牌的辐射效应,开辟新的黄金时段,将名牌裂变、派生,进行适度的扩张经营,以利于形成规模效益。例如,山东卫视考虑到法制节目在当代社会具有较大发展空间,从其名牌栏目《道德与法制》中裂变、派生出两个品牌——《金剑之光》和《评案说法》,非但没有削弱母体,反而巩固了原有品牌的统领地位。这在调整品牌结构时有借鉴价值。

(3)利用品牌的辐射效应,可采取"品牌集中"策略。如2004年9月1日,中央电视台对全台尤其是CCTV-1的资源重新进行整合,并启动全新改版。具体做法是把其他频道的当家栏目,如《实话实说》、《艺术人生》、《幸运52》、《同一首歌》、《开心辞典》、《曲苑杂坛》等六档节目的首播放在CCTV-1的21:40后的时段播出,加上新闻之前还有《东方时空》预热,从而形成较长时间的集中性收视优势。央视广告部主任郭振玺曾称:"预计2005年央视一套晚间18:14开始到1:50分这七个半小时左右的时间里面,总体收视份额会上升30%,这实际上就是整个招标资源的整体价值相当于提升30%。"

(四) 品牌栏目的管理

建立品牌节目的管理机制,是实现品牌经营科学化的有效途径。它包括:市场调查机制,媒体应委托权威调查机构对品牌的视(听)率、影响力和从业人员素质进行客观评价;节目运作机制,对于精品生产在人、财、物上给予有力保障;节目考评机制,建立公正而有代表性的专家考评委员会,对播出节目和主创人员进行量化分析,使真正的名牌、优秀人才得到奖励;综合调度机制,能够对新创品牌的风格设计、对稳定品牌的活化和扩张,乃至对时段调整、广告播出比例等提出决策意见。

上述要求涵盖了品牌栏目的创造、营销、管理三个方面,广播电视经营者在进行品牌栏目运作时应予以考虑借鉴。

只有在广播电视节目的内容打造中,首先具备了具有品牌个性的精品栏目,才可以在具体运作过程中运用一系列技术性、技巧性手段塑造媒体形象。

二、形象包装

(一)理论依据

1.形象经营

形象经营是现代企业的经营模式之一。对于形象经营模式,媒介并不陌生。因为企业形象经营所依靠的各种形象经营战略的实施,在很大程度上都是借助于传媒来完成的。也就是说,传媒事实上是企业形象塑造的参与者和传播者。正因为如此,传媒的企业化经营选择形象经营作为主导模式有很好的基础,如善于形象塑造与传播,不缺乏塑形人才,实施形象经营的成本相对一般企业低,等等。除了上述外,更为重要的是,形象经营是最适合我国传媒经营的一种好模式。这种模式好就好在,它既是一种可以取代行政经营的经济经营模式,又是一种高层次的文化经营模式;既能适应传媒的经营体制改革要求,又有利于作为文化传播事业的当代传媒发展。

2. CI 战略

媒介业的整合营销传播应当引入企业的 CI 策划。所谓 CI(Corporate Identity)策划即企业形象设计,又称为企业形象识别系统。企业形象设计是一个复杂的系统工程,它包括三个子系统构成;MI(理念识别系统),它是企业的文化理念、经营理念、经营方针和经营宗旨,是一个企业的灵魂;BI(行为识别系统),它对内是企业的文化准则与行为规范,对外则是通过公关促销与公益活动来贯彻企业的文化理念;VI(视觉识别系统),通过企业独特的视觉形象设计,在所有的产品、商标、包装,乃至办公用品上塑造企业独特的视觉形象,形成具有文化内涵的视觉冲击力。显然,不但电台电视台应当引入企业形象设计,每一个频道也应当引入企业形象设计。首先,每一个频道应当引入MI,它是该频道的文化理念,也是这个频道的营销宗旨,称得上是这个频道的灵魂。其次,每一个频道也需要引入BI,对于频道及其品牌栏目来讲,都需要通过策划与创意来不断创新。最后,任何频道都离不开VI,注重整个频道的风格与形象的包装宣传,以强烈的视觉冲击力吸引受众,留给观众十分鲜明的频道形象。

(二)包装分类

1. 频率、频道整体形象包装

每个频率、频道因定位不同而具有各自不同的特色,频道形象设计正是对其定位与特色的包装与张扬,可达到一种强化频道、频率意识的作用。频率、频道的形象设计是个总体概念,它包括极丰富的内涵,例如频道的标识、色彩、音乐、问候语、主持人服饰与风格、节目编排方式等等,这些元素直接影响到频道是否具有亲和力、感染力与冲击力。从总体上看,频率、频道的形象设计,还包括总体形象设计、栏目形象设计、主持人形象设计、标版式形象设计等等。这就是说,频率、频道的形象设计,应当通过设置独特标识、制作播出宣传片等多种方式来强化受众的印象,留给受众一个相对熟悉的频道整体形象,引领受众认识和了解广播电视节目的风格特色。仅以标识为例,世界各国主要电视台都十分重视标识设计,许多频道甚至品牌栏目都有自己独特的标识,这些标识一般都遵循"简洁、鲜明、富有文化意蕴"的原则,具有深邃的文化内涵和强烈的视觉冲击力。如CNN是一个不停转动的蓝色地球标识,这个标识十分醒目,表明它是一个全球性的新闻频道,寓意 CNN 国际新闻频道"面向全球,关注世界"的理念。近年来,CNN 的片花更是以极快的速度展现世界各大洲的标志性建筑,如法国的凯旋门、英国的伦敦桥、印度的泰姬陵、香港中银大厦、澳大利亚悉尼歌剧院等,进一步增强了该频道的整体观赏性与全球意识。又如美国国家地理频道 NGC 的标识是一个黄色小方框,荧屏右上方的这个黄色小方框永远不变,但是从小黄框里不时地钻出一只北极熊、飞出一只鸟、爬出一只蚂蚁,或者摆放一把登山镐、一支羽毛笔、一把钥匙等等,显然,这个小黄框寓意着 NGC 频道是一扇通向大自然之门。而这个小黄框实际上又来源于美国地理协会主办的权威刊物《美国国家地理杂志》,这本杂志每期都有一个黄框在封面四周。显然,这样的标识不但十分醒目耐看,而且将频道的特色乃至主办单位都十分清楚地传达给受众了。又如,前文曾提到的凤凰卫视中文台的标识是两只凤凰组成圆形图案,以淡黄色为基本色调,具有浓郁的民族特色,视觉效果好,文化意蕴也很好,又非常富有张力。因为中华民族的第一图腾是龙,第二图腾是凤,凤凰卫视选取这一标识,既与其身份相符,又体现出向世界传播中华文化的宗旨与理念。[1]这些例证充分表明,频率、频道的形象设计对于整个媒体的整合营销的传播来讲极其重要。我国广播电视业已经充分认识到了形象宣传的重要。2004年 11 月 30 日,首届广播电视行业形象片最高级专家奖——2004 中国·国际形象片评审会在北京举行。[2]

2. 栏目的形象包装

广播电视栏目的包装与一般商品的包装含义不尽相同。作为频率、频道的一个组成部分,栏目的包装是从属于整个频率、频道的包装的,但是栏目包装还包括内容的包装。它包括:

片头:片头是一个栏目的脸面,由视、听的综合元素构成,不仅仅包含品牌栏目的名称、标志展示,并且通过画面、色调、运动、特技转换、音乐、音效组合成可以综合表达品牌内容、理念、目标的广播电视作品,向受众告知

---

[1] 彭吉象:《试论电视专业化频道的营销策略》,《现代传播》,2002 年第 3 期
[2]《光明日报》2004 年 12 月 1 日

节目的开始,预告节目内容、主题,展示节目的风格,吸引受众对节目的注意力。

片花:又称片插。是为了强化受众在收听、收视过程中对节目的品牌识别而制造的一种产品。一般节奏明快,突出品牌形象,烘托气氛,制造感觉冲击力。可以缓解受众疲劳,吸引初来者的注意,向其提供节目相关信息。

标版:标准版式,用于节目过程中的内容提示或内容展示的固定版式设计。有利于与节目风格形成统一,强化品牌栏目的包装理念。

片尾:片尾是节目的收笔之处。片尾不能虎头蛇尾,草草了事;当然也不可拖沓冗长,画蛇添足。片尾应简洁明了地运用于品牌节目的署名或作为广告的载体,但在风格上应与节目整体风格一致,使受众留下深刻印象,意犹未尽。①片尾的音乐效果非常重要,对于广播节目来说尤其如此。

3.主持人包装

节目主持人是节目的形象,节目的灵魂。名主持和品牌栏目之间是相得益彰、相互支撑的。观众喜欢看《实话实说》很大程度上就是喜欢崔永元,这已是不争的事实。主持人既是电视产品的制造者,又是电视产品的传播者,同时还是电视产品的一部分,是品牌形象的主要体现者。这是广播电视媒体的一个重要特点。

作为栏目甚至媒体整体形象的识别提示,主持人应该在外形、话语、行为及个性风格上与节目和媒体融为一体,这样可以帮助品牌栏目从大众传播演化为人际传播,从而增强品牌栏目与受众之间的贴近性,成为广播电视品牌栏目不可缺少的部分。

品牌的形象由人与节目共同组成。凤凰卫视集聚多领域人才,进行多元化人才培养的策略,与凤凰卫视开放、多元的频道文化形象吻合,由此形成人与台的交融,进一步强化了媒体品牌形象。凤凰卫视打造主持人模式更接近于明星制,其主要的手段有:

——让主持人频频曝光,拉近与观众的距离。为主持人制作突出其风格的个人形象宣传片,抓住一切机会

① 李晓枫,《中国电视品牌节目建设与发展战略研究》,中国广播电视出版社,2003年版,228页

让主持人频频出现在各种媒体上。在凤凰卫视的各种宣传册中,都有主持人的图片,甚至还专门为他们制作精美的"明星"卡,主持人外出采访拍片或参加社交活动,都要求随身携带,以赠热心观众。

——量身定造适合其个性、风格、特长的栏目,让栏目迎合主持人而不是主持人来迁就栏目。一旦某个主持人影响扩大,凤凰卫视就会为其新开专门的栏目来吸引观众,进一步培养观众的忠诚度,扩大并巩固主持人的影响力。1998年"两会"期间,吴小莉因被朱总理点名而迅速蹿红,成为新闻的新闻,凤凰卫视不失时机,推出《小莉看时事》,吴小莉随之名气日涨。陈鲁豫在凤凰启播时只是担当文艺娱乐节目的主持,凤凰卫视高层看中她国际新闻专业科班出身的背景,启用她主持时事节目《凤凰早班车》;当她"说新闻"的主持风格得到各方认可之时,凤凰又相继为其开办了《鲁豫新观察》、《一点两岸三地谈》、《说出你的故事——鲁豫有约》等节目。与电视台的一般传统不同,凤凰并不框定主持人的"活动范围",只要适合他们的个性特点,主持人就可以穿越于新闻时事、综艺晚会等不同的电视领域。在以培养明星为目标的模式下,凤凰卫视的名记者、名评论家纷纷出炉。随着时事节目及时事评论节目的加强,一些一线记者以及时事评论员开始崭露头角,为观众所熟知。凤凰卫视又趁势借用各种渠道加强对他们的宣传攻势。比如在9·11事件中赴阿富汗采访的记者间丘露薇等人,凯旋后便被安排与网友聊天,他们的采访手记也刊载在各种平面媒体上;又比如时事评论员曹景行等人,频频出席国内外的各种研讨会或赴高校演讲。这些记者和评论员也成为凤凰卫视的品牌代言人。[1]

广播电视媒体因为播音员主持人的"只闻其声,不见其人",更需要多方位的包装手段。一些城市电台栏目就曾把栏目主持人的大幅工作照片悬挂在路牌广告上,让城市听众不仅闻其声,同时见其人。照片中处于工作状态的意气风发的栏目主持人,以及照片别有特色的构图,无不具有鲜明的栏目标志,从而使听众对这些栏目有了立

---

[1] 张君昌:《媒体品牌的理念与运营》,《现代传播》,2002年第2期

体、多面的印象以及亲近感，最终取得栏目的品牌效应。

三、以人为本

媒体要赢得其公信力和影响力，就要树立良好的品牌形象。只有具备权威性和影响力才能真正对受众产生影响，也才可以发挥媒体在阐述社会目标、定位价值观念以及制造文化样式等诸多方面发挥良好的导向作用。要塑造自身的良好形象，除了上述诸多手段以外，还需要全体媒体从业人员的共同努力。

2004年底，国家广电总局向社会公布了我国首部《中国广播电视编辑记者职业道德准则》和《中国广播电视播音员主持人职业道德准则》，对广播电视编辑记者、播音员主持人队伍的道德取向、素质要求和工作方法提出了明确要求。广电总局有关负责同志强调，要通过在全国广播电视队伍中倡导良好的职业精神和职业道德，从根本上规范广播电视编辑记者、播音员主持人的职业行为，提高广播电视队伍的整体素质。[①]由此可见，广播电视产业的发展必须有相当高的伦理为基础，必须有职业道德要求作为保证。

现代传媒具有两大功能：一是意识形态功能，二是产业功能。除了采取多方手段提高自身市场竞争力以外，媒体作为全社会信息交流枢纽和公众所享有的新闻自由权利的主要行使者，应肩负起"以高尚的精神塑造人"的社会责任，在阐述社会目标、定位价值观念以及制造文化样式等诸多方面发挥良好的导向作用。只有每一个媒体从业人员都具有良好的行为规范和职业操守，才能使这个媒体具备良好形象和品牌竞争力。

第三节 媒介的公共关系

一、公共关系的定义及表现形式

(一)概述

公共关系学是一门新兴的、综合性的应用科学，在理论上它涉及不同的学科范畴。因此，在确定公共关系定义

[①] 央视国际，2004年12月6日 http://www.cctv.com

时，出现了各种各样的表达方式。有认定公共关系是信息传播；有认定公共关系具有管理职能；还有公共关系活动论，公共关系技术论等等。各种定义从不同的角度反映了公共关系的各个侧面，说明了公共关系的基本特征，这些特征表现为公共关系的综合性、实用性和边缘性。事实上，公共关系是一个社会组织与其社会公众之间建立的全部关系的总和。它发挥着管理职能，开展着传播活动。社会组织通过有效的管理，旨在谋求组织内部的凝聚力与组织对外部公众的吸引力；通过双向的信息沟通，旨在争取社会公众的谅解、支持与爱戴，谋求组织与公众双方的利益得以实现。媒体作为一种社会组织，也要适应新形势，积极建立自身的公共关系。

公共关系这一概念，从不同的角度去理解可以得出不同的表现形式：

从静态的角度来看，公共关系表现为一种状态。它包括原始的公共关系状态和良好的公共关系状态。原始的公共关系状态是社会组织不加任何修饰（即不开展任何公共关系活动）的公共关系状态。这种状态具有单纯性、自然性和客观性的特点；良好的公共关系状态由社会组织通过各项公共关系活动的开展，改变原始的公共关系状态所要实现的目标状态。这种状态具有主观性、复杂性和多样性的特点。

从动态的角度来看，公共关系又表现为一种活动。这种活动是主观见诸于客观的一种社会实践。它是由日常公共关系活动和专门性的公共关系活动构成。日常公共关系活动是指大量的例行性业务工作和临时性琐碎工作，它依赖于组织中全体工作人员共同努力来完成；专项公共关系活动是指有确定主题、确定目标，由公共关系管理者或公共关系专家具体策划，由公共关系工作者运用各种公共关系技术进行实际操作的重大公共关系活动。任何一项公共关系活动都具有目标性、主观性和技巧性等特点。

公关的主体是社会组织;公关的客体是公众;公关的手段是传播。

(二)公共关系的作用和影响

从宏观上看,公共关系对社会的影响主要体现在:

(1)促进生产力的发展。人的因素和物的因素在生产过程中的有机结合而产生的总体能力,生产力内部各要素的合理结合和最佳功能的发挥,都与公共关系密切相关。公共关系的连接和沟通作用,产生了新的要素、新的功能、新的力量。

(2)推动社会关系的变革和改善。生产关系是社会制度的基础,它是由物质生产领域中的公共关系活动产生的。政治关系、思想关系等其他社会关系,也是由这些相应领域中的公共关系活动产生的。公共关系活动是产生、发展、变革、改善各种社会关系的重要动力和源泉。

(3)公共关系活动是科学与文化继承和发展的重要途径。人类依赖公共关系活动,使已有的科学文化成果得到传承和创新。

(4)协调社会群体的目标、利益、态度与行动,保持社会和谐发展。公共关系一方面可以强化社会群体之间的联系,促成其合作,保持各个社会群体同步发展,促成社会良性运转;另一方面可以互通信息,争取谅解,化解矛盾和冲突。建立和维持公共关系,可以在社会关系系统内形成自我调节机制,让社会群体之间自觉、主动地协调一致,保持和谐发展。

(5)有利于人自身的发展。在公共关系活动中,人的个体才能摆脱各种局限而同社会和世界发生联系,才能获得别人创造的物质文化和精神文化来充实自己,使自身得到更好的发展。

(6)优化社会经济、政治、文化、心理等环境。有了正常的联系,协调了有关方面的目标、利益、态度和行动,促成了各个社会"细胞"和部门的合作,使社会互动处于良性状态,这就优化了各种社会环境,使得整个社会运转有序。

从微观上看,公共关系对于媒体的影响在于:

(1)媒介作为大众传播媒介一直肩负着四大职能:监测社会环境、协调社会关系、传承文化和提供娱乐。良好的公共关系可以帮助媒体监测社会环境(社会舆论、意识、态度和行为等),及时发现社会上最新的变化,收集社会对媒体的各种反映,以便向决策层和相应部门提供信息和决策咨询。

(2)建立和保持媒体与各类公众的双向沟通,向公众传播信息,争取理解和支持,强化与公众的联系。

(3)为媒体塑造良好形象,扩大媒体认知度,提高媒体美誉度。

(4)促使媒体有计划地调整目标和行动,并以相应政策和行动影响公众舆论、态度和行为,在媒体与公众之间进行协调,促成双方合作,帮助媒体实现既定目标,增加效益。

(5)增强媒体组织的凝聚力和吸引力,使其内外保持和谐一致。

(6)在面临危机时,有效地化解矛盾,缓和与消除冲突,变被动为主动,变不利为有利,强化危机管理意识。

正是因为良好的公共关系对于媒体这样的社会组织甚至整个社会都具有如此重大的战略意义,媒体应该把公共关系当作一种重要的战略资源,结合人力、物力、财力、科技等其他资源,形成新的功能和合力。同时媒体也可以争取合作伙伴,得到所需要的各种外部支持。这种媒体与受众的互动可以给双方都带来良好的效益,因此,公共关系已经成为媒体战略管理的重要组成部分,对形成媒体品牌发挥重大作用。

二、媒介的公共关系

(一)媒体与社会的公关

大型的公关活动越来越成为媒体展示良好形象的手段,也逐渐被大众所接受和赞扬。在举办此类活动时一定要明确媒体的宗旨和活动目的,制定详细的计划。并且这种活动必须持续不断、连续进行。

大型活动建立良好公共关系的同时也可以打造品牌,创造形象。一般企业常常要设计一些活动来吸引媒体的注意,并借助媒体扩大知名度和影响力。媒体在这方面则具有独特优势。作为大众传播渠道,媒体自己就可以完成从活动策划到传播并形成影响的过程。

大型活动是凤凰卫视的一大特色。从1999年的《千禧之旅》开始,凤凰卫视每年都要举办"大手笔"的活动项目,如之后相继推出的《欧洲之旅》、《寻找远去的家园》、《两极之旅》等大型活动。这些活动的成功就是凤凰卫视品牌塑造和推广战略的成功。

凤凰卫视举办的大型活动都声势浩大,活动自始至终都伴以密集的宣传攻势,大大提高了凤凰卫视的知名度和收视率。在活动开播之前,就推出一系列可视性极强的宣传片,并且高密度地播出;举办并播出为活动壮行的文艺演出。在活动进行过程中,在整个频道构建起一个立体化多层面的传播框架,充分利用了可能采集到的所有新闻资源,满足不同层面受众的收视需要,同时,也使单一节目的热效应扩散到整个频道,提高了整个频道的市场热度,形成规模传播效应[1]。

央视《今日说法》节目与全国普法办合作,连续三年举办了"12.4法制宣传日"大型系列活动,其中包括组织"2002年度百姓关注的十大法治说法评选"和"2003年度法治说法人物评选"等,这些活动远远走出了电视节目的范畴。[2]类似的活动扩大了媒体的影响,同时也为整个社会的稳定发展作出了贡献。

(二)媒体与其关系者的公关

媒体欲树立良好的形象,必须处理好以下关系:媒体与受众(消费者)的关系、媒体与同业者的关系、媒体与员工的关系、媒体与代理商的关系、媒体与求职者的关系、媒体与社区的关系、媒体与政府的关系等。以下列举其中几种:

---

[1] 叶凤英,杨晓凌:《从"千禧之旅"看凤凰卫视的传播策略》,《现代传播》,2000年第4期
[2] 搜狐新闻 NEWS.SOHU.COM

1.媒体与广告客户的公关

在市场经济条件下,媒体广告经营"以客户为王"时代的到来呼唤媒体必须与其生命线——广告客户建立公共关系。广告客户对媒体的忠诚通常是一个品牌积累和市场积累的过程,是刚性的,是市场决定的。这就要求媒体在强化自身品牌的同时积极寻求建立广告客户的忠诚。

广告客户对媒体的购买行为首先是企业本身宣传和市场策略的需要,其次就是各方利益的博弈、竞争媒体的博弈。折扣、投量、经受人获得多少利益等都是决定广告媒体投放的因素,这远比购买一个简单的商品复杂。

真正和广告客户建立良好公共关系的媒体才可以被客户所认可。这个时候,媒介之间的竞争不再靠价格、靠产品、靠渠道,而是因为广告客户对媒体的好感和依赖感,认为这个媒体不仅可以帮助产品的宣传,还会提供一种品牌形象上的支持。这时候的媒介市场是一个健康正常的市场,媒介和客户相互支持,相互帮助,相得益彰,双方都有优势,一方面是优势企业,一方面是优质媒体,双方形成一种健康互动的关系。[①]

另外,媒体要充分运用公关手段,建立比较稳定的客户群。这样可以帮助媒体在危急时刻抵御风险。绝对不能依靠极少数的客户,单个大量投放的客户固然重要,但是还是需要一个非常良好稳定的客户群来支持优质媒体的良性发展。

2.媒体与(消费者)受众的公关

媒体间的竞争实质上是品牌的竞争。品牌是一个以消费者为中心的概念,没有消费者,就没有品牌。品牌的价值体现在品牌与消费者的关系之中。在消费者心目中,品牌不仅代表着产品的品质,还可以是一种仪式,一种偶像,一种社会地位,或一位关怀自己的朋友,因而成为人们直接的消费对象。因此在品牌传播中,必须重视消费者,努力强化品牌和消费者之间的关系。建立与强化品牌与消费者的关系,培养忠诚消费者,已成为提高品牌价值的关键所在。

---

① 王新:《广告媒体与广告客户忠诚》,武汉电视台网站 http://www.whtv.com.cn

公众策略是公共关系的核心策略。美国著名公共关系学者詹姆斯·格鲁尼格提出的良好公共关系的五大特征,对于建立以信誉为核心的公众策略,具有重要的指导意义:

互相影响:组织管理层和公众都认为对彼此的决策有一定的影响力。

关系承诺:组织管理层和公众都意识到双方互相依存,并愿意给对方与其他方一定的建立关系的自主权。

双方满意:双方都认为这种关系对彼此有益。

彼此信任:各自都愿意授予双方一定的控制权,因为相信对方的行为是负责任的。

双赢目标:双方都达到自己期望的目标,获得了最大的利益。

面向受众的公关,一方面是借助广告、宣传品,一方面是通过直接与人打交道。比如说具体地接待读者、听众、观众来信来访。

近几年,各大报社、电台、电视台纷纷建立自己的网站,这在很大程度上方便了媒体与受众的互动,可以及时回应受众反馈,听取意见,答疑解惑。也就是说,网络媒体信息发布的即时性决定了公共关系建立的快速性。当然,这也给公关带来了挑战,网络公关事件处理不及时或措施不当,其负面效应也会立刻彰显出来。在公关传播中,每一个事件出现的时候,在网络媒体上的专题性一方面扩大了其传播的力度,另一方面也增加了传播的公正性,这样可以使受众能够得到更多、更全面、更客观、更公正的信息,对一个事件有更接近真相的了解,任何偏颇的传播都不可能在网络媒体上误导受众。另外,在网络媒体上,信息的易获得性使每个公关事件的时效性大幅度地被延续,所以每一个公关传播对于从业者来说都必须非常慎重,如果有不当的公关事件,其负面影响力在相当长的一个历史时间内难以消除。当然,优秀的传播也将因为网络媒体而获得更长的传播生命周期,从而在受众心中建立更好的信誉。这些都是以信誉为中心才使媒体与受众之间的良好公共关系得以建立。

3.媒体与同行的公关

"同行如冤家"这一说法在中国恐怕有"根深蒂固"之传统。但是,媒介产业的发展在于对市场的开拓,对受众的吸引,而绝对不是靠中伤同行。同类媒体做得好,有利于行业在受众心目中的整体形象,也有利于自身的发展。

凤凰卫视总裁刘长乐在接受人民网采访时被问及凤凰卫视与大陆电视台的关系时曾说:"我们的华语媒体到现在为止仍然是在襁褓中,跟其他的媒体巨人和媒体强人比较,人家都长大成人,而我们还在襁褓期、孩童期,我们怎么发展、怎么突破话语空间,怎么提高华语媒体质量,都不为过。我们不能在窝里斗得起劲,在外面销声匿迹。我们应该共同联合起来,共同创造在整个世界话语空间中华语应该有的话语空间。我们的文化产品并没有那么大的名副其实的市场,所以我们是不是应该从这个角度共同努力。"

媒体间的合作除了可以增强整体竞争力外,还可以使媒体多方受益。在东方卫视与兄弟电视台的合作中,除了省级台,还有地方城市台。《城际连线》就是一个很好的例子,它事实上是一个开放的全国城市新闻播出平台,是各城市台新闻的总汇,只要是有价值的新闻和代表不同地方的资讯,这个平台都会拿来播出。这一方面为东方卫视的节目提供了丰富的新闻源,另一方面又为各城市台既无法上星、又不被省台采用的新闻提供了播出平台,同时也促成了东方卫视与各兄弟电视台的友好合作关系。

在媒体竞争激烈,国外传媒已经迈开大步挺进的形势下,国内、省内媒介携手合作,共享资源,联合发展,共同进步,已经是大势所趋,不可逆转。

(三)媒介公共关系的建立

任何公共关系工作都应有总体规划和年度计划。在这些计划中,应有公关目标、阶段划分、时间表、公关活动项目、经费预算等,且公关计划与企业整体规划相互协调、互动促进。对重大公关活动,应事先审查公关活动企划书,在批准后才可组织实施。尤其是我国的媒体,既有产业属性,又有意识形态功能,大型的公关活动对整个社会的影响也是巨大的。

一般而言,公关顺序应为:顾客至上、员工次之、股东第三;以外部公关为主,兼顾内部公关。兼收并蓄,采取丰富的公共关系措施体系,即"立体公关"。

1.对外公关

对外公共关系总体体现"亲善、至诚、敬业"的媒体形象,要使社会公众看到媒体人员辛苦工作,以赢得社会各界的好感,使各界自觉配合媒体工作。

重点建立与受众、广告客户、公众、行业、政府的公共关系,区别于一般公关领域;公关活动安排在时间序列上,区别公关活动的高潮、低潮状态,且高潮、低潮交替出现,有张有弛,一波一波推进。

为保持媒体的开放性,可考虑邀请媒体之外的专家学者参与媒体公关策划,以便于媒体组织体制融于社会整体变革之中。

及时向外界传播媒体的可公开信息,利用自身资源优势使之频繁见诸公众,使媒体成为人们的关注热点,可定期、不定期举办新闻发布会、研讨会、交易会。

通过赞助、发起公益活动,强调公众参与,赢得社会好感,贴近民众生活。如向广告客户和受众提供各种实惠和无微不至的服务,友好接待来访群众,认真听取其建议等。通过良好的"口碑效应"传播媒体形象。

对媒体的许多经营管理活动,都自觉包装为一次次有轰动效应的公关活动,但要有充分准备应变措施。

利用名人效应。凤凰卫视在制造明星的同时,也借助各界名人来打造自己的品牌。一是邀请名人主持节目。比如邀请媒介名人杨澜加盟,主持了《百年叱咤风云录》和《杨澜工作室》;邀请名记者唐师曾主持《打开历史之门》;邀请文化界名流余秋雨共同主持《千禧之旅》和《欧洲之旅》等。二是节目内容经常聚焦名人,或是名人专访,或是专家学者的讲座,一直持续不断。三是经常邀请演艺界明星为活动造势。比如在《千禧之旅》中邀请刘德华演唱主题曲,体现媒体视觉形象品牌知名化和无形资产增值化,并形成整体效应。

2.对内公关

内部公关主要是上情下达,下情上达。媒体组织内部各层次进行信息沟通,上层有关情况及时传达工作人员,使其具有主人翁意识和共担责任、共赴风险的精神;另一方面,工作人员的合理建议、意见及时反馈上来,发挥参与管理积极性。

内部应营造一个凝聚力工程,并且建立了解、关心、帮助职工及其家庭疾苦和亲情交往传递的常规制度。常规办法有喜事祝贺、丧事吊唁、生日贺卡、蛋糕、子女奖学金。

一般都要设立媒体的内部刊物,作为内部公关信息交流的主要媒体。

随着社会主义市场经济的发展，越来越多的人认识到资本运营在我国社会经济生活中的重要作用。

资本运营，运营什么？怎么运营？这是自资本运营这一概念在中国提出来后，许多人遇到的一个迫切需要回答的问题。我们认为，要解决这个问题，首要的前提是对于资本运营这个概念的理解。这个问题搞清楚了，才能使人们在资本运营的探讨中有共同的语言，在资本运营的实际运作中有可操作性。从不少报刊上公开发表的文章中，我们能感到有一些人谈到的资本运营实际上仅仅是局限在资本或产权的买进和卖出。有的说，资本运营就是并购；有的说，资本运营就是买卖产权；有的说，资本运营，就是炒股票、证券；等等。

实际上，资本运营的范围要宽得多，其内涵也要深刻得多。如果把资本运营仅仅定义在这样一个狭隘的范围之中，最危险的就是可能使得企业不安心于对实业的开发，不把资本用在生产经营上，看不到资本运营的最终实现成果必须通过生产经营才能得到；如果把资本运营仅仅定义在这样一个狭隘的范围之中，许多产业就会因此不能得到发展，我们所提倡的资本运营如果仅仅是炒卖股票、证券、产权，其结果就会使资本运营也成为一种追求泡沫经济的行为。

资本运营本身是一个广义的概念，资本一定要投入到社会经济生活中的各种产业中去，包括金融业、证券业、工商业、房地产业、旅游业、信息业等，才能够成其为资本，这是资本运营的最广泛内容。什么产业或产品能够赚钱，什么产业或产品能够赚到更多的钱，资本就要流到什么产业或产品上去。这是市场经济的一般规律，也是资本的本性。

资本运营是我国经济继产品生产型转向商品生产型、单一生产型转向生产经营型两次飞跃后的第三次飞跃。对于我国企业来说，资本运营既是一个崭新的课题，也是一个永恒的课题。对我国媒介产业来说，同样如此。从手段上来说，媒介的发展大致包括两种，即传统媒介经营和媒介资本运营。传统媒介经营指的是与媒介直接相

第十章 媒介资本运营

关的广告、节目等方面的经营。媒介资本运营主要包括产业参与和行业介入的多样化、产权组合与经营形式多重化,以分散资本运营的风险,保证最大增值。可以这样说,传统媒介经营为媒介资本运营积累资金;媒介资本运营为传统媒介经营提供更广阔的发展前景并增进媒介的整体效益。

那么,什么是媒介资本运营?我们从孙正一等在《我国新闻媒体资本运营情况初探》中的"传媒资本运营"概念得出:媒介资本运营就是将报社、电台、电视台所拥有的有形资产和无形资产,主要是指和媒介业有关的广告、节目、信息等,还有报社、电台、电视台经营的其他产业部分,均视为经营性的价值资本,通过价值成本的流动、兼并、重组、参股、控股、交易、转让、租赁等途径进行经营优化媒介资源配置,扩展媒介资本规模,实现最大限度增值目标的一种经营手段。报社、电台、电视台实际上也是各种生产要素构成的具有政治属性的经济实体。报社、电台、电视台所拥有的各种有形资产和无形资产(如国家台的品牌资本、人才资本等)都可视为资本,通过资本运营的方式实现价值增值。媒介开展资本运营,为市场经济条件下社会主义媒介业的发展提供了强大的经济驱动力,应当予以积极的支持和引导。同时,也要认识到由此带来的负面效应,及时在制度规范上对媒介资本运营的主体与客体进行框定。媒介资本运营既要遵循一般企业的法律规定,又要恪守其特殊行业的特殊原则。媒介必须坚持党的领导、党性原则,坚持正确的舆论导向,这是我国媒介生存的基础。

第一节 媒介开展资本运营的理论依据和现实需要

一、媒介开展资本运营的理论依据

产业是通过制造产品或提供货物和劳务以获得收入的生产性企业和组织。在经济学中,根据社会生产活动历史发展的顺序对生产部门作三类划分:产品直接取自自然界的部门称为第一产业，对初级产品进行再加工的部门称为第二产业，为生产和消费提供各种服务的部门称为第三产业。我国政府对国民经济按三次产业作这样的划分：第一产业是农业；第二产业是工业和建筑业；第三产业是除此以外的其他各业，主要包括流通领域、为生产和生活服务的领域、为提高科学文化水平和居民素质服务的领域、为社会公共需要服务的领域。1985年，国务院办公厅转发国家统计局《关于建立第三产业统计的报告》，把第三产业分为四个层次，第三层次是"为提高科学文化水平和居民素质服务的部门"，包括教育、文化、媒介事业。1993年，国务院批转国家计委《关于全国第三产业发展规划基本思路》，把文化、广播影视、新闻出版等各项事业列于"文化、体育事业"。文件指出这些事业对于加强社会主义精神文明建设，提高中华民族的思想文化素质和身体素质，丰富群众的精神文化生活，开展对外文化交流和促进经济发展等具有特殊作用，要按照社会效益和经济效益并重的原则，不断提高文化艺术、娱乐、音像、电影、图书、报刊等文化产品的艺术水平和服务质量，努力提高媒介覆盖率及其节目制作能力和质量，以适应群众不同层次的文化精神生活需要。新闻出版、广播电视在我国早被列入第三产业。1996年，国家把广播电视和报刊经营管理列入需要加快发展的第三产业行列。同年，江泽民视察《人民日报》时明确指出："过去我们的传媒只讲宣传，如今在市场经济条件下，新闻传媒既要宣传，又要经营。"党的十四届六中全会决议又强调："要适应社会主义市场经济的要求，建立有效的筹资机制，逐渐形成对精神文明建设多渠道投入的体制。"这是对传媒在市场经济条件下产业属性的认可。①

　　承认媒介业的产业性质，也就是肯定了报社、电台、电视台作为生产性组织的属性。报社、电台、电视台不是单纯的宣传机构，而是可以通过自己的产品和服务，取得赢利，实现自我发展并为国家积累资金的独立经济实体。这里我们不再列举业已被广泛引用的众多数据来证明媒

---

① 转引自李泽深:《我国传媒产业化的必然性及影响》,《岭南学刊》,2001年第3期

企业可以盈利。既然我们承认媒介业的产业属性，那么也就承认报社、电台、电视台和其他形式的企业一样，都要按市场经济规律办事。当然我们强调媒介业的经济属性，并不是忽视它的政治属性。中国20多年媒介业改革的一个重要成果，就是显示了媒介业自身拥有的经济活力，并涌现了一批经济实力雄厚的媒介集团。

从理论角度看，与资本结合是我国媒介业发展的必然趋势。这是我国20多年来媒介业渐进改革的结果。有学者曾概括："(20世纪)70年代末以来中国大众传播媒介的变革是大众传播媒介的产业化过程"[1]如果以1979年内地媒介恢复商业广告作为其经营活动的起始，那么，我们可以看到，经营活动与媒介业的改革其实一直相辅相成。广告收入可以作为媒介经营活力最有效的指标。到20世纪90年代中期，媒介业的经营收入逐渐取代财政资助而在媒介业发展中占据主导地位，媒介作为具有强大赢利能力的产业属性突显，于是媒介开始制定产业发展战略。1999年，我国电视广告收入为156.15亿，增长15.66%，而同期国民经济的增长速度为7.1%。[2]在这样的背景下，资本介入媒介显得十分自然：一是资本的逐利性决定其必然会对成长性良好的媒介业报以极大关注；二是媒介业是一个高消耗行业，面对新一轮竞争和发展，仅仅依靠自身积累必然制约其发展的规模与速度，因此，也渴望资本的加盟。实际上，从20世纪90年代初开始，陆续有资本涉足媒介业。从这个角度看，资本介入媒介既不是新鲜事物，也符合事物的发展趋势。

二、媒介开展资本运营是媒介产业发展的现实需要

在社会主义市场经济条件下，媒介产业向产业化的方向发展，加快资本运营的步伐已是深化媒介产业的改革和我国媒介产业自身发展的必然。现阶段，我国的媒介普遍存在着资金短缺、经营模式单一等问题，而且这些问题严重阻碍了我国媒介产业的进一步发展。2000年10月的一次传媒调查显示，传媒资金的来源91%是自身经

---

[1] 升民，丁俊杰主编：《媒介经营与产业化研究》，北京广播学院出版社，1997年版，第5页
[2] 《现代广告》，2000年第3期第19页

营、7%是国家拨款、2%是募集的社会资金。①传媒自身的所谓"产业经营"部分,还是以相对单一的广告为主,经营收入的75%~95%都来源于广告收入。虽然近年来,全国传媒广告收入增长率持续高于国民经济增长率,使传媒业被称为经济效益显著的"朝阳行业",但从孙正一等撰写的调查报告《我国新闻媒体资本运营情况初探》中得知:我国传媒普遍面临着发展资金不足的困难,强烈需要新的资金投入。报告指出,传媒发展面临的资金不足的问题,主要表现在:一是激烈的市场竞争,使传媒不得不扩张规模,更新设备,引进人才,进入新的资金投入期。二是省级以上传媒大多已停止财政拨款,实行自负盈亏,自我发展。传媒经营收入的75%~95%来源于广告经营收入,又受制于经济环境而显得脆弱。虽然一些省报拥有数家子报子刊,但整个省报收入的80%以上往往又依赖于其中一两张子报的支撑。全国规模最大的传媒——中央电视台95%的广告收入来源于第一套节目的广告。全国有线广电网络建设急需巨额发展资金。就连国家以5.45亿重点扶植的五大新闻网站,仍严重缺乏发展资金。三是作为特殊产业的传媒,不但要像其他企业那样缴纳各种税收,甚至还要承担当地党政部门的一些硬性摊派,如赞助文艺团体,购买体育场看台包厢,参建文化发展基金等。四是1997年提出的到2000年年底,国家不再对多数传媒实行税收的先征后退政策,引起众多传媒的担忧。正是由于出现以上这些情况,使得我国传媒业,尤其是媒介业渴求更多的资金投入。

2000年,我国的媒介投资开始进入高潮,通过上市公司融资给媒介带来巨额资金和良好效益的事实已有目共睹。近几年,湖南广播电视依靠电广传媒上市融资就实现了跨越式发展,资本的力量使原本没有任何优势的电视湘军在全国范围内异军突起,湖南台投入大量资金制作的娱乐节目和影视剧产生广泛的影响。2001年,北京歌华有线网络股份有限公司上市引起各方振动,第一天涨幅就达80%以上,改变了北京广播电视依靠政府投入

① 陈力丹:《论我国媒体的资本运营》,www.mediachina.net

和广告滚动发展的局面。[1]媒介经营单位与上市公司的合作可以有效地利用双方优势达到双赢的目的,媒介可利用上市公司的资金优势解决自身的资金短缺问题获得迅速发展,同时公司也可从中获得良好的经济回报。

我国媒介产业自20世纪70年代末进行经营改革以来,经济实力迅速增强,现在已成为国民经济的一个重要组成部分。但现在我国媒介体制源于传统的计划经济,条块分割、重复建设,散、滥、差现象十分严重;而且具体到单个报社、电台、电视台内部,也是绝大多数权责不清,资源闲置浪费严重,运行机制老化,生产效率差。另外,国际上的跨国传媒集团实力日增,入世后,我国媒介产业越来越受到严峻的冲击。组建大型媒介产业集团,增强竞争力,已是迫在眉睫的事情。以上严峻情况的解决,都需要对媒介资源进行大幅度整合,而实践证明,资源整合的最佳手段就是资本运营。

因此,在市场经济条件下,对我国媒介业仍采用传统"事业单位"的属性判断,并用只能"国家独资"的身份定位加以限制,既不符合市场经济体制下对有经营行为、事实上已成为国家利税大户的媒介集团的科学界定,同时也只会约束和限制我国媒介业中日益突出的资本运营的功能,从而人为地造成对媒介生产力一种极大的束缚和浪费的失误。[2]

中国传媒大学(原北京广播学院)教授黄升民指出,"大媒介或媒介集团的出现,必须有大资本在支撑,否则很难维持。媒介可能从不同的途径获取经营的资本:一是媒介内的异种媒介联合获取新的经营空间和资源;二是允许以上市公司的身份出现,在社会上获取经营的资本;三是允许行业外的大资本投入媒介产业运营。"[3]事实上,我国许多媒介业界人士都已经有在保证国家控股的前提下,吸收民间资本和境外资本,把媒介产业集团"做大做强"的共识。

---

[1]《欢华带动跨媒体新组合》,www.ChinaTV-Net.com
[2]剑飞:《集团化:中国电视在困惑与希望中前行》,《南方电视学刊》,2001年第3期
[3]黄升民:《重提媒介产业化》,《现代传播》,2000年第5期

第二节　媒介资本运营的主要形式

我国对于媒介资本运营的方式没有明确的规范,因此,现在媒介业和业外资本的合作可以说是五花八门,良莠不齐。概括起来,当前我国媒介开展资本运营的主要形式大致有以下几种:

一、进入证券市场的融资方式

资本运营形式虽然多种多样,但目前来讲,在证券市场上的资本运营仍将是主流。媒介业要摆脱目前的资金严重不足并寻找到快速发展途径,必须与证券市场相结合。由于政策方面的原因,电台、电视台不能直接上市融资,于是只能通过其成立的子公司上市的办法来实现。从上市的方式来讲,主要有:

一是改组上市。媒介将优质的经营性资产剥离出来,加以整合重组,注册成立隶属于媒介管理部门或媒介的、由国有资产控股的具有独立法人资格的股份制的子公司,然后申请成为上市公司,公开募集资金。在沪深A股上市公司中,通过发起设立的媒介上市公司目前有多家,即1994年上市的东方明珠、1997年上市的中视股份、1999年上市的电广传媒和2001年上市的歌华有线等。

例如,上海东方明珠股份有限公司,1992年5月9日成立,1994年2月挂牌上市。发起单位为:上海广播电影电视发展总公司、上海电视台、上海人民广播电台、上海《每周媒介报》社。主营业务有:媒介传播服务、电视塔设施租赁、广告业、房地产经营开发、国际贸易、国际文化交流、宾馆业等。至1998年6月30日,公司注册资金为人民币6.64亿元,净资产为15.94亿元,资产规模达29.2亿元。公司前期以东方明珠媒介塔为企业主体,致力于各项现代化的文化、娱乐、旅游、购物等配套功能的开发,收益可观,连年上升,1998年高达1亿多元。该公司还通过电视塔为上海四家电台、电视台发送节目信号,每年可获得7 395万元固定收入。资金积累具有一定基础之后,目前致力于媒介媒体产业方面的投资和建设。1998年,公司宣布以4.08亿元的溢价认购上海东视广告公司增资扩股的9 000万股,持股比例达到了90%。东视广告公司原为上海东方电视台属下专门从事广告经营代理的机构,增资完成后,东视以东方明珠投入的资金向东方电视台购买部分广告权(按50年摊销)。①企业最高机构为董事会、监事会,经营由董事会任命的总经理负责,内部机构设置及制度管理实现了百分之百的现代企业制度。

又如,湖南电广传媒股份有限公司,1996年成立,该公司前身为湖南省媒介发展中心,主要从事媒介媒体的非核心类业务,后通过股份制改造,发行上市。1997年总资产金额为5亿余元人民币,到1998年已经达到11.8亿元,1999年则升至12.7亿元。主营业务收入1997年为2.48亿元,1998年为3.08亿元,1999年为4.28亿元。净利润三年分别为:1997年为6 280余万元;1998年为6 068万元;1999年为8 340余万元。②公司下设节目公司、广告公司、网络公司等,致力于媒介的三大资源的开发:节目制作、广告、网络。该公司与湖南省内的五家媒体分别签有广告代理协议,由该公司统一经营管理这些媒体的全部广告业务,协议至2002年底为止。③

组建独立股份制公司上市,按照证券法和中国证监会的规定,从完成公司的股份制改造,上报审批,到发行股票最终上市,是一项十分复杂的系统工程,需要很长的周期。虽然相对投资少,风险小,融资量大,但是好时费力,难度很大。

二是借壳上市或买壳上市。与其他企业一样,改组上市的过程琐碎漫长,于是一些媒介按照市场经济规律和证券市场规则,采取通过子公司收购上市公司股票,控股并重组上市公司的办法,快速进入证券市场,获得稳定的融资渠道。例如,2000年12月,上市公司ST港澳临时股东大会审议通过了资产重组议案,以共计1.6728亿元的价格收购了信息产业部计算机与微电子发展研究中心

---

① 协议规定,该部分广告权将保证东视的年收益不低于上海东方电视台上年广告收入的15%;当东方电视台的年广告收入超过12%,当东方台的年广告收入超过20亿元时,合作各方将另行协商东视收益所占东方台年广告收入的比例。与此同时,东方台也向东方证并保证东方明珠每年从东视联得的利润回报不低于6 100万元。三方约定使得电视台获得了巨额的更新改造资金,也使东方明珠在不参与经营的前提下获得了长期稳定可视的收益。
② 魏永征:《中国传媒业利用业外资本合法性研究》,《新闻与传播研究》,2001年第2期
③ 湖南电广与东方明珠的操作方式相比,有三个不同之处:一是电广获得广告代理权没有参与经营管理;二是电广分成的比例高,且能及时交盈;三是电广享有了全部的广告代理权,而东方明珠只拥有部分代理权。

持有的北京赛迪传媒投资股份有限公司（原名中国计算机报投资有限公司）51%股权,置换资产总额超过港澳总资产的50%。随后港澳又以持有的海景湾大酒店有限公司10%的股权及对香港港澳国际财务有限公司的全部投资置换赛迪10%的股权。至此,信息产业部计算机与微电子发展研究中心已经给港澳注入60%以上的新资产。这样,ST港澳彻底改头换面,从主营石油石化的工业企业变成了媒体巨子。2000年12月25日,港澳实业正式更名为北京赛迪传媒投资有限公司, 主营业务有资讯、媒体、文化传播、投资管理、资讯服务、网络服务、网络工程。①

三是上市公司投资媒介产业。投资媒介产业的上市公司有:湖南投资、上海强生。还有众多的上市公司参股地方有线电视网,如中信国安、信联股份、聚友网络等。虽然国家广电总局尚未认可,并在1999（93）号文件中要求"在国家有关政策出台之前,暂停审批广电系统与系统外资金和外资以合股方式融资建设经营有线电视网"。但这种合作解决了各省（城市）广电基础设施建设资金的不足,加快了有线网的建设,扩大了有线网覆盖面,有利于广电事业的发展。

二、资金借贷的运作方式

少数媒介单位用或明或暗的方式，以国有频道、频率、版面为资本,通过转让一定时期的广告经营权,甚至频道与频率时段、栏目内容的播出权,来换取社会资金的注入。这是目前媒介与企业最为常见的一种合作方式。它是将媒介一定时期内的广告经营权、播出权、编辑权转让给社会公司、单位,借贷合同期内的广告经营权、播出权、版面编辑权交给社会公司、单位运作,媒介单位根据合同占有一块收入,是一种借贷关系。

1995年6月,河南驻马店地区广电局与深圳瀚光实业发展有限公司签订《驻马店光纤有线电视综合信息服务网工程合同书》后,瀚光公司以"有线台"的名义,创办

---

① 孙正一等:《我国新闻媒体资本运营情况初探》,《新闻记者》,2001年第4期

了文艺频道,并在正常节目播出中随意插播自制的广告,实际上掌管了播出权。对此,河南省广电厅多次发文,要求理顺建设与管理的关系。但瀚光公司一直拒绝商谈修改合同。驻马店地区广电局1998年9月诉诸法律。1999年8月,驻马店地区中级人民法院一审判决双方所签合同无效。瀚光公司对判决不服,向河南省高级人民法院上诉,河南省高级人民法院于2000年6月作出判决,认为原判事实不清,处理欠妥,撤销了驻马店地区中级人民法院的一审判决,发回重审。对此事,国家广电总局于2000年7月专门发文提出严肃批评,河南省广电厅也下文要求驻马店地区广电局坚决纠正违规违纪现象。①

虽然社会资金投入媒介,是一种借贷关系,不能改变媒介主管主办单位和国有投资主体,但在借贷合同期内出现的出让广告经营权、内容播出权、版面编辑权,由社会公司、单位运作,不仅媒介的广告,甚至播出的主动权、主导权和控制权受制于人,而且使国家的频道、频率资源和舆论阵地变成企业公司、单位追逐商业利润的市场,削弱或动摇了党对舆论阵地的控制权和导向权。这种现象值得关注。

三、组建股份公司的运作方式

股份制是现代企业的一种资本组织形式,是国有大中型企业建立现代企业制度的重要形式。媒介与社会资本合作的时候就借鉴了这种形式。组建股份公司比较成功的例子,如2000年5月《中国青年报》与香港上市公司中策集团合资创办中青在线网络信息技术有限公司,后又与中青在线技术公司合作将原中青报网络版改组为首家市场化独立运作的中央新闻媒体网站。中青报全权负责网站新闻频道内容的采编、制作与发布,港资方不得介入,中青在线技术公司负责经营和其他除新闻以外频道的内容策划、制作与发布。②

总之,目前我国媒介资本运营的主要形式有三种,可能还有其他形式,这里就不再一一阐述。

---

① 孙正一等:《我国新闻媒体资本运营情况初探》,《新闻记者》,2001年第4期
② 注:中青报占40%股份,中策集团占60%股份

第三节　有线网络与资本市场

北京歌华有线电视网络股份有限公司8 000万元人民币普通股股票于2001年2月8日于上海证券交易所上市交易,由上市初28.06元一路上涨,至2001年4月18日为止,经50个交易日后达到44.10元,累计升幅达157%,平均每个交易日上涨3.1%。在此期间,沪市大盘仅上涨113%,平均每交易日上涨2.3%,相比之下,前者是后者的1.39倍。歌华有线不仅作为有线网络概念的龙头股份成为众人瞩目的焦点,而且带动了整个有线网络板块股票的走强,正是在聚有网络、信联股份、电广传媒、中信国安等一批有线网络概念股票的推动下,沪深大盘分别创出历史新高。[1]由此,有线网络成为人们心中一个全新的利润增长点。

一、有线网络与资本市场的结合是一项双赢策略

目前,信息传输网络主要有三种,即电信网、计算机网和有线电视网。前两者使用双绞线与用户连接,带宽仅为300至3 400赫兹,从而使得整个网络的流通能力必然受到这一瓶颈的制约,在我国,服务商主要为中国电信和联通。电信网,是双绞线接入,采用IP、ISDN、ADSL技术,具有已有用户广、接入成本低、上马快和带宽低等特点。联通网主要是无线接入,上马快,已开始采用光缆组网。然而,广电网主要是HFC接入(由光缆接到小区,再由同轴电缆连接到用户),采用IP、HFC、ATM技术,具有单向用户广、网络潜力大的特点,与通讯网比较,其最大的优势在于最后一公里的宽带化和拥有普及到每个家庭的有线电视用户上:我国是有线电视大国,到2001年,有线电视入网用户已达8 000万户,并且以每年500万户的速度增长;有线网本来就是针对视频传输而设计的,所以特别适合进行多媒体数据的传输。与此相配合,政策上

[1] http://www.sina.com.cn 2001年2月8日网络新闻

的瓶颈也面临重大突破。广电总局对中国有线电视网的发展作出了宏观、详尽的计划,包括组建网络传输公司,整合干线网和分配网,有线电视台台网分离,有线台与无线台要合并等,2005年基本实现全网全通。这些做法大大加强广电网的竞争实力。因此,它对业外资本具有较强的吸引力。

由于有线网具有天然的地域垄断性、稀缺性,可以说,谁拥有了有线网,谁就占领了未来网络经济的制高点,并拥有了巨大的发展潜力。因此尽管国内有线网上的增值业务(主要是双向数据传输业务)技术还未成熟,但国内包括许多上市公司在内的众多企业已经开始"跑马圈地",争夺有限的有线网资源。[1]

从所需资金特点而言,一方面对现有有线电视网的双向改造、网上扩张业务和增值业务的开发以及各种软硬件的配置均需要巨额的资金投入,而且这些资金的回报周期较长,单独由政府支出如此庞大的资金并不可行,使得从资本市场融资投入网络建设成为必要。另一方面,由于网络建成后可以反复利用,不存在其他产品的原材料再投入成本,因而,这种业务的主要成本是建网时一次性投入的固定成本,它在以后的使用中逐年摊销,至于网络设备的维护、升级费用,与固定成本相比是微不足道的。因此,网络建成后的经营成本相当低。然而,它的收益却较大,包括广告收入、入网用户交纳的服务费等,可以说是低经营成本、高回报的,这使得它对资金的需求是以一次性高投入和长期稳定回报的预期为特点的,恰恰符合股票市场的融资需求。

对于传媒自身发展来说,传媒之间的竞争日益激烈,利用股票市场资金杠杆作用和社会资源再分配的效用,可以在短期内迅速壮大传媒自身实力,缩小竞争风险与竞争成本,不失为一个战略选择。21世纪迎来的是以规模竞争为特点的市场阶段,其实质就是资本竞争,由资本大小所带来的规模大小就已经是决定传媒生存废退的一个标志。东方明珠、电广传媒等上市公司的成功运作在这

---

[1] 曹鹏、王小伟主编:《媒介资本市场透视》,光明日报出版社,2001年版,第276页

方面起到了良好的示范作用，使得越来越多的传媒开始认识到资本市场的巨大魅力。在此带动下，2000年12月28日挂牌运营的广东有线电视网络股份有限公司，成为继北京歌华有线之后第二家上市的有线电视网络公司。和许多只是光杆司令的省台不同，广东有线媒介台除了拥有连接全省各地的干线网，还在广州拥有一个用户超过60万的接入网。由于广东省有线电视台1997年就经原电子部批准拿到了ISP执照，除电视节目的传输外还开展了包括互联网接入、影视节目和音乐点播、IP电话（和网通、联通合作）、数据广播、电子商务、远程教育、家居银行、电子政府在内的扩展业务和增值业务，在这里，人们已经可以看到一个集视频、音频、数据和信息服务于一身的全功能网络运营商的雏形，其实这也正是广电总局希望在全国范围做成的事情。据广东有线总经理兼副董事长张小棣说，广东有线2001年仅网络传输的收入就在2亿元以上，互联网接入的收入也超过2 000万。

二、网络资源具有高附加值和高收益的特点

全面分析传媒市场可以发现传媒单位的利润主要来源于主营业务利润（主要指发行和广告）以及对现有设备资源的充分利用。然而，由于目前我国政策的限制，不允许政府外的系统直接介入传媒，尤其禁止外资以独资、合资、合作等任何形式参与设立广播电台、电视台，因此，广电系统以外的资本介入传媒的唯一途径就是投资有线网络硬件设备。改革后的电信市场已经初步形成竞争格局，各大运营商四面出击跑马圈地，已经攫取了不少市场份额，而广电，还在那里抱着"金碗"找饭吃。广电的"金碗"是什么？就是自己手里的网络资源。从全国来看，广电拥有有线、无线、卫星等多种传输手段；从地方来看，能直接入户的有线电视网络也是一笔宝贵的财富。除了做好节目传输，利用互联网接入技术的革新，充分利用现有网络进行宽带改造，尽快地抢夺社区网的接入权，把"最后一公里"缩短到"最后一百米"，发展自己手里庞大的互联网用户，这也是一个大有可为的空间，能够给我国广电业

① 曹鹏、王小伟主编：《媒介资本市场透视》，光明日报出版社，2001年版，第280页

带来巨大的经济增长点。①

虽然有如此多的上市公司涉足有线网络,但其中大部分并不是真正意义上的传媒产业,甚至有不少并不是以有线网络作为经营主业的,它们各自对于有线网络的投资比例以及投资对象所在区域各不相同,所能获得的投资回报、每股收益率以及因此而引起的股票的市场表现也必然存在一定的差别。

三、有线网络业的发展前景分析

我国的有线网络是国家专控的稀缺资源,它不是一个简单的高科技概念,更应被看做公用事业之一。其他的公用事业股如申能、原水、大众出租等,由于它们的高速成长带来了规模的空前扩张,上市以来股价反复翻番。而作为新兴的有线网络概念,歌华有线的总市值仅有182亿,电广传媒、信联股份、聚友网络分别为77亿、33亿和30亿,因此其想象空间极其巨大,必将出现长期的高速稳定增长和股本规模扩张,从而使有线网络板块走向成熟。

2004年,我国已建成10万千米有线电视干线传输网络,其中广电总局仅拥有约2万千米,占总数的1/5,其余4/5分散于各个省市地方广电系统多达1200个运营者手中(包括上市公司)。这种分散的状况不仅不利于有线电视的规模发展,也不利于国家的宏观管理。如果不能实现全国联网,就难以发挥决定网络价值的"规模优势"。但在现存条块分割的体制下对全国有线电视网络实现联网,必然涉及各地方、各部门间的利益分配,于是2000年9月信息产业部和广电总局下发的《关于加强媒介有线网络建设管理意见》就提出,将利用资产重组的手段实现全国有线电视联网。如果在中央和省级广电有线网络传输公司控股的前提下,以资本运营的方式,遵照"谁投资,谁受益"原则,建立省级广电网络传输公司,地、县以资产入股形成子公司或分公司,就可以实现我国"世界第一网"的阵地优势。①

早在2001年发表的"十五"规划中,已明确提出:全

---

① 鲁鹏、王小伟主编:《媒介资本市场透视》,光明日报出版社,2001年版,第282页

国要实现电信网、广电有线网和计算机网的"三网合一"。2003年,国内首批联通的北京、天津、河北、山东、河南5省区有线网就有能力向覆盖区域内的用户提供交互式电视服务。山东淄博有线电视网已开辟了网络增值业务。牡丹江有线台已开始提供计算机的 Internet 接入服务和远程教育业务。据有关资料显示,到2005年,我国广电系统拥有全球用户最多的有线网络,价值达2 000亿元人民币,如果再投资100亿铺设各省际的光缆干线,建成了全国联通的双向宽带网,进而与电信网合作,不仅可以盘活现有有线电视网络,使其升值为5 000亿元,还可以解决电信网的带宽问题。实现全国有线电视网、电信网和互联网的共同建设、共担风险、共享利润,既解决了双方争夺市场利润问题,又有利于减少重复建设,充分发挥各自优势。[1]

与此同时,宽带网的美好未来吸引了众多的竞争者。主要的竞争对手来自于电信。2002年,默多克的新闻集团成功入股中国著名电信运营商——中国网通。中国网通拥有贯穿17个城市的光纤骨干宽带网,在上边音频、视频什么不能跑?待到中国网通做宽带内容之日,便是新闻集团大展宏图之时。可以设想,如果广电在此之前不能迅速占领住这块市场的相对制高点的话,就必将陷入内外竞争的双重压力下,甚至有可能就此失去与电信竞争的机会。据了解,我国电信已经完成了重组,业务上也实行了细分,将会到纽约上市,这样就可以融到上百亿的资金。而融资的目的已经非常明确,就是要铺宽带。一旦电信确立了宽带入户的优势,广电实际上就没有竞争地位可言了。面对竞争和机遇,广电何去何从,必将影响有线网络板块在资本市场上的后续表现。

[1] 曹鹏、王小伟主编:《媒介资本市场透视》,光明日报出版社,2001年版,第283页

第十章 媒介资本运营

表 10-1 25家涉足有线网络的上市公司情况一览表[1]

序	代码	公司名称	投资有线网络项目所在地	投资金额
1	0693	聚友网络	成都有线网	17 100
2	0839	中信国安	沈阳 承德 荆州 河南 河北 武汉	多于 40 000
3	0739	青岛东方	青岛有线网	7 200
4	0917	电广传媒	长沙 常德 石门 望城 津市 澧县 汉寿 醴陵 衡阳	21 309 注[1]
5	0899	赣能股份	江西	4 900
6	0733	振华科技	贵阳	3 000
7	0813	天山纺织	乌鲁木齐	3 000
8	0755	山西三维	北京 云南	1 912.5
9	0040	深鸿基	福建	3 2521.6
10	0806	北海银河	南宁	4 500
11	0909	数源科技	安徽 铜陵	3 855
12	0690	宝丽华	梅州	—
13	600899	信联股份	枣庄 河南 广东 南海市	36 362
14	600089	特变电工	山西 新疆 重庆	9 350
15	600832	东方明珠	上海	11 600
16	600778	友好集团	乌鲁木齐	2 000
17	600881	长春亚泰	长春 辽源	4 120
18	600797	浙江天然	绍兴 徐州	8 100
19	600101	明星电力	成都 周边	4 800
20	600105	永鼎光缆	四川 安徽 河北 江西 山西	5 000
21	600657	青鸟天桥	四川 山西 宁夏 新疆	3 200
22	600076	青鸟华光	潍坊 章丘 河南	—
23	600157	鲁润股份	浙江	14 700
24	600098	广州控股	广州	6 138
25	600037	歌华有线	北京	—

注[1]：除此之外，该公司计划在2001年投资864亿元，对湖南省23个电视台的有线电视网络全面进行收购和技术升级改造。

[1] 见鲁鹏，王小伟主编：《媒介资本市场透视》，光明日报出版社，2001年版，第283页

第四节 实现媒介与资本市场互动双赢

何谓资本市场?"资本市场是指期限在一年以上的金融交易和融资活动,资本市场由债券市场、股票市场、基金市场组成,是金融市场的核心部分。"[1]

媒介产业可以利用资本市场的造血功能进行资本积累和资产增值,不仅可以解决长期困扰媒介产业的后续发展资金不足的问题,更重要的是引进了现代企业制度及其运行机制。资本市场的进入规则也使媒介必须优化资源的配置,改善微观的公司结构,将经营性的优质资产注入股份公司才能取得上市资格。可以说,资本市场的融资功能、机制培育功能和资产重组功能都对我国媒介产业的未来发展起着积极的推动作用,加快了媒介业的市场化进程,使媒介实现几何级数的增长。

同时,资本市场也从媒介业的进入中得到了不少好处。由于媒介业在我国还处在起步阶段,有迅速增长的空间,媒介业进入证券市场可以为我国证券市场输入活力和动力,推动证券市场的快速健康发展。成熟的证券市场需要一批多元化的成长性上市公司,这样不仅可以提高市场防范行业风险的能力,而且可以使市场不断保持活力和成长,从而为投资者提供丰厚的回报。我国证券市场要保持持续发展,急需一批具有快速成长性的公司进入证券市场,形成多元化的增长格局。快速成长的媒介产业进入证券市场,成为推动我国证券市场在21世纪中的强有力的引擎。

还应该指出的是,资本毕竟是一柄双刃剑,资本市场既能成为推动产业发展的助推器,也可能成为导致产业衰落的加速器。一方面,资本运营有利于媒介扩大规模,增强实力,引进先进的管理模式和经营人才,为坚持正确的舆论导向提供物质基础;另一方面,如果宏观调控不当,资本运营的负面影响也很明显。随着产业的高速成长,资本对决策效率、有效运行机制、管理能力、配置设备

---

[1] 林祖基主编:《资本市场融资与运作》,海天出版社,1998年版,第11页

及相关人才的要求越来越高,这对于缺乏资本运营经验的我国媒介业来说无疑是一种挑战。所以,要想使资本与媒介业真正实现互动双赢,要从以下几点着手。

一、尽快妥善解决资本与政策和管理体制之间的冲突

在我国,媒介业是一个特殊的行业。随着社会环境的改变,几十年一贯的高度计划、高度集中的媒介业终于开始逐步地走向市场,接受资本的挑战,但目前在这个过程中仍存在着无可回避的冲突,那就是原有行业政策和管理体制已不再完全适应今天媒介业发展的变化。

在政策方面,媒介的决策层是由行政权力来任命的,而不是通过民主推选出来的,在媒介业,当行政权力与资本权力发生冲突时,必然的结果是后者退出其位,这种状况在短期内可能不会发生根本性的转变。在网络界出现的王志东等CEO频频下课的事件,也不可能发生在媒介媒体中,长期以来台长、总编都保持着"能上不能下"的状态,而且只有主管部门才对媒介媒体的高层享有任免权。

在管理体制方面,行政命令式的计划经济时代的旧体制仍大量存在,对媒介实行的双重管理也使媒介在发展中感到束手束脚。《经济观察报》负责人张忠曾说:"将来的报纸、传媒要生存下去,不是办出来的,而是管理出来的。"同时,WTO规则也迫使政府部门不能再扮演既是教练又是裁判员的角色,而应从商业运作程序中退出来,按国际游戏规则办事。这就为媒介管理体制的转轨提出了要求:政府应尽快转变观念,制定出一套更加符合媒介发展规律的新管理体制,有效解决媒介的人事权、资产权和终审权问题。在人事权方面,让政治意志和资本意志相结合,两者都在经营管理者的任免上有一定发言权,并对经营者实行股票期权激励机制,能上能下,任人唯贤。在资产权方面,要明晰产权,只要不影响到媒介的核心业务,不妨允许后来进入的资本占小比例的产权。在终审权

方面,对于关系着舆论导向的媒介内容,其终审权还是应牢牢把握在党和政府手中。

二、借鉴国外的先进经验

在国外,很多媒介媒体都在资本市场上发挥着重要作用。在美国的纽约证券交易所,像Disney(迪斯尼)、Time Warner(时代华纳)、Viacom(维亚康姆)、News Corporation(新闻集团)以及路透社控股等这样的传媒上市公司都具有高成长性,是道·琼斯指数的重要成分。值得借鉴的国外传媒业界惯用的两种融资方式是:一是直接上市,但是限制小股东的持股比例,超过1%或3%时要自动减持,从而保持国家对传媒审批权和新闻出版权的控制。二是把传媒业的利润与公众分享,以发展基金方式发出普通股和优先股两种股票,其中普通股的审批权和投票权比重大一些,而优先股则侧重分红权,以此来保证独立的采编决策。与其他企业一样,股东大会是股份制传媒的最高权力机构。按拥有股份的多少,组成最高决策机构——董事会,负责制定传媒的发展战略,决定传媒运营的重大事项,管理预决算,并任命传媒的高级经营管理人员。董事长是企业控股方的代表,负责执行董事会的决议。

在资本渗透的问题上,不仅可以实行将经营性资产和核心业务分开监管的"双轨制",而且可以从英国政府设立的国企"黄金股"和新加坡的法律监管体制中获得有益的启示。英国的"黄金股",也称为特别股,是指政府将原来控股的重要大型国有企业的股权部分或全部出售后,在不占控股地位的情况下,仍拥有对该企业重大事项决定权的一种特殊股权。该条款一般由法律规定或设置在公司章程中。设置这一特殊股权的目的是便于政府阻止一些重要的特殊企业被某些"不受欢迎"的资本兼并,或被低价出售。新加坡的法律监管,即在法律规定中设置股权限制性条款。如新加坡的《报章与印刷法》,将报业公司股权分为管理股和普通股。明确规定,管理股由政府控制,"未经新闻艺术部门书面批准,报业公司不得向非新加坡公民或公司出售或转让管理股,任何非新加坡公司不得担任报业公司的董事";普通股是上市流通股,"除非预先获得新闻及艺术部的批准,没有人能够直接或间接拥有报业公司3%的普通股股份"。这些限制性规定,对于防范资本对舆论的负面影响有着积极的作用,问题的关键是要及早建立资本和媒介之间的游戏规则,既保证资本的发言权,又保证舆论导向的正确性。[1]

三、制定符合中国国情的媒介法律法规

根据国内现实情况实施法律监管,制定符合我国国情的法律法规,例如《媒介投融资法》等相关法规。一方面规范我国媒介业的投资范围、方向、内容、方式等,另一方面也规范资本对媒介进行投资的各个方面的运作。这样,媒介和资本都不会再在政策不明朗的情况下进行幕后交易,对二者的行为也起到有效的保护和制约的作用,对出现的问题也能严惩有据,使媒介和资本的行为都走上规范化和法制化的轨道。1988年,新闻出版署同国家工商行政管理局联合发布的《关于报社、期刊社、出版社开展有偿服务和经营活动的暂行办法》是第一次以政府部门的规范性文件承认了传媒的广告、印刷等经营活动可以独立出来,组建企业、公司。随后又相继出台了《印刷业管理条例》、《广告法》、《广播电视条例》、《出版管理条例》等。2001年底,公布了关于新闻出版广播影视业的融资规定。这些都对传媒的投资和融资进行了规范。但从总体上来看,还缺乏一个系统的、较完善的、具有强约束力的法律体系,仍需要媒介业界和法律界人士共同探讨,不断健全和规范媒介投融资体系。

媒介进入资本市场是依托社会主义市场经济体制的背景,出于媒介产业可持续发展的需要,为了应对传播全球化和国际舆论斗争而出现的必然现象。而媒介进入资本市场后的表现和对业务的推动,也说明了这是一条壮大我国媒介产业的有效途径。资本注入媒介也使媒介的

---

[1] 周伟主编:《媒体前沿报告》,光明日报出版社,2002年版,第101页

主营业务得到了超速增长,媒介的产业结构的资源配置都得到了优化,媒介也为资本市场带来了活力和多元化增长格局。虽然在媒介与资本的互相进入过程中,有得有失,有成有败,但是只要能规范行为、控制风险、有效监督,就能取得双赢的局面。对于媒介业和资本市场来说,最好的选择就是在探索和开拓中不断寻求良性的互动。

案例分析一：维亚康姆的并购之路

雷石东出生于美国波士顿一个犹太移民家庭，经过20年的奋斗，建立起了一条拥有四十几家汽车影院的美国东岸最大的汽车电影院线，将东北影院公司更名为"国家娱乐公司"（National Amusements）。雷石东一直是"大即是美"协同效应的拥护者，他认为，公司规模变大确实比规模小要好，因为这样才能引起别人的注意。1981年，他以3 000万美元的价格卖掉了国家娱乐公司5%的股份，买入了哥伦比亚电影公司的一些股份，并在时代和华纳等公司参股，还不断收购维亚康姆公司的股份。

到1986年，国家娱乐公司在维亚康姆公司的股权已上升到9.9%。9月17日，雷石东拿出27亿美元对维亚康姆进行管理层融资收购，要把维亚康姆变成非上市公司。但是，由维亚康姆公司董事成员组成的一个委员会于10月7日拒绝了收购要求。就在当天，雷石东宣布他将以每股43美元的价格购买240万股维亚康姆公司的股票，这使得国家娱乐公司的股权上升到18.3%，雷石东也因此成为最大股东。1987年3月3日，雷石东终于以34亿美元的价格成功收购维亚康姆公司。

拥有自己的有线电视网后，雷石东缺的是一家电影制片厂。1993年9月，在连续观察了4年派拉蒙公司的股票表现后，雷石东提出以32亿美元的价格善意收购派拉蒙的申请。经过谈判和讨论，维亚康姆终于和派拉蒙董事会达成并购协议，而后又经过了与其他竞标公司艰苦的"战斗"，终于完成了这宗并购交易。

1999年，维亚康姆再出惊人手笔，以350亿美元收购哥伦比亚广播公司，这是当年最大的传媒合并案。维亚康姆从此跻身世界上规模最大、最具影响力的传媒和娱乐业巨头之列。

到2004年底，维亚康姆麾下拥有哥伦比亚广播公司（CBS）、音乐电视网（MTV）、Nickelodeon儿童频道、派拉蒙电影公司、派拉蒙主题公园、百视达（Blockbuster）录像带出租连锁店、Spelling电视节目制作公司、Showtime

电影频道、西蒙出版公司、19家电视台及1 300家电影院,集团总收入达到225亿美元,拥有雇员12万多人。维亚康姆2000年的总收入为200多亿美元,年收入的33%来自它的电影制片厂,33%来自音乐、录像租赁业务以及主题乐园,18%来自广播,14%来自出版业。

由于维亚康姆连续并购后,内部资源未能有效整合,投资者并不看好。2005年6月14日,雷石东,这位亲手创建维亚康姆媒体帝国的业内强人,亲自宣布维亚康姆集团将被拆分为两家独立的上市公司。

案例分析二:SMG的内部资源整合

上海文广新闻传媒集团(SMG)是2001年整合上海人民广播电台、上海东方广播电台、上海电视台、东方电视台、上海有线电视台等单位的基础上组建而成的。和各地的传媒集团、广电集团一样,SMG脱胎于政府,在政府的号召下进行集团化的重组和整合。旗下的广播电视媒体包括12套模拟电视频道、11套模拟广播频率、114套数字广播电视节目、覆盖全国的"东方宽频"网络电视。2003年,集团电视频道黄金时段上海地区市场占有率为74%(Nielsen数据),广告收入达23亿元。

集团虽然成立了,但许多资源在集团内部分割,呈孤立状态。SMG在财经方面的资源,包括上海电视台财经频道、上海东方电台财经频率。2003年,经国家广电总局批准,在原上海电视台财经频道和原上海东方电台财经频率的基础上,成立了第一财经传媒有限公司,统一对外呼号为"第一财经",实现广播与电视在人力资源、信息资源和品牌资源上的整合共享。接着,SMG又和广州日报报业集团、北京青年报社联合创办《第一财经日报》。到目前为止,第一财经传媒有限公司是中国唯一一家以投资者为对象的专业财经传媒,通过跨地域、跨行业的经营,力争成为一个拥有跨媒体信息传播渠道的财经咨询供应商。

在电视新闻领域,SMG旗下的上海电视台、东方电视台和东方卫视有各自独立的新闻采编部门，同一新闻事件发生时，会有集团内三个不同的新闻采编小组去采访报道，集团内部频道之间新闻资源相互封锁。2005年底,SMG进行电视新闻资源整合,成立集团新闻中心。集团新闻中心设有采编部、编播部、评论部、制作部等10个部和办公室、总编室两个室,650名工作人员来自上海电视台、东方电视台和东方卫视3个台的新闻部。新闻资源整合减少了内部竞争，之后新闻事件发生时只要派出一个新闻采编小组就可以了,节省下来的人力、物力可以投入到全国甚至国际重大新闻的抢拼上，在全国电视新闻竞争方面始终保持领先状态。

集团旗下的上海人民广播电台、上海东方广播电台、上海交通台、东方广播电台新闻台2006年也合并成立全新的"SMG广播新闻中心",2006年1月1日以全新版面正式对外播出。这4家电台占据了上海广播频率收听市场份额的47%以上。2005年,4家电台的广告收入为1.4亿元,占上海广播媒体广告创收的61%。

2005年,SMG还将旗下娱乐资源整合在一起，分为综艺、音乐、大型活动、时尚四大板块,并汇聚上海综艺节目策划人才成立了"上海文广传媒大型活动部"。

继整合电视新闻、广播、娱乐业务之后,SMG还将合并其电视频道。而整合资源是为了增强核心竞争力,使这一地方性广电媒体尽快具备与国内外传媒巨头抗衡的实力。

案例分析三:默多克遭遇反并购

20世纪80年代初，默多克已经意识到他的前途在美国。他相信,娱乐业和电子媒介将比新闻和出版对他的帝国更为重要。他急切地想得到一家重要的好莱坞电影制片厂。1983年8月,默多克拜访华纳公司的董事长史蒂夫·罗斯,表示有意购买华纳公司股票,而罗斯则轻描淡写地回答"请便"。到1983年12月,默多克已拥有华纳公司股票总值的6.7%，大大超过了史蒂夫·罗斯甚至整个华纳管理层所拥有的股票份额。

　　罗斯变得警惕起来。他邀请克里斯企业董事长赫伯特·西格尔充当华纳公司的"白衣骑士",以便阻止默多克增加他的股份。

　　西格尔和罗斯谈妥一笔复杂的交易,即华纳公司同意以19%具投票权的股份交换克里斯企业所属一家电视台BHC 42.5%的股份。这笔交易不仅降低了默多克在华纳公司股本中的份额,而且也阻止了默多克进一步恶意并购华纳公司的活动。因为美国法令禁止外国人拥有电视台,华纳公司拥有BHC电视台42.5%的股份,使默多克势必面临相关法令的限制。

　　默多克闻讯后勃然大怒,公开宣称罗斯此举无疑是为避免个人和公司被接管而进行的"策略联姻"(marriage of convenience)。他向特拉华州的联邦法院要求取消华纳和克里斯之间的交易。

　　华纳公司提出反诉,将默多克描述成一个名声不佳、难以信任的澳大利亚黄色报刊出版人。罗斯宣称,如果默多克接管华纳公司,则旗下艺人可能纷纷离去或另起炉灶。

　　特拉华州威明顿法院和联邦电信委员会都作出了有利于华纳公司的裁决,它们都认为没有必要停止华纳公司和克里斯·克拉福特公司之间的这笔资产交易。默多克发誓他将继续斗争,他委托史蒂夫·邓列维带领一班《纽约邮报》的记者调查史蒂夫·罗斯的背景。

　　罗斯对于默多克的穷追猛打感到不安。尽管默多克在法庭方面无法有突破性的进展,而且也没有适当的渠道能够名正言顺取得公司控制权,但罗斯仍不顾西格尔和律师的忠告,让华纳公司以每股31美元的价格(当时市价仅22美元),买回默多克持有的全部华纳公司持股,默多克从中获利约4 000万美元。此外,罗斯还同意支付默多克诉讼费计约800万美元。

案例分析四：迪斯尼公司的融资策略分析

迪斯尼是世界上最强大、知名度最高的品牌之一。1984年，艾斯纳被任命为沃尔特·迪斯尼公司主席兼首席执行官时，公司已经江河日下。在艾斯纳的领导下，迪斯尼公司10年内收入翻了9番。1984年，迪斯尼股票总值22亿美元，而到1994年，公司股票市值已超过220亿美元。

纵观迪斯尼公司的发展历程，恰当的融资策略是其稳步发展并不断壮大的重要保障。

迪斯尼进行财务管理具有两大原则：第一，融资及投资甚至经营是以股东权益最大化为原则进行的。迪斯尼是上市公司，必须切实以股东权益最大化为公司经营目标。公司的一切决策，包括投资决策，都必须以股东权益最大化为原则。迪斯尼一直保持着一个稳定的、较低的债务比率，没有走向完全依赖股权融资的极端。这样既有效留存了股东权益，减少了债务人对公司现金流投资的约束，既减少代理成本，同时又可以享受到债务融资方式下利息可以在税前计入成本的好处。在大规模并购活动中，还可使投资风险在债务人和股东之间得到分散，保护了股东的利益，也为公司今后的再融资铺平了道路。

第二，融资行为是为了投资需求服务的，必须与投资需求相匹配，包括融资金额和融资时间上的匹配。迪斯尼公司融资是为了很好地进行并购、扩张等投资活动，迪斯尼公司的两次战略性并购行为，都是与迪斯尼公司多媒体集团的战略定位相关的，都能够满足公司在有线电视领域发展的迫切需要的。

1995年7月31日，迪斯尼公司以190亿美元接收了大都会美国广播公司(ABC)，此举将迪斯尼由一个纯节目制造商改变为同时拥有节目制作和播送节目的发行资产的真正的传媒巨头。为了筹集190亿美元，迪斯尼公司从两条渠道入手，分别进行了93.7亿美元的长期债务融资和94.4亿美元的股权融资，融资总额高达188亿美元。用188亿美元的融资资金来满足190亿美元的投资需求，可见，迪斯尼公司的融资计划与并购需求在金额上的匹配程度，时间安排上也非常吻合。

另一次并购发生在2001年，迪斯尼斥资53亿美元收购福克斯全球家庭娱乐频道。此起大规模的并购所蕴藏的风险是显而易见的。为了控制经营风险，迪斯尼首先就从债券融资的比重下手，削减长期债务在公司融资总额中的份额，从而使财务风险得以降低。在公司的财务报表上我们看到，公司为了准备这次并购，在2000年大幅度削减了23亿美元的长期债务，将2000年的债务比率降至22.4%，为公司近10年来的最低水平。2001年，为了支付并购费用，迪斯尼重新进行了20亿美元的债务融资，负债比率重新上升至28.3%。而2002年，公司再度通过长期债务融资，长期债务总额从95亿美元增加到150亿美元。总融资额55亿美元，同并购需求吻合。

案例分析五：《超级女声》节目的市场化运作

2004年，湖南卫视的王牌娱乐节目《快乐大本营》和《玫瑰之约》因为吸引力下降而陷入窘境。于是，湖南电视台娱乐频道借鉴美国《超级偶像》，在2004年2月推出《超级女声》节目，收视率暴涨。

作为湖南娱乐频道和湖南卫视上级单位的湖南广电集团决定，对节目、品牌资源进行市场化运作，把存量资源变成增量资源。在此情形下，上海天娱传媒公司2004年5月在上海注册成立，由湖南卫视控股。它的主要任务就是按广电集团要求运作"超级女声"品牌。

2004年，湖南卫视首次推出《超级女声》，反响强烈。2005年，《超级女声》影响力迅速扩大，报名人数飙升到了12万。在《超级女声》面前，央视的一些同类真人秀节目如《梦想中国》等也相对黯然失色。

2006年1月11日，中国社科院正式发布2006年文化蓝皮书——《2006年：中国文化产业发展报告》追踪了超女的整个产业链,并估算了这个节目各利益方直接总收益约7.66亿元人民币。按照上、下游产业链间倍乘的经济规律分析,"超级女声"对社会经济的总贡献至少达几十亿元。按照品牌估价的一般方法,目前其品牌的商业价值将超过20亿元。根据蓝皮书的分析,"超级女声"产业链的总收益来自五大部分。

- 节目制作商

湖南卫视作为《超级女声》的节目制作与播出平台,收益巨大。具体包括:冠名权收入2 000万元;广告收入3 000万元;短信收入3 000万元左右,由短信投票和向观众发送有关《超级女声》等节目资讯的短信增值服务两部分构成。

- 节目品牌运营商

天娱传媒有限公司是《超级女声》系列节目的品牌运营商。2005年,将广告代言、商业演出、唱片等业务加起来,估计天娱传媒在艺人经纪方面的收入约为2 750万元。

- 赞助企业

由于《超级女声》的广告带动效应,2005年上半年,作为《超级女声》赞助商的某乳业集团生产的"酸酸乳"在全国的销售额比上年同期增长了300%,2005年"酸酸乳"全年销售收入可达25亿元。按照液态奶平均毛利率22%计算,该企业由此赚取的毛利润至少为5.5亿元。

- 电信运营商和短信增值服务提供商

《超级女声》短信总收入为6 000万元,电信运营商从《超级女声》中获利约为900万元,短信增值服务提供商获利约为2 100万元。

- 娱乐包装公司

娱乐包装公司在巡演门票、唱片销售这两项业务销售额为1.575亿元,按毛利率50%计算,娱乐包装公司从艺人经纪中获得的直接收益至少为7 700万元。

案例分析六:"蓝猫"品牌延伸得与失

  1999年,在国内动画业一片低迷的情况下,湖南三辰公司投资成立湖南三辰影库卡通节目发展有限公司,发展国产原创动画生产,制作大型原创科普动画《蓝猫淘气3000问》系列片。到目前为止,这一系列片已制作完成5个系列,1 700多集,内容涉及宇宙星空、海洋环境、人文历史、生物百科等领域,并通过蓝猫、淘气、菲菲、鸡大婶等活泼、夸张的卡通形象表现出来。"蓝猫"系列片先后在国内1 020家电视台同步播出,并走出国门,成为华语地区4~14岁儿童中最有影响的卡通形象之一。

  三辰卡通借鉴迪斯尼通过卡通形象授权形成卡通产品产业链的成功经验,以《蓝猫淘气3000问》节目播出为先导,专业开发节目衍生产品(图书、音像等),合作推出609本图书,300种蓝猫音像制品;2002年6月,三辰公司还推出蓝猫童鞋,至今生产160多个款式、不同颜色和尺码的单品达1 800种;此外,公司还将投资建设"蓝猫主题公园",这个公园将以动画形象作为标志,建成一个综合性的主题公园,公园内设动画城、科技馆、英语角、儿童世界、劳动园地、夏令营、冬令营等,可供孩子和家长嬉戏、游乐、学习和锻炼。

  2002年,湖南三辰公司的版权收入为1.5亿元,相关产业收入2.8亿元。2003年至今,公司的版权收入为8 000万元,相关收入6.7亿元,形成了一个年销售额达7.5亿元的产业群。公司由此被文化部确定为全国文化产业发展的典型案例。

  蓝猫这种迅速扩张、四面出击的做法,也存在着很大的风险。就在蓝猫品牌和产品迅速扩张之际,已经有不少声音开始质疑蓝猫的做法。一些研究蓝猫品牌的管理咨询方面的专家就曾预言:"蓝猫这样迅速扩张,四处出击,虽然成本很低,收益很快,但是风险也很大。如果其中任何一种产品的品质、安全性出了问题,就会影响到所有蓝猫系列的产品。"

2004年11月末,相继有多家媒体披露,曾经火爆一时的北京蓝猫保健品有限公司因为产品不合格并欠下经销商货款而被法院查封,众多经营商找不到北京蓝猫保健的负责人,因此只好去找三辰卡通。三辰卡通方面声称自己只授权给了北京蓝猫保健品有限公司有偿使用"蓝猫"商标。因为北京蓝猫保健并没有及时支付商标使用费,所以三辰卡通在2004年10月将北京蓝猫保健品有限公司告上了法庭,与蓝猫保健划清了界限,并声称自己也是受害者。但是三辰卡通最严重的损失却不是区区一年的品牌租借费,而是品牌的信誉度。

案例分析七：甘乃特公司的收缩战略

1906年,弗兰克·甘乃特(Frank Gannett)及其合伙人以3 000美元的储蓄、7 000美元的贷款和10 000美元的票据融资,购买了纽约州艾尔迈拉报(Elmira Gazette) 50%的权益,从此开始了甘乃特公司持续百年的膨胀历程。按照收入衡量,甘乃特公司在2003年的《财富》500强名单中排名275,在出版印刷行业中名列榜首。

甘乃特公司在媒体收购和兼并的时候主要考虑的标准是它能否盈利。甘乃特公司报业总裁盖瑞·沃森说:"我们不会为了购买一份报纸,而付出比应该付出的多。当然,我们也不只是看现在和眼前,更看它的潜力和未来,我们考虑的时间段通常是15年,也就是说,关心15年后这份报纸还能不能盈利。具体来说,我们着重看这几个方面:第一,看它的市场,不仅看报纸本身眼下在市场的占有情况,还要看报纸所在市场在未来较长时间内是不是一个稳步增长的市场。第二,看它原来的管理,在每一次收购之前,我们都会问问自己:甘乃特能提高要收购的报纸的管理水平从而增加它的产出吗?如果答案是否定的,我们就会放弃。第三,看它的基础设施、设备情况,我们只收购那些能进行改造从而适应我们的系统的报纸。如果它的市场潜力好,加上我们又能改变它、提高它,我们就会接受。"

　　与甘乃特公司频繁并购相配合的是大量的资产剥离、处置,以优化传媒组合,增强盈利能力。(见下表)资产处置有两种情况:一是有些亏损严重、缺乏价值的传媒转让给其他投资者;二是有些传媒并非严重亏损,但是继续在该领域发展并不符合甘乃特公司的整体利益,同意予以剥离,以集中精力发展核心业务。1998~2002年,甘乃特收购了46个目标,同时剥离了23个项目。根据对利润来源的分析,在甘乃特的总营业利润中,资产售出、剥离等非持续经营利润占据了一定的比例。2002年度,在甘乃特的营业利润中,非持续经营的利润达到了7.66亿美元,超过了1/3的比例。2000年和2001年,甘乃特公司非持续性经营的利润分别为7.59亿美元和8.45亿美元,接近当年度营业利润的1/2。

时　间	并　购	剥　离
1993年	3个电视台 1个有线电视系统 2份日报 1份周报 1份周二报 3份每周出版的商	7份日报 3个电台 1个预警安全公司 1个有线电视系统
1999~2000年	5份周报 1个电视台 1份日报 1份周刊	1份日报 1个电视台
2001~2002年	7份周报 1个电视台 3份月刊 2个报刊出版公司	1个有线电视系统 1份日报 1份半周刊 1份周报

无论是从营业收入还是利润，甘乃特公司都走得非常稳健。与1992年相比，2002年甘乃特营业收入增长了近1倍，营业利润增加了3倍多，净利润增加近6倍。如果考虑到持续的大规模并购通常会带来一定的震荡，以及美国传媒市场的成熟程度，这种稳定的增长就更为难得了。甘乃特公司的扩张获得资本市场的认可，股票价格整体上呈增长趋势。为了使股票价格降低到合理的范围，甘乃特公司自1967年公开发行股票，至2002年先后进行了6次股票细分。

案例分析八：整合后的"百事达"人力资源管理

伟恩·惠善佳并购"百事达"后就面临人才大量流失的问题。

1985年，大卫·库克创建录影带出租连锁店"百事达"。一开始生意兴隆，有时顾客甚至在店外排起长队。于是，1986年年初，库克和他的合伙人安德森开始筹划"百事达"的连锁店。他们花了300万美元建立了一个发货中心。该发货中心可以在24小时内装好三家连锁店的货，这使得公司的飞速扩张成为可能。

但随着"百事达"规模的不断扩大，库克手中的800万美元的启动资金变得极为紧张。他决定利用股票募集资金。然而事与愿违，他原想通过股票承销募得1 300万美元，但由于当时的股市低迷不振，加上媒体一篇对"百事达"经营观念的负面报道，使得"百事达"只募得400万美元的款项，这远远不能从根本上结决库克的资金需求。

面对巨大的资金压力，1987年2月5日，库克只得以1 850万美元的价格将"百事达"60%的股权售予伟恩·惠善佳，伟恩获得"百事达"的控制权。

伟恩接受"百事达"后，开始以自己的经营方式来运作"百事达"。没过多久，新的股东和主导"百事达"经营的经理之间便开始产生摩擦。股东们的建议，在主管听起来变成了命令，遭到公司主管的抵制和排斥。其实，主管们对新的投资人并没有什么可抱怨的。因为此时福林还是废弃物管理公司的财务执行长，伟恩则忙着进行旗下服务业公司的业务，所以麦尔克成为双方联系的桥梁。麦尔克则在库克办公室外面，弄了一间自己的办公室，开始了解影带出租业。一段时间后，库克开始对麦尔克有所微词，觉得他太傲慢，态度显得有点纡尊降贵的味道，而且一点都不了解影带出租业的运作原理。麦尔克觉得库克是个电脑怪人，而且做生意的技巧根本还很生嫩。

1987年3月和4月，库克和安德森相继离开"百事达"，并带走了"百事达"影带出租连锁店的大部分主管。在此紧要关头，伟恩只得亲自接任董事长之职，并开始重组"百事达"的管理团队。罗伯·卡索贝利是库克、安德森走后留下的两名主管之一，伟恩让他仍留任营运单位的副总裁，负责处理公司日常运作。"百事达"其他主管也被伟恩通过各种渠道一一猎到。这些主管大多来自成长迅速的公司，而且非常优秀，即使主管规模成本巨大，伟恩认为也是值得的。因为伟恩相信雇用最优秀的人才是公司成功的关键。

为了能使公司主管愿意为公司股东利益而拼命工作，伟恩不仅将"百事达"的股票认购权发给公司的高层主管，而且发给其他主管人员以及一般职员。股票认购权可带来巨额利益，这也吸引了很多主管自愿降薪到"百事达"工作。因为透过股票认购权，他们不仅可补回原来薪水的损失，而且还可赚进更多的收入。"百事达"的工作非常辛苦，有些主管常常一星期工作7天，但他们常常乐此不疲，因为他们知道只要拼命工作，公司运作良好，他们最后就可能变成百万富翁。后来的事实确实如此，伟恩除了让公司股东赚进巨额利润外，还使"百事达"的公司主管们成为百万富翁。

"百事达"在伟恩的带领下开始以惊人的速度成长。1986年年底，"百事达"仅有19家影带出租店；而1987

年底,"百事达"的影带出租店已有133家;到1988年年底达到415家;而到了1989年年底,则暴涨为1 079家。"百事达"几乎每48小时就有一家新的影带出租店开张,后来变成每24小时,甚至每17小时就有新的影带出租店开张。

除了开设新的影带出租店,伟恩还在不停地进行并购交易。在他担任"百事达"董事长的7年里,他共处理过110桩不同的交易案。此时,伟恩·惠善佳的谈判技巧更加炉火纯青,这使得他在影带出租业的并购所向无敌。

案例分析九:活力门并购 NBS 策略

2005年1月下旬,一个创业不到8年的IT公司——"活力门"(Livedoor)决定并购日本最大的传媒托拉斯之一、年销售额达50亿美元的富士产经集团旗下的核心企业——日本广播公司(也称日本放送公司,简称NBS)的股权。

NBS是富士产经集团的核心公司,也是日本最大的民间广播电台。截至2005年1月底,也就是活力门公司发起对NBS的冲击之前,NBS持有富士电视台22.5%的股票,是富士电视台的第一大股东;同时,富士电视台也持有NBS12.4%的股票,是NBS的大股东。2005年1月17日,富士电视台通过招标买进方式并购NBS股份,以进一步实现双方交叉持股。这原本是日本企业集团巩固利益共同体的传统做法。可令人始料未及的事发生了:活力门举债购买了NBS超过50%的股份,进而得以在NBS董事局换届后掌控20个席位中的11个。这似乎意味着活力门已经拥有了NBS的大多数具有投票表决权的股票,而且可以派出董事并掌控NBS的管理层。

NBS很快作出反应,炮制"毒丸"计划。2月23日,NBS决定定向给富士电视台增发多达流通股两倍以上的股票,使后者一夜之间掌控NBS超过64%的股份。如果这些认股证换成股本,NBS将成为富士电视台的子公司,活力门持有的股份就失去了意义。但是,东京地方法院 2005 年 3 月 12 日经过审理,判定 NBS 以富士电视台以发行新股预约权来进行增股扩股的做法,其目的在于维持富士产经集团经营团队对企业的支配权,属于明显的不公正行为,应予以立即取消。

面对咄咄逼人的活力门公司,富士产经集团使出了最后的一招。3 月 24 日,NBS 与孙正义的软银公司下属的投资公司(Softbank Investment,以下简称软库)达成协议,将其所持的富士电视台股份从 4 月 1 日起租借给软库,租期五年,软库在这期间对富士电视台履行一切股东权利义务。也就是说,软库成为富士电视台的最大股东,NBS 不再持有富士电视台的股份,排除了 NBS 对富士电视台的表决权。用一句行话来说,软库扮演的是拯救弱者的"白马骑士"的角色。世界 500 强、市值高达 120 亿美元的日本最大的 IT 风险公司软银的突然杀入,给活力门事件掀起的一系列连锁反应平添了许多变数。

在各种复杂因素的介入下,各方都对形势进行了综合的判断,经过暗地里的反复拉锯,僵持的事态终于出现了缓和。4 月 19 日,富士电视台和活力门一份协议的签署终于结束了日本有史以来最为艰苦的并购战之一,从而结束活力门对 NBS 的敌意并购。根据协议,富士电视台如愿以偿,将获得其无线电广播关联公司 NBS 的控制权。

这次并购行动的结果,活力门公司自己实质上只是开始购买 NBS 股票时拿出了 230 亿日元左右的资金,但结果却拿到了富士电视台的 443 亿日元增资扩股的资金,以及雷曼兄弟证券投资公司购买公司债券的 800 亿日元资金,也就等于在短短两个多月的时间里,手里就获取了 1 200 亿日元的现金(约合 95 亿元人民币)。不仅如此,活力门还得到了梦寐以求的与富士电视台进行资本合作和业务合作的机会。

而这场战争最大的输家——富士电视台,不仅以 6 300 日元这一大大高于一股 5 950 日元 TOB 价格的并购价才赎回了NBS,而且还被迫拿出200多亿日元,很不情愿地与充当"白衣骑士"的软银集团下的软库共同出资成立投资基金,加上其他的杂七杂八的费用,富士电视台最初计划只用1 700亿日元就将NBS作为子公司纳入旗下,没想到活力门公司的胡乱搅局,最终使其耗资近2 600亿日元才阻止了活力门并购NBS并威胁自己的行动,可以说遍体鳞伤,损失惨重。

1. 江泽民:《江泽民论社会主义精神文明建设》,中央文献出版社,1999年版

2. 周鸿铎:《媒介经济学》,中国媒介出版社,2000年版

3. 支庭荣:《媒介管理》,暨南大学出版社,2000年版

4. 李岚:《国有广电传媒集团的产业链接和品牌运营》,《视听界》,2004年第4期

5. [加]亨利·明茨伯格:《领导》,中国人民大学出版社,2000年版

6. [美]德鲁克:《知识管理》,杨开峰译,1999年版

7. [美]Robert C. Picard:《媒介经济学》,冯建三译,远流出版公司,1994年版

8. [美]哈罗德·孔茨、海因茨·韦里克:《管理学:全球化视角》(第十一版),马春光译,经济科学出版社,2005年版

9. [美]詹姆斯·C.范霍恩、小约翰·M.瓦霍维奇:《现代企业财务管理》(第十一版),经济科学出版社,2002年版

10. [美]J.戴维·亨格、托马斯·L.惠伦:《战略管理精要》,王毅、应瑛译,电子工业出版社,2002年版

11. [美]汤姆森:《战略管理:概念和案例》,段盛华、王智慧主译,北京大学出版社,2000年版

12. 顾晓安:《企业财务预警系统的构建》,《财经论丛》,2000年第4期

13. 张友棠:《财务预警系统管理研究》,中国人民大学出版社,2004年版

14. 喻国明:《媒介的市场定位——一个传播学者的实证研究》,北京广播学院出版社,2000年版

15. 严三九、张苑琛、周喆:《广播电视经营与管理》,上海外语教育出版社,2006年版

16. 肖瑜、刘兴云、王维虎:《资本经营战略》,上海财经大学出版社,2000年版

17. 喻国明:《整合力竞争 未来传媒竞争的制高点》,《传媒》,2005年第8期

18. 夏乐书等:《资本运营理论与实务》,东北财经大学出版社,2000年版

19. 张先治:《国有资本管理、监督与营运机制研究》,中国财政经济出版社,2001年版

20. 曹鹏、王小伟:《媒介资本市场透视》,光明日报出版社,2001年版

21. 陆地:《中国电视产业的危机与转机》,中国人民大学出版社,2002年版

22. 王昕:《中国直接融资方式的发展》,中国计划出版社,2000年版

23. 陆小华:《整合传媒》,中信出版社,2002年版

24. 张志安、王建荣:《海外传媒集团的财务管理》,《新闻记者》,2003年第7期

25. 张兆响、司千字:《管理学》,清华大学出版社,2004年版

26. 邵培仁、陈兵:《媒介战略管理》,复旦大学出版社,2003年版

27. 郭庆光:《传播学概论》,中国人民大学出版社,1999年版

28. 陶志峰:《媒介战略管理——方向性的把握》,湖南人民出版社,2003年版

29. 章平:《战略传媒——分析框架与经典案例》,复旦大学出版社,2004年版

30. 彭吉象:《关于电视专业化频道营销策略的几点思考》,《传媒观察》,2003年6月24日

31. 王筝、张鹏:《案例剖析:一个人的帝国——迪斯尼盛衰》,《IT经理世界》,2002年6月10日

32. 甘华鸣:《经营战略》,中国国际广播出版社,2002年版

33. 顿德化:《广电集团核心竞争力打造》,《新闻前哨》,2005年第2期

34. 赵曙光、禹建强、张小争:《中国著名媒体经典案例剖析》,新华出版社,2002年版

35. 李晓枫:《中国电视品牌节目建设与发展战略研究》,中国广播电视出版社,2003年版

36. 孙彤:《组织行为学》,高等教育出版社,1990年版

37. 王方剑:《凤凰卫视的"明星制"路线》,《经济观察报》,2004年5月13日

38. 赵承业、赵丽新:《我国行政主导的媒介产业集团化现象与问题的研究》,《经济与管理研究》,2006年6月

39. 冉华、梅明丽:《中国传媒集团化发展的历史检讨》,《江西社会科学》,2005年第5期

40. 程洁:《东方卫视,在整合矛盾中发展》,《视听界》,2004年第2期

41. 赵腓罗:《我国新闻传媒集团特征分析》,《新闻实践》,2001年第3期

42. 范以锦:《为子媒体的成长发展创造更大价值》,《青年记者》,2006年第2期

43. 王永亮、王永前:《外国媒体的受众意识》,www.zijin.net

44. 李良荣:《当代西方新闻媒体》,复旦大学出版社,2003年版

45. 胡正荣:《媒介管理研究——媒介管理创新体系》,北京广播学院出版社,2000年版

46. [英]内维尔·贝恩、比尔·梅佩:《人的优势》,徐海鸥译,经济管理出版社,2001年版

47. 谭力文、徐珊、李燕萍:《管理学》,武汉大学出版社,2000年版

48. 李树喜:《以人制胜——媒体变革与媒体人》,光明日报出版社,2003年版,第66页

49. 孟群:《电视数字制作技术》,北京师范大学出版社,2003年版

50. 蔡凯如、黄勇贤等:《穿越新时空》,新华出版社,2003年版

51. 史坦国际:《中国传媒资本市场运营》,南方日报出版社,2003年版

52. 林祖基:《资本市场融资与运作》,海天出版社,1998年版

后　记

　　改革开放二十多年来,我国媒介业的面貌与内涵、品种与数量、结构与布局、管理与技术,都发生了很大的变化。我国加入世贸组织后已经引发媒介业更大的变革。市场经济条件下,媒介业经营管理的发展空间还相当大。面对经济全球化、信息传播全球化的发展,数字化、信息化、网络化的普及,我国媒介业面临着前所未有的压力和挑战。如何应对挑战、增强活力、扩大实力、提高竞争力,需要媒介业的经营管理者坐下来冷静思考,认真总结,提升过去的实践经验,进行理论、体制和机制方面的创新,并不断开拓思路,从中找出规律性的东西,探索与竞争对手抗衡的办法。因此,如何进行科学、有效的经营管理,直接关系到媒介的生存和发展。正是基于这一认识,我们在长期教学和实践的基础上,经过多年的努力,终于完成本书的编写工作。

　　本书吸取了不少专家、学者在媒介经营与管理方面的最新的研究成果,在此,致以衷心的感谢!

　　感谢西南师范大学出版社的领导和责任编辑李玲,感谢西南大学新闻传播学院常务副院长董小玉教授,他们为本书的出版做了许多卓有成效的工作。在编写过程中,还得到了华东师范大学传播学院院长王晓玉教授和总支书记徐静华副研究员的支持和帮助,在此,表示深深的谢意!

　　参加本书编写工作的成员主要是上海华东师范大学传播学院从事媒介经营与管理教学和研究工作的教师,还有上海《申江服务导报》的编委、编辑部主任。这是一次从事新闻传播教育工作的同志和从事新闻传播实务工作的同志的友好合作。

严三九、黄飞珏编写绪论、第一章、第二章、第三章、第四章、第五章、第六章、第七章、第九章、第十章，对全书稿件进行修改。季宸东编写第八章，并做了前期资料的收集和整理工作。由于我们水平有限，书中疏漏和错误之处在所难免，真诚地希望读者批评指正。

严 三 九

2007年3月26日于上海